HECTOR FELICIANO

Das verlorene Museum

HECTOR FELICIANO

Das verlorene Museum

VOM KUNSTRAUB DER NAZIS

Aus dem Englischen
von Chris Hirte

AUFBAU-VERLAG

ISBN 3-351-02475-4

1. Auflage 1998

Published by BasicBooks, A Division of HarperCollins Publishers, Inc.

Bearbeitet von Gabriele Dietz und Dorothee Lossin

Einbandgestaltung Preuße/Hülpüsch Grafik Design

Typographie Peter Friederici

Druck und Binden Clausen & Bosse, Leck

Printed in Germany

Inhalt

Vierter Teil
Heimatlose Bilder

Einführung

Dieses Buch beschreibt die Geschichte des nationalsozialistischen Kunstraubs in Frankreich während des Zweiten Weltkriegs. Als die deutsche Wehrmacht Europa eroberte, plünderten und beschlagnahmten die Nazis Tausende von privaten und öffentlichen Kunstsammlungen. Der Raub wurde mit systematischer Gründlichkeit betrieben, hinzu kamen Gelegenheitsplünderungen durch Offiziere und Soldaten.

Das Buch befaßt sich in erster Linie mit der amtlich verfügten und organisierten Beschlagnahme von fünf privaten Kunstsammlungen im Besitz französisch-jüdischer Familien oder Kunsthändler – der Familien Rothschild, Paul Rosenberg, Bernheim-Jeune, David-Weill und Schloss. Für diese Sammlungen habe ich mich entschieden, weil ihr Umfang und ihre Bedeutung sowie ihre systematische Ausplünderung einen genauen Einblick in den Ablauf des nationalsozialistischen Kunstraubs gewähren. Diese berühmten oder zumindest namhaften Sammlungen wurden von verschiedenen Konfiszierungskommandos erbeutet, teilweise auch unter aktiver Mithilfe von Franzosen.

Als im September 1939 der Zweite Weltkrieg ausbrach, war Paris mit seinen Museen, Galerien und Auktionshäusern noch das bedeutendste Kunstzentrum der Welt. Paris war die Stadt, in der die führenden Maler der Moderne und viele der namhaftesten Kunstsammler, Kunsthändler und Kunstexperten dieses Jahrhunderts arbeiteten und lebten.

Die Besetzung der Kulturmetropole Paris nach der überraschenden Niederlage Frankreichs im Juni 1940 bot Hitler und seinen Helfern die einmalige Chance, sich in den Besitz einer geradezu unerschöpflichen Kriegsbeute zu bringen.

Hätten Hitler und Göring kein Interesse an Kunst gehabt, wäre der nationalsozialistische Kunstraub mit Sicherheit kein herausragendes Kriegsziel gewesen; er wäre nicht im gesamten besetzten Europa auf diese systematische und gründliche Art betrieben worden. Das größte deutsche Beschlagnahmekommando in Frankreich, der Einsatzstab Reichsleiter Rosenberg (ERR), verfügte über eine sechzig Mann starke Truppe, über Lastwagen, Güterzüge und wertvolle Treibstoffvorräte.

Als Paris im August 1944 befreit wurde, war Frankreich das am meisten geplünderte Land Europas. Ein Drittel aller privaten Kunstschätze war den Nazis in die Hände gefallen. Viele von den Zigtausenden gestohlenen Werken sind bis heute verschwunden.

Die Geschichte des Kunstraubs läßt sich nicht geradlinig erzählen. Trotz des hohen Organisationsgrads, der die autoritäre Bürokratie Hitlerdeutschlands kennzeichnete, konkurrierten die verschiedenen Regierungsstellen ständig miteinander. Dieses Zuständigkeitswirrwarr wurde noch verstärkt durch Hitlers persönlichen Regierungsstil: Er pflegte zwei oder gar drei rivalisierenden Dienststellen ein und dieselbe Aufgabe zu übertragen; auf diese Weise hielt er sie und den gesamten Machtapparat unter Kontrolle. Diese Praxis Hitlers hatte auch Auswirkungen auf den Erwerb von Kunstwerken. Hitlers Generalbauinspekteur und späterer Minister Albert Speer erinnerte sich an mehrere Fälle, in denen Hitler zwei Aufkäufern dieselben Instruktionen erteilte: Sie sollten ein bestimmtes Kunstwerk auf einer Auktion ersteigern ohne Rücksicht auf den Preis. Natürlich überboten sich die beiden einander unbekannten Aufkäufer, bis der Preis in astronomische Höhen stieg.[1]

Für den Kunstraub im besetzten Frankreich waren drei verschiedene Dienststellen zuständig: der Kunstschutz, der seine Befehle von der Wehrmacht empfing, die deutsche Botschaft in Paris, die dem Außenministerium unterstellt war, und der Einsatzstab Reichsleiter Rosenberg für die besetzten Gebiete, der unter der persönlichen Aufsicht des Naziideologen und Reichsleiters des Außenpolitischen Amtes Alfred Rosenberg stand. Am Ende dominierte der ERR die beiden anderen Behörden, was damit zusammenhing, daß Reichsmarschall Hermann Göring, Oberbefehlshaber der Luftwaffe und eifriger Kunstsammler, eine verdeckte, aber wirksame Kontrolle über den ERR ausübte. Unter Görings Federführung nahm der ERR die umfangreichsten Beschlagnahmen von Sammlungen in jüdischem Besitz vor. Von allen Nazigrößen einschließlich Hitler profitierte Göring am meisten und unmittelbarsten von der Ausplünderung Frankreichs.

Dieses Buch will nicht neutral bleiben. Es erzählt vom Schicksal einiger Kunstsammler und ihrer Sammlungen sowie von den Methoden, Intrigen und Tricks, mit denen sich die Nazis in den Besitz der begehrten Kunstschätze brachten. Beim Einmarsch der Wehrmacht in Paris wurden die Gemälde von van Eyck, Vermeer, Rembrandt, Velázquez, Goya, Degas, Monet, Cézanne, van Gogh, Picasso, Matisse und Braque hastig von den Wänden genommen, zusammengerollt, in Kisten verpackt und von ihren Besitzern vorübergehend in Sicherheit gebracht – und wurden doch früher oder später entdeckt: von den Nazis selbst, vom verschlungenen Netzwerk der Kollaborateure, von Umzugsfirmen, Nachbarn oder Hausangestellten, die den Besatzern die entsprechenden Hinweise gaben. Wenn die begehrten Gemälde aufgespürt waren, wurden sie sofort ins Museum Jeu de Paume transportiert, dort erfaßt und fotografiert und dann per Sonderzug nach Deutschland gebracht.

Es mag sein, daß dieses Buch sich wie ein Agententhriller liest. Die Grenzen zwischen Gut und Böse, die Trennungslinie zwischen Kunsträubern und ihren Opfern ist klar und deutlich gezogen. Das Thema berührt Fragen der Kunst und der Kultur, die Seele und Geist einer Nation ausmachen. Indem die Nazis französische Kunstsammler und -händler beraubten, nahmen sie ihnen mehr als nur materielle Werte. Sie stahlen ihnen auch Seele, Lebensinhalt und gesellschaftlichen Rang. Die Eroberer und Besatzer wollten ihre Feinde nicht nur physisch vernichten, sondern ihnen auch ihre Schätze rauben. Die Geschichte der Ausplünderung Frankreichs macht begreiflich, warum sich die Macht aller Sieger – auch der gegenwärtigen im ehemaligen Jugoslawien – unter anderem auf Ausplünderung und Zerstörung der unterworfenen Kultur gründet. Der perfekt organisierte Kunstraub der Nazis spielte sich zudem vor dem Hintergrund und im Kontext des Holocaust ab.[2]

Der Erbeutung von Kulturgütern räumten die Nazis eine ausdrückliche Priorität ein. Nicht umsonst war Kunstraub im Nürnberger Kriegsverbrecherprozeß ein gesonderter Anklagepunkt.

Als ich 1989 mit meinen Recherchen begann, gab es nur wenige verstreute Hinweise auf dieses noch undurchsichtige Kapitel nationalsozialistischer Herrschaft. Ich wollte genau untersuchen, wie der Kunstraub vor sich ging, aber möglichst auch etwas über den Verbleib der vielen tausend bis heute verschollenen Kunstwerke in Erfahrung bringen. Ich mußte feststellen, daß vor mir kaum jemand versucht hatte, die Geschichte des Kunstraubs zu dokumentieren oder die verschwundenen Gemälde aufzuspüren. Manche Dokumente waren in Frankreich noch immer unter Verschluß oder unzugänglich in den Staatsarchiven verschiedener Länder verwahrt. Informationen fanden sich verstreut in Büchern und Privatarchiven, doch zu einer wichtigen Quelle wurden für mich die Erinnerungen von Zeugen – zumeist Angehörige der geschädigten Familien –, die nie von ihren Erlebnissen erzählt hatten.

Meines Wissens hatte sich niemand zuvor die Mühe gemacht, die vielen verstreuten und heterogenen Mosaiksteinchen des Geschehens in historischen und biographischen Darstellungen, in geheimen und freigegebenen Dokumenten, in Verhörprotokollen aus Frankreich, Deutschland, der Schweiz, aus Großbritannien, der ehemaligen Sowjetunion und den Vereinigten Staaten, auf historischen Fotos, in Kunstgeschichten, Museumskatalogen und Galeriearchiven zu sammeln, zu prüfen und zu einem geschlossenen Bild zusammenzufügen. Ich arbeitete mich durch diese Quellen und ergänzte das Material durch Hunderte Gespräche mit Zeitzeugen. An manche der in diesem Buch zusammengetragenen Fakten zu gelangen, war fast so schwer, wie mein eigentliches Ziel zu erreichen: genau zu erfahren, was sich in jenen Kriegsjahren ereignete.

Ich wollte die Geheimnisse lüften, die den Verbleib vieler Kunstwerke umgeben, und die Schicksale der betroffenen Menschen und Sammlungen möglichst genau verfolgen. Das gelang mir nur in sehr eingeschränkter Hinsicht. Sehr bald wurde mir klar, daß ich, um die Geschehnisse zu rekonstruieren, Schritt für Schritt herausfinden mußte, was mit den geplünderten Sammlungen geschehen war. Dieses Bemühen erinnert an die Suche nach Teilen eines Puzzles, die vor langer Zeit verlorengegangen sind. Von zentraler Bedeutung war dabei nicht nur das Verfolgen der Spuren in den Akten – wann waren welche Stücke wohin gelangt? –, sondern auch das permanente Vergleichen von Aussagen von Befragten mit Bildern und schriftlichen Quellen. Fand ich etwa ein Puzzleteil bei einem in Paris, konnte es sich als unvollständig oder zweifelhaft erweisen und die Bestätigung für seine Beweiskraft oder das fehlende Teilstück erst Jahre später folgen, wenn ich in einer anderen Gegend der Welt in Archiven kramte oder in Auktionskatalogen blätterte. Die Beuteverzeichnisse und Akten der penibIen Nazi-Bürokraten lieferten dabei die verläßlichsten Auskünfte über den Verbleib verschollener Kunstwerke.

Das Studium von Kriegsdokumenten in französischen Archiven ist außerordentlich kompliziert. Verschleppte Anträge, Geheimhaltungsbestimmungen und mißtrauische Behörden erschwerten mir die Arbeit derart, daß ich die gesuchten Informationen oft leichter und schneller in anderen Archiven und Ländern fand.

Um mir einige grundlegende Informationen zu verschaffen, war ich gezwungen, viele noch immer unter Verschluß gehaltene Dokumente des französischen Geheimdienstes DGER (Direction Générale des Études et Recherches, gegründet 1944 von de Gaulle) einzusehen. Diese Dienststelle führte direkt nach der Befreiung eine Reihe von gründlichen Ermittlungen durch und sicherte so wesentliche Erkenntnisse über Konfiszierungen und über den Pariser Kunstmarkt.

Größtenteils waren es die Duplikate dieser französischen (und auch englischen) Berichte, die für die Ermittler der US-Army bestimmt waren, aber auch eigene Ermittlungsakten der US-Behörden, die ich in Washingtoner Archiven fand und die es mir dann doch ermöglichten, gründliche Nachforschungen über den Pariser Kunstmarkt während der Besatzungszeit anzustellen. Ohne Kenntnis dieser Hintergründe wäre es unmöglich, den Kunstraub in seinen Abläufen zu durchschauen. So glaube ich, daß dieses Buch auch bislang unveröffentlichte Fakten über diesen Kunstmarkt und einige der wichtigsten Händler und Käufer enthält.

Als ich zu den einschlägigen Dokumenten vorgestoßen war, stellte ich bald fest, daß die Alliierten nach Kriegsende viele Vernehmungen durchgeführt hatten. Beim Lesen der Protokolle verblüffte mich in erster Linie, wie oft die Befragten – vor allem Kunstliebhaber – unter zeitweiligem Gedächtnisverlust zu leiden schienen und sich an nichts mehr erinnerten, etwa wenn es um eine verschollene Matisse-Zeichnung ging. Je weiter die Vernehmer in den persönlichen Umkreis der Befragten vordrangen, um so größer wurden die Erinnerungslücken. Wandten sich die Fragen anderen Themen zu, kehrte die Erinnerung in alter Frische zurück.

Viele der vermißten Gemälde waren glücklicherweise von ihren Eigentümern fotografiert worden. Die umsichtigen Sammler und Händler haben uns damit in etlichen Fällen das letzte sichtbare Zeugnis eines möglicherweise für immer verlorenen Kunstwerks hinterlassen. Die in diesem Buch zusammengetragenen, zum Teil erstmals veröffentlichten Fotos sind das Ergebnis langjähriger Suche. Oft läßt die Qualität der Fotos zu wünschen übrig. Sie wurden in den dreißiger Jahren aufgenommen, vor dem Einmarsch der Nazis und vor dem Aufkommen der Farbfotografie.

Jede beraubte Person, jede beschlagnahmte Sammlung, jedes gestohlene Gemälde hat seine eigene Geschichte. Alle verdienen sie, gesondert untersucht und dokumentiert zu werden. Als ich mit Angehörigen betroffener Familien, Mitgliedern der Résistance, Kunsthändlern und Offizieren sprach, stellte ich fest, daß viele von ihnen noch nie gründlich befragt worden waren, daß ihnen kaum jemand zugehört oder sich für ihre Familienarchive interessiert hatte. Im Laufe meiner Nachforschungen stellten sich immer mehr Zeitzeugen meinen Fragen und gewährten mir Einblick in persönliche Dokumente. Gleichzeitig konnte ich ihnen anhand von Dokumenten, die ich anderswo gesammelt hatte, neue, überraschende Informationen über ihre Familien oder ihre Sammlungen zugänglich machen – Informationen, die manches Mal langgehegte Familienlegenden ins Wanken brachten. In den Jahren der Zusammenarbeit sind einige der Menschen, die ich befragt habe, meine Freunde geworden. Das bedeutet mir viel.

Entdeckerfreude war der Antrieb bei der Arbeit an diesem Projekt. Was mit flüchtigen Hinweisen begann, endete mit beweiskräftigen Dokumenten. Dazwischen lagen Recherche und Kombination, Suche und Irrtum, Geduld und Hartnäckigkeit. Da gesicherte Fakten selten waren, mußten alle Erkenntnisse stets von neuem hinterfragt und überprüft werden; es konnten Jahre vergehen, bis sich erwiesen hatte, ob eine Idee, eine Ahnung, eine Vermutung richtig war oder nicht. Jede hinzukommende Information konnte der Suche eine neue Richtung geben. Freigegebene Kriegsdokumente zum Beispiel konnten Fakten enthüllen, die die Glaubwürdigkeit von bereits interviewten Zeitzeugen in Frage stellten. Solche Erfahrungen machten mich äußerst vorsichtig, und manche Aussagen wurden bis zu viermal überprüft, bevor ich ihnen Glauben schenkte. Schließlich aber trat das Gesamtbild in all seinen Nuancen immer deutlicher zutage.

Als die Zusammenhänge in groben Zügen klar wurden, tauchten direkte Hinweise zu verschollenen Bildern auf. Manche Spuren führten zu meiner Überraschung in den Louvre und andere französische Museen, in denen etwa zweitausend herrenlose (geraubte oder auf dem Kunstmarkt aufgetauchte) Werke auf ihre rechtmäßigen Eigentümer »warten«. Viele Gemälde verschwanden aber auch in anderen europäischen Ländern und in den USA.

Auch die Rolle der Schweiz begann mehr und mehr deutliche Konturen anzunehmen. Traditionell war der französische Kunstmarkt eng mit der Schweiz verbunden. Über Nazigold und »vergessene« Guthaben in Schweizer Banken ist viel berichtet worden, aber kaum jemand beschäftigte sich näher mit den in der Schweiz deponierten Kunstwerken. Ich habe es getan, und was ich herausfand, ist verblüffend und beunruhigend.

Es hat mir Vergnügen bereitet, das große Puzzle ein wenig zu vervollständigen, und der Umstand, daß mein Buch neues Interesse am Kunstraub der Nazis erregt hat und einigen Familien in Europa und den USA zur Wiedererlangung ihres geraubten Besitzes verhalf, erfüllt mich mit besonderer Befriedigung.

Da diese deutsche Ausgabe des Buches drei Jahre nach der französischen und ein Jahr nach der amerikanischen erscheint, habe ich die Gelegenheit genutzt, meine Darstellung zu erweitern und zu aktualisieren. Aber die Geschichte des Kunstraubs ist zu komplex, als daß sie jemals zu Ende geschrieben werden könnte.

Obwohl ich manche neuen Erkenntnisse über die gestohlenen Kunstwerke zutage fördern konnte, habe ich meinen Vorgängern und Wegbegleitern zu danken. Schon vor und nach dem Ende des Krieges haben Kunsthistoriker und Publizisten, in Uniform und in Zivil, die Suche nach dem Museum der verschollenen Bilder aufgenommen und ihre Ergebnisse veröffentlicht. Andere haben sich in jüngster Zeit mit diesem Thema befaßt. Zu ihnen zählen Eric Conan und Yves Stavridès vom *L'Express* und Philippe Sprang von *L'Événement du Jeudi* (alle in Frankreich); Jacques Lust (Belgien); Andrew Decker, William Honan von der *New York Times*, Willi Korte und Lynn Nicholas (USA) sowie Konstantin Akinscha und Grigori Koslow (Rußland). Alle haben mir Ergebnisse ihrer Untersuchungen zur Verfügung gestellt.

Etliche Tatsachen über die Beschlagnahme, den Abtransport und den Verkauf von Kunstwerken im faschistisch besetzten Europa sind bereits bekannt. Publizisten sind nicht auf Sensationen aus. Vielmehr sammeln sie Fakten, stellen Zusammenhänge her und gelangen auf diesem Wege zu neuen Einsichten. Das war auch mein Bemühen.[3]

ERSTER TEIL

Eine gewisse Liebe zur Kunst

1
Vermeers *Der Astronom* oder Hitlers blinder Fleck

Diese vertrackte Geschichte beginnt im Pariser Louvre. Dort, im Richelieu-Flügel, der die niederländische und flämische Malerei beherbergt, findet sich das neben den großen Formaten eher unauffällige Gemälde *Der Astronom* des berühmten holländischen Meisters des 17. Jahrhunderts Jan Vermeer van Delft (Abb. A1). Das Bild zeigt einen Mann in blauem Gewand, der in gelöster Haltung am Arbeitstisch seines stillen Studierzimmers sitzt. Das Gesicht ist dem Fenster zugewandt, die rechte Hand greift nach einem Himmelsglobus, auf dem Tisch vor ihm liegen, teilweise von gerafftem Tuch verdeckt, ein Kompaß, ein Astrolabium und ein aufgeschlagenes Buch. Bei genauem Hinsehen erkennt man, daß es sich hierbei um ein Handbuch der Astronomie und Geographie handelt, das zur Zeit Vermeers in ganz Europa geschätzt und verbreitet war. Das Buch war maßgeblich beeinflußt vom Alten Testament, es ist aufgeschlagen im dritten Kapitel, das sich mit Sternen, Konstellationen und astronomischen Erscheinungen befaßt und diese zu biblischen Quellen in Beziehung setzt. Der Globus stammt aus dem Jahr 1600.

Der Schrank im Hintergrund trägt Vermeers Signatur und die Jahreszahl 1668. Rechts daneben an der Wand hängt ein Gemälde unbekannter Herkunft, das eine biblische Szene darstellt, die Rettung des Knaben Moses aus den Wassern des Nil (2. Buch Mose, 2, 1–10). Das Gemälde ist hier wesentlich größer wiedergegeben als auf einem anderen Vermeer-Bild, der *Briefschreibenden Dame mit Magd*.

Wie bei vielen Vermeer-Bildern sorgt auch hier das gedämpfte Licht für die besondere Atmosphäre. Das sanfte Tageslicht, das von links durch das bleiverglaste Fenster einfällt, beleuchtet am hellsten den Himmelsglobus, dann den gerafften Vorhang und das aufgeschlagene Buch und schließlich, gemäß der natürlichen Streuung des Lichts, das Gesicht des Astronomen und das übrige Studierzimmer.

Auf zwei wichtige Merkmale des Bildes sei an dieser Stelle hingewiesen. Sie sind bei oberflächlicher Betrachtung nicht zu entdecken und spielen doch in der folgenden Geschichte eine wichtige Rolle. Das erste fällt dem Betrachter nicht auf, das zweite wurde sorgfältig entfernt.

Es handelt sich zum einen um das Titelschild, auf dem die Kuratoren des Louvre dieses Vermeer-Gemälde als eine Schenkung aus dem Jahr 1982 ausweisen. Tatsächlich aber hat sich *Der Astronom* fast hundert Jahre lang im Besitz des französischen Zweigs der Rothschild-Familie befunden. Im Jahr 1886 hatte Baron Alphonse de Rothschild das Gemälde in London für seine Privatsammlung erworben, seither war es als gehüteter Familienbesitz von den Vätern auf die Söhne vererbt worden.

Um 1800 war das Gemälde aus den Niederlanden nach England gelangt und damit erstmals von einem anderen Vermeer-Bild, *Der Geograph*, getrennt worden. Beide wurden stets als zusammengehörig betrachtet, da sie in Sujet und Entstehungszeit eng miteinander korrespondieren. Ab 1939 befand sich *Der Geograph* in Nazideutschland.

Das Titelschild im Louvre verschweigt, daß es in der Geschichte des Bildes eine Lücke gibt. Vor nicht allzu langer Zeit war *Der Astronom* weder im Haus der Rothschilds noch im Louvre zu finden. Keine Spur scheint mehr auf das zeitweilige Verschwinden eines weltberühmten Meisterwerks hinzuweisen. Wir könnten uns diesem Geheimnis nähern, wenn es uns erlaubt wäre, das Gemälde von der Wand zu nehmen und die Rückseite zu betrachten. Dort läßt sich noch die Stelle erkennen, auf der die Kunstexperten der Nazis ihren Hakenkreuzstempel anbrachten.

Tatsächlich zierte *Der Astronom* einmal, wenn auch nur für kurze Zeit, Hitlers private Gemäldesammlung. Kurz nach der Besetzung Frankreichs wurde das Bild im Haus von Édouard de Rothschild beschlagnahmt. Der Einsatzstab Reichsleiter Rosenberg (ERR), der die meisten Kunstwerke aus Frankreich abtransportiert hat, deponierte es im Museum Jeu de Paume, das dem ERR als Zwischenlager diente. Dort deklarierte eine Gruppe von deutschen Kunsthistorikern und Beamten das Gemälde als

»Eigentum des Deutschen Reiches«, bestimmte seinen Wert und brachte einen kleinen schwarzen Hakenkreuzstempel auf der Rückseite an.

Der vollständige Titel des Leiters des ERR, Alfred Rosenberg, lautete »Beauftragter des Führers für die Überwachung der gesamten geistigen und weltanschaulichen Schulung und Erziehung der NSDAP«. Als Leiter der Dienststelle ERR überwachte er auch den Kunstraub der Nazis. Am 13. November 1940 sandte er eine Mitteilung an Martin Bormann, einen engen Vertrauten Hitlers, in der er seine Genugtuung über die Beschlagnahme des *Astronom* zum Ausdruck brachte. »In großer Eile, der beigefügte Bericht an den Führer wird ihm, glaube ich, große Freude bereiten – ich habe darüber hinaus das Vergnügen, dem Führer mitzuteilen, daß sich das Gemälde von Jan Ver Meer von Delft [sic!], das er erwähnte, unter den Bildern befindet, die bei den Rothschilds beschlagnahmt wurden.«[1] Schon kurze Zeit später rollte das Gemälde mit Hunderten weiteren Kunstwerken im Sonderzug nach Deutschland.

Nach dem Inventarverzeichnis des ERR gehört *Der Astronom* zu den »europäischen Werken von höchstem historischen und künstlerischen Wert«[2]. Einige der aus allen besetzten Gebieten zusammengetragenen Werke wurden für das Museum der europäischen Kunst vorgesehen, das Hitler in Linz errichten lassen wollte. Die übrigen wurden den privaten Sammlungen von Hitler, Göring, Ribbentrop und anderen Nazigrößen einverleibt, in den Parteibüros der NSDAP aufgehängt oder auf dem europäischen Kunstmarkt veräußert.

Zwischen 1939 und 1944 beschlagnahmten, raubten und kauften die Nazis systematisch Werke aus einer Vielzahl von europäischen Sammlungen im Besitz von politischen Gegnern, Freimaurern und jüdischen Familien. Hunderttausende wertvolle Gemälde, Skulpturen und Zeichnungen großer Meister gelangten auf diese Weise – zusammen mit Büchern, Manuskripten und anderen Kulturgütern – aus allen Teilen Europas als Kriegsbeute nach Deutschland. Auch die Niederlande und Belgien waren stark vom Kunstraub betroffen, am meisten von allen westeuropäischen Ländern aber wurde Frankreich geschädigt. Die osteuropäische Kultur erfuhr eine andere Behandlung: Sie fiel dem Vernichtungswillen der Nazis zum Opfer. Im Osten richteten die Nazis ihren Ehrgeiz darauf, die Kunst, die Folklore, die baulichen Zeugnisse und selbst die Sprache der unterworfenen Völker auszulöschen.

Die französische Kultur hingegen erschien einigen Naziführern nicht nur bewundernswert, sondern weckte auch ihre Begehrlichkeiten. Folglich waren sie, was künstlerische Werte betraf, nicht auf Zerstörung, sondern auf Plünderung aus. Trotz ihrer abgrundtiefen Verachtung für alles, was nicht deutsch war, entwickelten die Nazi-Ästheten eine heimliche oder offene Vorliebe für die Schöpfungen der französischen Kultur von der Epoche Ludwigs XIV. bis zu Napoleon.

Seinem Lieblingsbildhauer Arno Breker vertraute Hitler an, daß ihn Paris immer besonders fasziniert habe. Über Hitlers einzigen Paris-Besuch wenige Tage nach der Unterzeichnung des Waffenstillstands mit Frankreich berichtet Albert Speer in seinen Erinnerungen, daß die Paris-Reise trotz ihrer militärischen und politischen Einbindung auch eine Art »Kunsttour«[3] durch die Stadt gewesen sei.

Diese Tour begann an einem Sonntag um halb sechs Uhr morgens. Die Straßen von Paris waren wie ausgestorben. Hitler und sein Gefolge, verteilt auf drei Mercedes-Karossen, fuhren vom Flughafen Le Bourget im Norden von Paris direkt zur Oper, Hitlers Lieblingsbauwerk. Drinnen war alles hell erleuchtet. Hitler hatte die Baupläne der Oper sorgfältig studiert und führte die Gruppe umher. Er besichtigte die große Treppe, das Foyer, das elegante Parterre. »Er zeigte sich von der Oper fasziniert, geriet ins Schwärmen über deren unerreichte Schönheit, seine Augen glänzten in einer mich unheimlich berührenden Verzückung.« Hitler vermißte einen Salon, den er auf dem Plan gesehen hatte. Er befragte den Vertreter des Hauses, und es stellte sich heraus, daß er recht hatte. »Da sehen Sie, wie ich mich hier auskenne«, sagte er selbstgefällig.

Von der Oper fuhr die Gruppe weiter zur Madeleine, zum Place de la Concorde, über die Champs-Élysées zum Arc de Triomphe, dann zum Trocadero und zum Eiffelturm, schließlich zum Invalidendom, wo Hitler »lange vor dem Sarkophag Napoleons stehen blieb« und für ein Propagandafoto posierte. Die Fahrt ging weiter zum Panthéon, dessen »Proportionen ihn sehr beeindruckten«.

Hitler zeigte jedoch »kein besonderes Interesse an den schönsten architektonischen Schöpfungen von Paris: der Place des Vosges, dem Louvre, dem Justizpalast und der Sainte Chapelle.« Zielpunkt der Besichtigungstour war vielmehr, wie Speer sich erinnert, Sacré Cœur, »die romantische, süßliche Nachahmung frühmittelalterlicher Kuppelkirchen.« Dort verweilte Hitler, umgeben von seinen Leibwächtern, eine längere Zeit.

Am Abend vertraute er Speer an: »Es war der Traum meines Lebens, Paris sehen zu dürfen. Ich kann nicht sagen, wie glücklich ich bin, daß er sich heute erfüllt hat.« Er befahl Speer, einen Erlaß zur grundlegenden architektonischen Erneuerung Berlins vorzubereiten. »War Paris nicht schön?« schwärmte er gegenüber Speer. »Aber Berlin muß viel schöner werden! ... Ich habe früher oft überlegt, ob man Paris nicht zerstören müsse. Aber wenn wir in Berlin fertig sind, wird Paris nur noch ein Schatten sein.«

Seit seiner Jugend fühlte sich Hitler zur Kunst hingezogen. Mit für ihn typischer Selbstgefälligkeit heißt es in *Mein Kampf*: »Mein malerisches Talent schien übertroffen zu werden von meinem zeichnerischen, besonders auf fast allen Gebieten der Architektur.«[4] Tatsächlich war sein Talent kein besonderes und ohne persönliche Handschrift. Zweimal war er durch die Eignungsprüfung für die Wiener Akademie der Schönen Künste gefallen. Darauf begann er Aquarelle mit Wiener Ansichten zu malen und als Postkarten zu verkaufen; er zeichnete auch Werbeplakate. Noch als Berufspolitiker zeichnete und skizzierte Hitler. Er entwickelte extrem konservative und restriktive Vorstellungen davon, was in der Kunst erlaubt sein dürfe und was nicht.

Während Hitlers Aufstieg zur Macht gingen seine Bewunderung für die großen Maler und sein Antisemitismus eine spezifische Verbindung ein. Von prägendem Einfluß dabei war das Buch *Rembrandt als Erzieher* von Julius Langbehn. Der deutsche Autor unterstellte dem niederländischen Maler ein heroisches »Deutschtum« und pries ihn als Vorbild für die germanische Kultur und die arische Rasse.

Rembrandt als Held und Maler taucht in Äußerungen Hitlers immer wieder auf. Folglich war auch die Frage seiner »Rassereinheit« von zentraler Bedeutung. Beunruhigt wahrscheinlich durch die lebenslange Nähe des Malers zur Welt der holländischen Juden, war Hitler sehr darauf bedacht, daß die arische Herkunft Rembrandts als gesichert gelten konnte. Ein Freund Hitlers aus den frühen Jahren seines Aufstiegs war Ernst Hanfstaengl, ein gebildeter Bürger, der in Harvard studiert hatte. Hanfstaengl, der Erbe eines Münchener Kunstverlags, glaubte damals, er könne Hitler zu einem kultivierten und vorzeigbaren Deutschnationalen machen, indem er ihn in seine Kreise einführte. In seinem Buch über Hitler[5] erinnert er sich an die frühen zwanziger Jahre, als Hitler ihn nach einer fehlgeschlagenen Spendenkampagne ins Berliner Kaiser-Friedrich-Museum begleitete. Vor Rembrandts *Mann mit dem Goldhelm* begann Hitler zu dozieren: »›Ist das nicht einzigartig – dieser heldische, soldatische Ausdruck. Ein Kämpfer, zum Letzten entschlossen! Hier zeigt sich halt, daß Rembrandt doch ein echter Arier und Germane war, auch wenn er gelegentlich seine Modelle aus dem Judenviertel von Amsterdam nahm.‹ ... Ohne den wirklich herausragenden Berliner Vermeers auch nur einen einzigen Blick zu gönnen, ging die Hetzjagd weiter – jetzt auf der Pirsch nach irgendeinem Werk von Michelangelo, Hitlers zweitem Heros in der bildenden Kunst.« Doch das Museum besaß leider keinen Michelangelo, nur eine Statue des jungen Johannes des Täufers, die ihm zugeschrieben wurde. »Hitler blieb vor dieser etwas weibisch wirkenden Schöpfung stehen und verkündete: ›Michelangelo. Das ist die monumentalste, unsterblichste Gestalt in der Geschichte der menschlichen Kunst.‹« Dann machte er sich auf die Suche nach den Michelangelo-Gemälden, die seiner Überzeugung nach irgendwo hängen mußten. Als Hanfstaengl ihn einholte, fand er Hitler »tief versunken im Anblick von Correggios *Leda mit dem Schwan*. Als ich ihn ansprach, schrak er wie ein ertappter Schulbub zusammen und erklärte, wie sehr ihn an diesem Bild immer wieder das wundervolle Spiel des Lichts auf den Körpern der badenden Nymphen im Hintergrund fasziniere.« In späteren Jahren will Hanfstaengl erfahren haben, daß das Motiv der Leda mit dem Schwan

Hitler fast bis zur »Besessenheit« reizte. Jeder Maler, der mit diesem Thema an einer Nazi-Kunstausstellung teilnahm, durfte auf eine Auszeichnung hoffen.

Beim selben Museumsbesuch blieb Hitler vor Caravaggios *Heiliger Matthäus mit dem Engel* stehen und rief: »›Das war ein unendliches Genie! Jetzt haben wir keine Zeit mehr, aber wir müssen wiederkommen und uns das noch einmal ansehen.‹ Hitler glaubte, das Bild wäre von Michelangelo, aber er hatte sich geirrt. Auf dem Schild war der vollständige Name des Malers verzeichnet: ›Michelangelo Merisi Caravaggio‹.«[6]

Vor allem Hitlers Vorstellungen über Rembrandt sind hier von Interesse. Zweifellos war ihm bekannt, daß die von ihm bewunderten niederländischen Meisterwerke voller Bezüge auf die Welt des Judentums waren. Wenn Rembrandt tatsächlich das arische Ideal verkörperte, war sein enger Kontakt zum Judentum damit unvereinbar. Hitler wußte, daß Rembrandt im Amsterdamer Ghetto ein und aus gegangen war, und sicher auch, daß er die prominentesten holländischen Juden seiner Zeit porträtiert hatte. Zu diesen gehörte beispielsweise der Verleger Manasse ben Israel – Rembrandts Porträt von ihm hängt heute im Israel-Museum in Jerusalem –, und ben Israel empfahl ihn vermutlich an Dr. Ephraim Bueno weiter, dessen Ölporträt im Amsterdamer Rijksmuseum und dessen Radierung in der New Yorker Pierpont Morgan Library zu sehen sind.

Rembrandts Malerei ist reich an biblischen Motiven. Zum Teil kommt darin der Geist der Reformation zum Ausdruck, der die Lektüre der Bibel zur Christenpflicht machte. Rembrandt verband diese Motive zudem mit Anspielungen auf die niederländische Geschichte. Die Niederlande hatten gerade die Unabhängigkeit von Spanien erlangt, und man verglich diese Befreiung mit dem Einzug des Volkes Israel in Kanaan. Die Holländer des 17. Jahrhunderts hatten die aus Portugal vertriebenen jüdischen Kaufleute und Gelehrten mit offenen Armen empfangen.[7]

Auch Vermeers *Astronom*, ein Gemälde, das Hitler für seine Privatsammlung haben wollte, enthält Bezüge zur hebräischen Welt, die zwar in den protestantischen Motivkreis eingebettet, aber dennoch offenkundig sind: Das Gemälde im Hintergrund zeigt Mose, der als Neugeborener von der Pharaonentochter aus dem Nil geborgen wird. Möglicherweise hat Hitler die Anspielung auf den Mann, der das Volk Israel aus ägyptischer Gefangenschaft nach Kanaan führte, nicht verstanden, und das kleine Bild im Bild blieb für ihn ein blinder Fleck.

Als Hitler, etwa zwölf Jahre nach jenem Museumsbesuch, an die Macht gelangte, nahm sein Interesse an der Kunst stetig zu – und auch sein Verlangen, sie strengster staatlicher Kontrolle zu unterstellen.

Schon *Mein Kampf* enthält wütende Angriffe auf die moderne Kunst, auf Kubismus, Futurismus, Dadaismus. Hitler bezeichnete diese Stilrichtungen als »krankhafte Auswüchse irrsinniger und verkommener Menschen« und befand, es sei »die Sache der Staatsleitung, zu verhindern, daß ein Volk dem geistigen Wahnsinn in die Arme getrieben wird.«[8] Weit stärker als Stalin oder Mussolini befaßte er sich auch mit den ästhetischen Details seiner Machtentfaltung. Kunst und Architektur, die Gestaltung der Uniformen und Ehrenzeichen, das Erscheinungsbild der großen Aufmärsche – alldem maß er ähnliches Gewicht bei wie politischen und militärischen Angelegenheiten.

Hitler hatte schon in den zwanziger Jahren mit dem Aufbau einer eigenen Kunstsammlung begonnen; als Aufkäufer fungierte sein Leibfotograf Heinrich Hoffmann. Mit dem Erwerb zahlreicher Gemälde des 19. Jahrhunderts, vor allem der Münchener Schule, offenbarte Hitler seine Vorliebe für die Heimatkunst. Im Juni 1939 erteilte er Dr. Hans Posse, dem damaligen Direktor der Dresdner Gemäldegalerie, den Auftrag, Bilder für das geplante Linzer Museum zu beschaffen. Hitler wollte die österreichische Provinzhauptstadt, in der er Jahre seiner Kindheit und Jugend verbracht hatte, neben München, Nürnberg und Berlin zu einer prunkvollen Hochburg des Nazismus machen. Der monumentale Museumsentwurf sah eine Reihe von überdimensionalen Bauwerken vor, in denen die bedeutendsten Kunstwerke Europas aus prähistorischer Zeit bis in die Gegenwart versammelt werden sollten – natürlich nach dem Geschmack der Nazis. Den Kern der Sammlung sollte die nordische Kunst bilden, zunächst einmal die von Hitler so geschätzten Heimatkünstler des 19. Jahrhunderts, doch auch den niederländischen Meistern sollte ein gebührender Platz eingeräumt werden. Der Fundus des Museums sollte durch massive Ankäufe, aber auch durch Beutekunst und den Austausch mit Sammlungen der zu unterwerfenden Länder aufgebaut werden.

Der namhafte Kunsthistoriker Hans Posse war Hitler von Speer empfohlen worden, und er machte sich an die Arbeit, nachdem Hitler ihm seine früheren Erwerbungen vorgeführt hatte. Die Besichtigung fand im Luftschutzkeller des Münchener Führerbaus statt, wo die Bilder an den Wänden hingen, unter ihnen auch die realistischen Gemälde des von Hitler bewunderten Eduard Grützner. Ohne zu zögern verwarf der unbestechliche Posse viele dieser kostspieligen Erwerbungen, bezeichnete sie als »kaum brauchbar« oder gar als »nicht dem Rang der Galerie, wie ich sie mir vorstelle« entsprechend.[9] Posse wurde ausgestattet mit dem damals fürstlichen Budget von 10 Millionen Reichsmark und begann sofort mit dem Ankauf von Kunstwerken. Hitlers Sekretär Bormann wurde über die Aktivitäten auf dem laufenden gehalten. Die meisten Erwerbungen lagerten im Keller des Münchener Führerbaus. Das massige Bauwerk diente Hitler als lokales Hauptquartier. Posse konnte auch nach eigenem Gutdünken aus den beschlagnahmten Sammlungen österreichischer und tschechoslowakischer Juden und anderer »unerwünschter Personen« auswählen.

In seinem ersten Jahresbericht, der im Juni 1940 während der Besetzung Frankreichs entstand, teilte Posse mit, daß er innerhalb dieses einen Jahres 465 Gemälde für das Linzer Museum erworben habe.[10] Mit allem gebotenen Respekt erinnerte er den Führer daran, daß auch Werke von Rubens, Rembrandt und Vermeer nötig seien, um die Sammlung zu komplettieren. Vor diesem Hintergrund wird verständlich, daß die Nachricht von der Beschlagnahme des *Astronom* von Vermeer, die Hitler im November desselben Jahres erreichte, mit großer Genugtuung aufgenommen wurde.

Während die Wehrmacht weiter siegte, bereiste Posse die besetzten Länder und erwarb – wenn erforderlich mit dem nötigen Druck – Gemälde, Skulpturen und Graphiken für das Linzer Museum. Behilflich war ihm dabei Maria Dietrich, eine Vertraute Hitlers und Freundin von Eva Braun; auch sie kaufte für den Führer ein. Dessen Begehrlichkeiten richteten sich in erster Linie auf Frankreich. Ungeduldig wartete er auf den Abschluß eines regulären Friedensvertrags, damit er sich die schönsten Stücke aus dem Louvre als Reparationsleistung sichern konnte. Doch ein solcher Vertrag kam nicht zustande. Nur ein Waffenstillstandsabkommen wurde unterzeichnet.

Der ERR beschlagnahmte Tausende von Gemälden in ganz Europa. Jedes wurde inventarisiert, katalogisiert und fotografiert. Die Kunstexperten des ERR stellten für ihren Führer ein Fotoalbum mit ausgewählten Stücken zusammen, aus dem er jederzeit frei wählen konnte.

Auch als sich das Kriegsglück des Dritten Reiches wendete, die Ressourcen immer knapper wurden und der Untergang in greifbare Nähe rückte, wurden die Mittel für das Museumsprojekt nicht etwa zusammengestrichen, sondern sogar kräftig aufgestockt. Gegen Ende 1944 betrug die für den Kunsterwerb insgesamt bewilligte Summe an die 70 Millionen Reichsmark. Zu dieser Zeit standen über 80 000 Exponate für das Linzer Museum bereit.[11]

Hitlers Kunstbesessenheit hielt bis zu seiner letzten Stunde an. Am Vorabend seines Selbstmords am 30. April 1945 setzte er im Führerbunker der Reichskanzlei sein Testament auf; Goebbels, Bormann und Oberst von Below fungierten als Zeugen. »Was ich besitze, gehört – soweit es überhaupt von Wert ist – der Partei«, diktierte er seiner Sekretärin. Die einzigen Besitztümer, über die er gesondert verfügte, waren die für das Museumsprojekt bestimmten Gemälde: »Ich habe meine Gemälde in den von mir im Laufe der Jahre angekauften Sammlungen niemals für private Zwecke, sondern stets nur für den Ausbau einer Galerie in meiner Heimatstadt Linz a. d. Donau gesammelt. Daß dieses Vermächtnis vollzogen wird, wäre mein herzlicher Wunsch.«[12]

In den zwölf Jahren, die das »Tausendjährige Reich« währte, wurden ebenso viele Kunstwerke geraubt und verschleppt wie im Dreißigjährigen Krieg oder in allen Napoleonischen Kriegen zusammen.

2
Der Kümmel-Bericht
oder
Die Antwort der Nazis auf Napoleon

Im Jahr 1940 wurde ein Vorhaben in Angriff genommen, das in seiner Maßlosigkeit und Zügellosigkeit ohne Beispiel ist. Geplant worden war es in den höchsten Rängen der Nazihierarchie, und es entstammte derselben »germanischen« Kunstauffassung wie das Linzer Museumsprojekt. Schon früher hatten Hitler und andere Naziideologen in Ansätzen daran gedacht, Zeugnisse der deutschen Kunst, die in alle Welt zerstreut waren, »heimzuholen« ins Reich. Bormann und Goebbels übermittelten einen entsprechenden Führerbefehl an den prominenten Kunsthistoriker Otto Kümmel, den Generaldirektor der Staatlichen Museen Berlin. Kümmel erhielt den Auftrag, ein umfassendes Verzeichnis aller in ausländischem Besitz befindlichen deutschen Kunstwerke seit dem 16. Jahrhundert zu erstellen.

Kümmels Ermittlungen führten zu einem dreibändigen Werk, in das die Arbeit dreier Fachleute eingeflossen war. Es handelte sich bei ihnen um Dr. Franz Rademacher, Direktor des Oberrhein-Museums, sowie um die beiden Düsseldorfer Kunsthistoriker Dr. Otto Apfelstaedt und Dr. Hans Baumann.[1] Alle drei spielten auch eine einschlägige Rolle auf dem Pariser Kunstmarkt während der deutschen Besetzung. Ihr umfänglicher Bericht, im Januar 1941 vorgelegt, blieb für die Dauer des Krieges der Öffentlichkeit verborgen. Punkt für Punkt verzeichnete er, unter welchen historischen Umständen deutsche Kunstwerke ins Ausland gelangt waren, und bildete damit die Basis für zukünftige Rückforderungen. Akribisch verzeichnete der Kümmel-Bericht die Herkunft eines jeden Werks, das Datum seines Transfers ins Ausland, den gegenwärtigen Verbleib und den geschätzten Wert. Eingeteilt wurden sie in drei Kategorien: »1. Werke und Sammlungen von besonderer künstlerischer oder geschichtlicher Bedeutung«, »2. Werke von geringerer Bedeutung«, »3. Werke von nur örtlicher Bedeutung«.[2]

Ende 1940 schien Hitlers Welteroberungsplänen kein ernstliches Hindernis mehr im Weg zu stehen. Die Rückführung deutscher Kunst aus dem Ausland galt damit nicht nur als möglich, sondern sogar als vordringlich. Hitler hatte Frankreich, die Niederlande und Belgien besetzt, er hatte Polen mit Stalin geteilt, Österreich und das Sudetenland annektiert.

Nicht nur Hitlers Expansionsdrang, auch der Kümmel-Bericht machte vor keiner Grenze halt. Er reklamierte »Kunstwerke und geschichtlich bedeutsame Gegenstände, die seit 1500 ohne unseren Willen oder auf Grund zweifelhafter Rechtsgeschäfte in ausländischen Besitz gelangt« waren,[3] und erfaßte sowohl die Kriegsflaggen aus dem Dreißigjährigen Krieg, die schwedische Truppen von der kaiserlichen Armee erbeutet hatten, als auch Gemälde, die erst in jüngster Zeit auf dem internationalen Kunstmarkt veräußert worden waren und die im Louvre oder im Metropolitan Museum in New York hingen. Sogar sechs Gemälde aus der Privatsammlung des englischen Königs waren im Bericht verzeichnet, darunter *Christus und Magdalena* von Rembrandt.

Malerei, Plastik, mittelalterliche Rüstungen, Porzellan, Silber, Kriegsflaggen, Medaillen und Münzen – im Kümmel-Bericht blieb nichts unberücksichtigt. Es spielte keine Rolle, ob die erfaßten Gegenstände auf rechtmäßige oder unrechtmäßige Weise ins Ausland gelangt waren, ob sie sich in verbündeten oder in Feindstaaten befanden. Von Bedeutung war nur, daß man das deutsche Volk um sein Erbe gebracht hatte und daß es deutsche Kunstwerke gab, die sich außerhalb deutscher Grenzen befanden. Natürlich folgte der Bericht damit einem Anliegen, das die Nazipolitik von Anfang an beherrschte – er stand im Zeichen der Revidierung des »Versailler Schandvertrags« von 1919, der den Ersten Weltkrieg beendet und dem Deutschen Reich demütigende Bestimmungen auferlegt hatte. Es galt nun, der deutschen Kultur die zentrale Bedeutung zurückzugeben, die ihr nach Meinung der Nazis zukam.

So war es naheliegend, daß die ersten Rückforderungen gegenüber dem »Erbfeind« Frankreich erhoben wurden. Etwa 1800 Werke wurden reklamiert, davon 359 aus Museen und anderen öffentlichen Einrichtungen. Kein französisches Museum, ob in Paris oder andernorts, ob öffentlich oder privat, entging der deutschen Wachsamkeit – auch Privatsammlungen nicht. Für Werke, deren Verbleib nicht ermittelt werden konnte, visierte der Kümmel-Bericht »einige Kunstwerke und geschichtliche Denkmäler in an sich rechtmäßigem ausländischen, vor allem französischem Besitz« an, »deren Erwerbung für Deutschland besonders erwünscht wäre, wenn ein Ersatz für die uns geraubten und verschwundenen oder nicht mehr zu beschaffenden, vielleicht auch für die in Deutschland zerstörten Kulturwerte gefordert werden sollte.«[4]

Kümmels Einführung in das Verzeichnis war eine einzige Anklage gegen Frankreich. Die napoleonischen Armeen wurden als die skrupellosesten Plünderer und Schänder deutschen Kulturguts hingestellt – ein Vorwurf, der die Symbolbedeutung Napoleons für die Naziführer unterstreicht. Die Untaten Napoleons wurden mit einer solchen Häufigkeit bemüht, daß man glauben konnte, das Dritte Reich habe keinen anderen Daseinszweck, als das von Napoleon verübte Unrecht durch entsprechende Vergeltungsmaßnahmen aus der Welt zu schaffen.

Diese Vorwürfe waren nicht aus der Luft gegriffen. Napoleon hatte nicht nur in Italien und Ägypten geplündert, sondern den Louvre zu einem guten Teil auch mit deutscher Kriegsbeute gefüllt. Auch heute noch nennt der amtliche Werkkatalog des Louvre die Herkunft seiner Bilder. Dort ist vermerkt, ob sie aus der Einnahme von München 1806 stammen oder aus der Eroberung Kassels 1807 oder aus der Besetzung Wiens 1809, als ganze Teile der Kaiserlichen Galerie nach Paris abtransportiert wurden. Allein in Kassel erbeutete Napoleon 299 Gemälde, darunter sechzehn von Rembrandt, vier von Rubens und eins von Tizian. Der Kümmel-Bericht forderte auch die Rückgabe von 584 Schaumünzen aus Gold und 4328 aus Silber, die der Stadt Kassel gehört hatten, doch konnte er über ihren Verbleib keine Auskunft geben. Man wußte nur, daß sie nach Frankreich gelangt waren. Auch die Kunstsammlung Friedrichs des Großen war von Potsdam und Berlin nach Paris gebracht worden, darunter zwei sehr schöne Gemälde von Watteau und Hitlers Lieblingsbild: *Leda mit dem Schwan* von Correggio, das aber bereits nach dem Sturz Napoleons zurückgegeben worden war.

Andere als deutsch deklarierte Werke waren zunächst nach Italien gelangt, zum Beispiel *Irdisches Paradies* von Pieter Bruegel d.Ä., das 1796 aus der Mailänder Galleria Ambrosiana in den Louvre entführt wurde.

Der Wiener Kongreß von 1815 hatte versucht, Ordnung in die von Napoleon verursachten Wirren zu bringen und geraubte Kunst den rechtmäßigen Besitzern zuzusprechen. *Die Verklärung* und die *Madonna von Foligno* von Raffael, *Der heilige Erasmus* von Poussin, *Die Grablegung Christi* von Caravaggio, *Das Martyrium des heiligen Petrus* von Tizian, die hellenistische *Laokoon*-Gruppe, die Pferde von San Marco und der Löwe von Venedig sowie verschiedene Werke von Rubens wurden nach und nach an ihre Eigentümer in Österreich und Italien zurückgegeben. Andere Werke jedoch gelangten nie in ihre Herkunftsländer zurück, widrige Umstände oder die geschickten Schachzüge des damaligen Louvre-Direktors Vivant Denon vereitelten die Rückführung. So blieb die *Hochzeit der heiligen Katharina* von Veronese in Frankreich (zu besichtigen im Museum von Rouen), und die *Anbetung der Könige* von Rubens aus Münchener Besitz in Lyon.

Der Louvre behielt auch zwei der kostbarsten Beutestücke: *Das Paradies* von Tintoretto, geraubt in Verona, und *Die Hochzeit zu Kana* von Veronese, das Napoleons Armee aus der Kirche San Giorgio Maggiore in Venedig gestohlen hatte. Um letzteres Bild nicht herausgeben zu müssen, machte Vivant Denon eine ganze Reihe von geschickten Schachzügen. Zunächst verschickte er das Gemälde in eine entlegene Werkstatt, wo es angeblich restauriert werden sollte, und überschritt damit den in Wien festgelegten Rückgabetermin. Schließlich schlug er vor, es gegen das *Gastmahl des Simon* von Charles le Brun zu tauschen. Die Österreicher willigten in den Handel ein, der für Denon, wie man heute einschätzt, überaus günstig ausfiel.[5]

Kümmel konnte also ohne große Schwierigkeiten nachweisen, daß die französischen Museen kräftig von den napoleonischen Feldzügen profitiert hatten. Zu ähnlichen Schlüssen gelangten auch andere Experten, die mit den Nazis nichts zu tun hatten, etwa die französische Kunsthistorikerin Marie-Louise Blumer, die in den dreißiger Jahren 500 in Italien erbeutete Gemälde auflistete und 248 von ihnen aufspürte, die nie zurückgegeben worden waren.[6]

Folglich forderten die Nazis eine beträchtliche Anzahl von Bildern vom Louvre zurück, darunter ein 1806 erbeutetes *Selbstporträt* von Rembrandt und sieben Dürer-Werke aus der Wiener Albertina mit dem *Porträt des Erasmus* und dem *Bildnis eines jungen Mannes*. Auch französische Provinzmuseen wurden aufgefordert, Werke zurückzugeben, ein Rubens wurde aus Rouen zurückverlangt, die *Danae* von Tintoretto aus Lyon.

Der Kümmel-Bericht vergaß auch nicht die Kunstwerke, die französische Behörden bei Ausbruch des Ersten Weltkriegs von deutschen und österreichischen Staatsbürgern mit französischem Wohnsitz beschlagnahmt hatten. Die Liste verzeichnete die Sammlungen von Wilhelm Uhde, von Daniel-Henry Kahnweiler, der Baroness Betty von Goldschmidt-Rothschild und des Händlers Hans Wendland genauso wie die Bestände der weniger bedeutenden Sammler, die in Pariser Künstlerkreisen verkehrten. Absurderweise wurde auch »entartete Kunst« aus Sammlungen deutscher Juden eingefordert, die rassischer Verfolgung ausgesetzt waren. »Da sie aber deutsche Staatsbürger, die Kulturgüter ihres Besitzes also deutsche Kulturgüter waren, sind sie zu behandeln, als wenn sie Deutsche wären.«[7] Neben den Bildern von Cézanne aus der Sammlung Wendland verlangten die Nazis auch Werke von Braque, Léger und Picasso sowie die fauvistischen Bilder Vlamincks. Vermutlich hatten sie mit diesen Werken nichts anderes vor, als sie meistbietend ins Ausland zurückzuverkaufen.

Das Schicksal des Cézanne-Gemäldes *Das Dorf*, das Wendland gehört hatte und daher zum unveräußerlichen Eigentum des deutschen Volkes erklärt wurde, ist im Kümmel-Bericht Schritt für Schritt nachgezeichnet – von der Beschlagnahme im Ersten Weltkrieg über die drei Versteigerungen des Wendland-Besitzes in Paris bis zum Ankauf durch das Brooklyn-Museum in den zwanziger Jahren. Auch Dutzende avantgardistische Gemälde der Kahnweiler-Sammlung wurden zum Bestandteil des deutschnationalen Kulturguts erklärt.[8]

Diese bei Ausbruch des Ersten Weltkriegs beschlagnahmten deutschen Sammlungen enthielten auch alte Meister, zum Beispiel Dürers *Bildnis eines Künstlers*, das der Louvre auf einer Auktion für 300 000 Franc ersteigerte. Es hatte Nicolas de Villeroy gehört, der das Pech hatte, bei Kriegsbeginn die deutsche Staatsbürgerschaft angenommen zu haben.

Frankreich war zwar der Hauptadressat der Rückforderungen Kümmels, aber beileibe nicht der einzige. Aus dem New Yorker Metropolitan Museum of Art wurde die *Heuernte* von Pieter Bruegel d. Ä. zurückverlangt, ein Gemälde, das die napoleonischen Truppen 1809 in Wien erbeutet hatten, und van Dycks *Männerbildnis*, ehemals im Besitz der Städtischen Galerie Kassel, sowie ein Gemälde von Pieter de Hooch und Rembrandts *Männerbildnis*, das aus Frankfurt stammte. Aus der Leningrader Eremitage forderte man ein Bild von Claude Lorrain und eins von Andrea del Sarto, beide Beutestücke Napoleons.

Besonderes Gewicht legte Kümmel auf den Genter Altar von Hubert und Jan van Eyck, ein frühes flämisches Meisterwerk. Im Artikel 247 des Versailler Vertrags war festgelegt, daß die zwölf Bildtafeln des Altars als Kriegsentschädigung an Belgien zu übergeben waren. Obwohl es sich um eine rechtmäßige Erwerbung des Berliner Kaiser-Wilhelm-Museums aus dem 19. Jahrhundert handelte, wurden die zwölf Bildtafeln 1919 in der Genter Kirche Saint Bavo installiert. Kümmel wußte, daß der Altar bei Beginn des Zweiten Weltkriegs von Gent nach Frankreich in Sicherheit gebracht worden war und sich im Schloß von Pau befand, im tiefen Südwesten Frankreichs, weit entfernt von der Front. Nach der vollständigen Besetzung Frankreichs erbeuteten die Nazis nicht nur die zwölf Bilder, sondern gleich den ganzen Altar.

Im Januar 1941 wurde der Kümmel-Bericht offiziell in der Reichskanzlei vorgelegt. Die Deutschen nutzten die Pause im Kriegsgeschehen zwischen dem Herbst 1940 und dem ersten Halbjahr 1941, um ihre Kunstkäufe und Beschlagnahmen zu intensivieren. Aber der Kümmel-Bericht diente dabei nicht als Wegweiser. Er war viel zu umfänglich und akribisch, um den Plünderern möglichst großen praktischen Nutzen zu bieten, und kam daher unter Verschluß. In der Reichskanzlei wurde wohl zu Recht befürchtet, daß die Veröffentlichung eines solchen Verzeichnisses in den okkupierten Ländern breiten Widerstand provozieren würde. Es wurde entschieden, den Kümmel-Bericht bis zum Abschluß eines Friedensvertrags mit Frankreich und anderen Ländern geheimzuhalten und zu einer Grundlage für Reparationsforderungen zu machen.

War die Fleißarbeit des Dr. Otto Kümmel deshalb vergeblich? Keineswegs. Der Genter Altar zum Beispiel, den Belgien vor den Deutschen in Sicherheit gebracht hatte, wurde von der Vichy-Regierung preisgegeben; Göring ließ ihn nach Berlin transportieren, wo er 1943 besichtigt werden konnte. Auch wurden Kirchen- und Museumsschätze des Elsaß, der als deutsches Gebiet galt, von ihrem Verwahrungsort in Schloß Hautefort in Südwestfrankreich an die Deutschen übergeben.

Der Kümmel-Bericht war eine monströse Ausgeburt der Naziideologie und ihrer Beweihräucherung des »deutschen Kulturerbes«, das kulturpolitische Pendant zu Hitlers Eroberungsplänen und deren politischen, rassistischen, wirtschaftlichen und militärischen Aspekten sehr verwandt.

In Osteuropa konnten die Nazis ihre Wiederbeschaffungsziele mit der größten Gründlichkeit verfolgen. Hier richtete sich der Kunstraub gegen bestimmte Bevölkerungsgruppen wie Juden, Freimaurer und politische Gegner; im Mittelpunkt stand die Plünderung von persönlichen Besitztümern und nicht der Ehrgeiz, sich jedes Zeugnis deutscher Kultur, ungeachtet aller Eigentumsfragen, einzuverleiben.

3
Hermann Göring, der »Freund der Künste«

Im Unterschied zu Hitler, Rudolf Heß oder Alfred Rosenberg war Hermann Wilhelm Göring in Deutschland geboren, und zwar im oberbayerischen Rosenheim. Als Sohn des ehemaligen Gouverneurs von Deutsch-Südwestafrika war er auch einer der ersten Gesinnungsgenossen Hitlers mit großbürgerlichem Hintergrund. Im Ersten Weltkrieg hatte er sich mit mehr als dreißig abgeschossenen Feindflugzeugen und zahlreichen Verwundungen als Fliegerheld hervorgetan. Nach dem Krieg war er in Dänemark und Schweden bei der zivilen Luftfahrt tätig. Bei einer Notlandung auf einem schwedischen Gut lernte er die wohlhabende Gräfin Karin von Fock kennen, die sich scheiden ließ, um ihn zu heiraten. Sie verfügte über gute Verbindungen zu deutschnationalen Kreisen und machte Göring mit Hitler bekannt, der seinerseits begeistert war, einen deutschen Fliegerhelden kennenzulernen, der den hochangesehenen Orden Pour le Mérite trug und überdies reich war. Nach dem gescheiterten Hitlerputsch von 1923 floh Göring aus Deutschland und lebte einige Jahre in Italien und Schweden. Im Exil wurde er morphiumsüchtig und entwickelte einen unbegrenzten Hunger nach Macht, Reichtum und Luxus. Seine Frau Karin starb 1931 an Tuberkulose. Göring ließ sie 1934 nahe seinem großen Jagdschloß in der Schorfheide beisetzen und taufte das Anwesen in »Karinhall« um. Sein Ehrgeiz war es, das Schloß mit Kunstschätzen von Weltrang zu füllen, die ihm aus der Kriegsbeute in großer Zahl zufließen sollten.

Nach der Machtergreifung Hitlers im Januar 1933 war Göring zum zweitmächtigsten Mann in der Nazipartei aufgerückt. Als preußischer Ministerpräsident und Innenminister konnte er die gesamte deutsche Regierung mit Mitgliedern der Nazipartei durchsetzen. Als Gründer der

Preußischen Geheimen Staatspolizei richtete er eines der ersten deutschen Konzentrationslager in Oranienburg ein. Ab 1936 begann er als Oberbeauftragter für den Vierjahresplan der Rüstungsindustrie ein enormes Privatvermögen anzuhäufen, das auch seine Kunstsammlung anschwellen ließ. Nicht nur in Deutschland, sondern in ganz Europa wurde er zu einem geschätzten Kunden der Kunsthändler. Im Wachstum seiner Sammlung spiegelte sich Görings politischer Aufstieg wider. Als Hauptorganisator des österreichischen Anschlusses und als Oberbefehlshaber der Luftwaffe wurde er nach der Besetzung Polens und Frankreichs im Juni 1940 zum Reichsmarschall ernannt und erreichte damit den Gipfel seiner Laufbahn. Die Besetzung Frankreichs reizte die Gier des Kunstsammlers und bot zugleich die Möglichkeit zu ihrer Befriedigung.

Nach den Erfolgen des Blitzkrieges setzte sich Hitlers Regierungsstil wieder durch. In feudalistisch anmutender Manier wurde jede Dienststelle in ein Konkurrenzverhältnis zu anderen gesetzt. Zumindest für die Kunstbeschlagnahme kann diese Vorgehensweise als erwiesen gelten. Schon ein paar Monate nach der Besetzung Frankreichs geriet Göring, der sich eifrigst für die französische Kunst und die Möglichkeiten ihres Erwerbs interessierte, in Konflikt, nicht nur mit der Wehrmacht, sondern auch mit der deutschen Botschaft in Paris.

Seit der französischen Kapitulation im Juni 1940 bemühte sich der Reichsmarschall darum, seinen Einfluß auf Rosenbergs ERR auszudehnen. Er wußte nur zu gut, daß dies seine Chancen, an die Kunstschätze der eroberten Länder heranzukommen, entscheidend verbesserte.

Der im Juli 1940 gegründete Einsatzstab Reichsleiter Rosenberg hatte sein Büro im Hotel Commodore auf dem Boulevard Haussmann 12 und war im Rahmen des »Kampfes gegen Judentum und Freimaurerei« mit der Beschlagnahme von Bibliotheken und Archiven in den besetzten Gebieten beauftragt. Eine Vollmacht zur Konfiszierung von Kunstwerken konnte der ERR also vorerst nicht aus diesem Auftrag ableiten. Diese wurde erst im Oktober 1940 erteilt, und damit trat der ERR in direkte Konkurrenz mit den Beauftragen der deutschen Botschaft in Paris.[1]

Schon am 30. Juni 1940, vor der Gründung des ERR, erging eine

Mitteilung von Generalstabschef Wilhelm Keitel in Berlin an General von Boeckelberg, den militärischen Oberbefehlshaber von Paris, in der ausgeführt wird, daß der Führer in Reaktion auf einen Bericht des Außenministeriums den Befehl erteilt habe, mit Ausnahme des französischen Staatseigentums alle Kunstobjekte und historischen Dokumente, die sich im Besitz von Einzelpersonen und insbesondere Juden befinden, in Verwahrung zu nehmen. Die Wehrmacht sollte sich die geraubten Gegenstände nicht einfach aneignen, sondern in die Obhut der deutschen Botschaft übergeben, wo sie als Faustpfand für spätere Friedensverhandlungen verwahrt bleiben sollten. Erst dann wollte man über ihr weiteres Schicksal entscheiden.[2]

Zwischen Juli und September 1940 organisierten Botschafter Otto Abetz und sein Stab in aller Eile eine ganze Serie von Beschlagnahmen: Im Juli wurde eine Reihe von Galerien in jüdischem Besitz ausgeräumt, darunter auch die des Antiquitätenhändlers Jacques Seligmann am Place Vendôme; am 11. August erbeutete man in Langeais die Originale des Vertrags von Versailles und Saint-Germain-en-Laye, und am Tag darauf traf eine Reihe von Werken aus der Bibliothek des Außenministeriums das gleiche Schicksal. Am 6. September durchsuchte man die Villa von Maurice de Rothschild und ließ eine Anzahl von Kunstwerken mitgehen.

Wie viele andere Nazis, die in gehobenen Kreisen verkehrten, hatte Botschafter Abetz vor dem Krieg in Frankreich gelebt, war mit den Verhältnissen im Land vertraut und pflegte Kontakte zu rechtsgerichteten französischen Zirkeln und den mit ihnen verbundenen künstlerischen und literarischen Gruppierungen. Er war sogar mit einer Französin verheiratet, der Tochter des namhaften Journalisten Jean Luchaire. 1939 war Abetz als Journalist und Organisator des Deutsch-Französischen Komitees der Spionage bezichtigt und im Juli 1939 des Landes verwiesen worden. Nach Aussage von Colonel Paillole, in den dreißiger Jahren bei der französischen Spionageabwehr tätig, versorgte Abetz deutschfreundliche Zeitungen und Zeitschriften mit finanziellen Zuschüssen.

Nach seiner Rückkehr nach Frankreich im Juni 1940, diesmal als Sieger, konnte sich Abetz in seiner Rolle als Diplomat, Propagandist und

»Chefkonfiskator« auf seine guten Kontakte und Landeskenntnisse stützen. Doch es dauerte nicht lange, bis sein Wirken mit einer Dienststelle der Wehrmacht in Konflikt geriet, deren Aufgabe darin bestand, die Kunstwerke des Landes zu schützen. Der sogenannte Kunstschutz unterstand dem Kunsthistoriker Franz Graf Wolff-Metternich. Die Dienststelle wurde am 11. Mai 1940 während des Frankreich-Feldzugs eingerichtet, und ihre Aufgabe war es, die im Kriegsgebiet vorgefundenen Kunstschätze auf Listen zu erfassen und nach Maßgabe der Haager Konvention zu schützen. Die Praktiken des Kunstschutzes waren daher weniger rabiat als die der anderen Kunsträuber. Metternich nahm keine Beschlagnahmen vor, er begnügte sich mit der Überprüfung der Bestände und Sammlungen. Gelegentlich wandte er sich auch gegen Plünderungen und warnte sogar die Direktoren französischer Museen vor »Überraschungsbesuchen« durch die deutsche Botschaft oder den ERR.

Um die Mitte des August 1940 entwarf Botschafter Abetz den Plan einer systematischen Ausplünderung Frankreichs. Er regte bei Außenminister Ribbentrop an, eine gewisse Anzahl von Kunstwerken in den Besitz des Deutschen Reichs zu überführen, als Vorleistung und Vorschuß für Kriegsreparationen. Abetz wählte die in Frage kommenden Gemälde aus und schmückte mit einigen von ihnen die deutsche Botschaft in der Rue de Lille. Andere wurden an Ribbentrops Berliner Privatadresse und an Dienststellen des Außenministeriums verschickt. Wieder andere, in denen man Beispiele des »wüsten Expressionismus« sah, blieben in der Botschaft, bis sie auf dem Pariser Kunstmarkt verkauft oder gegen andere Werke getauscht werden konnten. Diese »Vorleistungen« hatten mit einer »Beaufsichtigung« oder »Verwahrung« von Kunstwerken nichts mehr gemein.

Aber die Beutepläne des Botschafters und seines diplomatischen Korps erlitten einen Rückschlag. Am 17. September 1940 übermittelte General Keitel einen weiteren Führerbefehl, der diesmal an General Walther von Brauchitsch erging, den Oberbefehlshaber des Heeres, und verfügte, daß jegliche Weitergabe von Gütern und Werten an den französischen Staat oder an Einzelpersonen infolge der Kriegserklärung vom 3. September 1939 fortan als null und nichtig zu betrachten sei. Dieser Befehl erteilte dem ERR erstmals Richtlinien und Vollmachten, wertvolle Güter zu beschlagnahmen und nach Deutschland zu überstellen.[3] Der Befehl hatte direkte Auswirkungen auf die meisten Kunstwerke jüdischer Besitzer, die ihre Sammlungen vorübergehend dem französischen Staat »gestiftet« hatten, um sie vor dem Zugriff der Nazis zu schützen. Innerhalb weniger Monate änderte sich daher die Hauptstoßrichtung des ERR. Hatte sich der ERR anfangs auf die Beschlagnahme von Bibliotheken politischer Gegner beschränkt, etwa der Turgenjew-Bibliothek und der Polnischen Bibliothek, oder auf die Einrichtungen der Freimaurer, erwarb er sich mit Beginn des September 1940 aufgrund seiner neuen Vollmachten schnell eine Monopolstellung, was die Beschlagnahme von Kunst und anderen Kulturgütern im besetzten Frankreich betraf.

Der erste Rivale, den der ERR aus dem Felde schlug, war die Wehrmacht. In Metternich sah man kaum etwas anderes als einen unpolitischen Kunsthistoriker, der sich auf die Gotik spezialisiert hatte, und der Kunstschutz, eine Dienststelle mit noch ungeklärten Vollmachten, wurde bald nur noch mit konservatorischen Aufgaben betraut.

Die Spannungen zwischen dem ERR und der Botschaft jedoch nahmen an Schärfe beständig zu und gipfelten im Oktober 1940 in einem Eklat, als Mitarbeiter des ERR in die Lagerräume der Transportfirma Schenker in Paris eindrangen und zweihundert Kisten mit beschlagnahmten Kunstgegenständen mitnahmen, die die Botschaft zum Abtransport nach Deutschland angeliefert hatte. Botschafter Abetz sah sich vor vollendete Tatsachen gestellt. Fortan dominierte der ERR den organisierten Kunstraub in Frankreich.

Zu dieser Zeit begann Göring, den ERR für seine Zwecke einzusetzen. Seine Macht und sein Ansehen erlaubten ihm ohne weiteres, jeder beliebigen Regierungsstelle seinen Willen aufzuzwingen, selbst dann, wenn sie nicht seinem Ressort unterstand. Zudem hatte er persönlichen Zugriff auf Reichsbahnkapazitäten sowie Luftwaffenpersonal und verfügte damit über logistische Vorteile, die er dem ERR zugute kommen lassen konnte.

Die entscheidenden Handlungsvollmachten lieferte Reichsmarschall Göring dem ERR persönlich. In einem Befehl vom 5. November weitete er das Betätigungsfeld des ERR auf die Beschlagnahme von Kunstsammlungen in jüdischem Besitz aus, die zu diesem Zweck als »herrenlos« deklariert wurden.

Göring wandte sich nicht etwa an die Zentrale des ERR, die ihren Sitz in Berlin hatte, sondern direkt an die Beauftragten in Paris und dort insbesondere an den ersten Direktor, Baron Kurt von Behr. Von Behr baute in kürzester Zeit einen engen Kontakt zu Göring auf, dem es seinerseits gelang, den Kunsthistoriker Dr. Bruno Lohse als Berater und Agenten in den ERR einzubringen und ihn gegen Provision mit der Beschaffung von Kunstwerken für seine Privatsammlung zu beauftragen. Der Kunsthändler Walter Andreas Hofer, vor dem Krieg Kurator der Göringschen Sammlung in Karinhall, wurde zu seinem Agenten für Frankreich und ganz Europa. Gisela Limberger, seine Bibliothekarin und persönliche Sekretärin koordinierte die Neuerwerbungen.

Göring hatte jederzeit Zutritt zu den Räumen im Jeu de Paume, die zum Zentrallager für beschlagnahmte Kunst in Paris wurden. Vom 3. November 1940 bis zum 27. November 1942 besuchte er das Museum nicht weniger als zwanzigmal. Welchen Stellenwert die Kunst im Leben des vielbeschäftigten Reichsmarschalls einnahm, zeigt sich auch daran, daß einer dieser Besuche am 9. Juli 1941 stattfand, nur drei Wochen, bevor er einen Befehl an Reinhard Heydrich, den Leiter des Reichssicherheitshauptamtes, unterzeichnete, die »Endlösung der Judenfrage« in Angriff zu nehmen. Und eine Woche nach diesem Befehl opferte Göring erneut seine knappe Zeit, um sich im Jeu de Paume ein paar weitere Gemälde für Karinhall auszusuchen.

Gewöhnlich kündigte der Reichsmarschall seine Besuche nur wenige Stunden vorher an, so daß die Mitarbeiter des ERR gerade genug Zeit hatten, ihre neuesten Beutestücke zur Besichtigung aufzuhängen, damit Göring wählen konnte. Von Behr und in erster Linie auch Hofer reichten dann Görings Wunschliste an den ERR weiter, worauf Jacques Beltrand, ein in Pariser Künstlerkreisen bekannter Graphiker, der Göring als Kunstexperte zur Seite stand, jedes Werk auf der Liste begutachtete. Beltrand gab sich stets größte Mühe, seine Bewertungen günstig ausfallen zu lassen, da viele der von Göring ausgewählten Objekte dem Austausch gegen andere Kunstwerke dienen sollten. Zum Beispiel wurden fünf Wandteppiche mit Szenen aus dem Leben des Scipio mit einem Wert von 2,3 Millionen Franc angesetzt – eine Summe, die Görings Kauf- oder Tauschkapazitäten beträchtlich erweiterte. Die Bewertung moderner Kunst durch Beltrand folgte hingegen den ästhetischen Maßstäben der Nazis und fiel sehr viel geringer aus, obwohl die betreffenden Werke auf dem Pariser Kunstmarkt wesentlich höhere Preise erzielten. Zwei Gemälde von Matisse, eins von Modigliani und eins von Renoir brachten es bei ihm zum Beispiel auf einen Gesamtwert von nur 100000 Franc, und besser noch: ein Gemälde von Léger, zwei von Braque, zwei von Matisse, eins von Picasso und eins von de Chirico, also insgesamt sieben, wurden von Beltrand auf einen Gesamtwert von 80000 Franc geschätzt.[4] Der stets willfährige Hofer stellte Beltrands Schätzungen jedesmal in Frage und reduzierte sie manchmal bis zur Hälfte, um noch mehr moderne Gemälde zum Tausch zu erhalten.

Die von Göring ausgewählten Gemälde wurden auf Lkws verladen und zu einem seiner vier Privatzüge transportiert. Die offizielle Regelung sah vor, daß Göring die Werke vom ERR kaufte und die Kaufsumme auf einem Konto der französischen Regierung deponierte. In Wirklichkeit jedoch bezahlte Göring nie einen Pfennig, und man nimmt an, daß er sich auf diese Weise etwa tausend Gemälde und andere Kunstgegenstände aneignete.

Ein weiteres Glied in der Kette widersprüchlicher Befehle, die für die Hitlerbürokratie so bezeichnend waren, stellte ein Führerbefehl vom 18. November 1940 dar, demzufolge alle beschlagnahmte Kunst nach Deutschland transportiert und Hitlers persönlicher Verfügung unterstellt werden sollte. Alle Bestandslisten der Beutekunst waren fortan Hans Posse zu überreichen, dem Direktor der Dresdner Gemäldegalerie und des für Linz geplanten Museums. Aber dieser Befehl wurde nie umgesetzt, da Göring ihn mit Erfolg unterlief.

Selbst mitten im Krieg fand der kunstbesessene Reichsmarschall stets Zeit und Mittel, sich der Bereicherung seiner Sammlung in Karinhall zu widmen. In einem Brief vom 21. November 1940, gerichtet an den »werten Parteigenossen« Alfred Rosenberg, dessen Einsatzstab Göring für seine Zwecke instrumentalisieren wollte, frohlockt er über die Entscheidung, alle beschlagnahmten Kunstwerke der Zuständigkeit des ERR zu unterstellen. Er merkt jedoch an, daß der Außenminister Ribbentrop dieselbe Befugnis für sich beanspruche. Auch erwähnt er, daß Goebbels den Auftrag erhalten habe, den Kümmel-Bericht vorzulegen, der die Rückführung von aus Deutschland »gestohlenen« Kulturgütern rechtfertigen sollte. Rosenberg gegenüber äußert Göring das Versprechen, daß er alles in seiner Macht Stehende tun werde, um die Arbeit des Einsatzstabes zu unterstützen, und ihm auch die Luftwaffe zur Verfügung stellen werde. Er weist auf die wichtige Rolle hin, die er persönlich bei der Aufdeckung »gut getarnter Verstecke« mit Kunstgütern und bei der Bezahlung von Informanten gespielt habe. »Gegenwärtig«, fügt Göring hinzu, »besitze ich dank meiner Erwerbungen und Tauschaktionen die vielleicht wichtigste Privatsammlung in Deutschland, wenn nicht in ganz Europa ... Um meine Sammlung zu vervollständigen, hatte ich auch geplant, eine kleine Anzahl von Werken aus beschlagnahmten jüdischen Sammlungen zu kaufen.« Er endet mit der Versicherung gegenüber dem Parteigenossen Rosenberg, daß trotz der vielen Werke, die er dem Pariser Kunstdepot des ERR entnommen habe, »noch immer eine sehr große Zahl von Objekten verbleibt, die zur Ausschmückung von Gebäuden der Partei, des Staates verwendet werden können und unsere Museen füllen können.«[5]

Die Vichy-Regierung hatte natürlich versucht, sich diesen Beschlagnahmen zu widersetzen – und sich gleichzeitig an ihnen beteiligt. Im Sommer 1940 wurden die ersten Gesetze erlassen, die die Beschlagnahme jüdischen Besitzes und die Enteignung emigrierter französischer Widerständler ermöglichten. Im Oktober 1940 wurde von der Vichy-Regierung der Service de Contrôle des Administrateurs Provisoires geschaffen (SCAP – Überwachungsdienst der provisorischen Verwaltung).

Aufgabe des SCAP war es, die jüdischen Firmen zu enteignen und ihre »Arisierung« zu überwachen; was Beschlagnahmen betraf, so hatte er sich auf die Immobilien der jüdischen Kunsthändler und Sammler zu beschränken. Als der SCAP versuchte, seine Vollmachten auf die Bestände der Galerien und Sammlungen auszudehnen, geriet er mit den deutschen Plünderkommandos aneinander. Am 29. März 1941 wurde auf Betreiben der Deutschen das »Generalkommissariat für Judenfragen« geschaffen, dem anfangs Xavier Vallat vorstand, später Louis Darquier de Pellepoix. Eine der ersten Taten des Generalkommissariats war der Versuch, Gemälde und Kunstsammlungen aus jüdischem Besitz, den die Deutschen bereits beschlagnahmt hatten, zurückzugewinnen. Das »Judenkommissariat« blieb in Sachen Kunstbeschlagnahme in den besetzen Gebieten Frankreichs ohne Erfolg; es konnte dort bestenfalls mit dem ERR kollaborieren und hoffen, an der Beute beteiligt zu werden. Ohnehin waren die größten und bedeutendsten Sammlungen bereits vor seiner Gründung kassiert und nach Deutschland gebracht worden, und die französischen Kollaborateure des ERR profitierten herzlich wenig von dieser Art der Partnerschaft. Andere Dienststellen der Vichy-Regierung, von der Direction des Domaines (Abteilung für staatliches Eigentum) bis zur sehr regsamen Direction des Musées de France (Französische Museenverwaltung) – der es tatsächlich mehrfach gelungen war, die unter ihrem Schutz stehenden Objekte vor dem Zugriff der Nazis zu schützen –, setzten sich ebenfalls für die Rettung der jüdischen Sammlungen ein. Gegen die deutschen Beschlagnahmen aber waren sie machtlos, und sie mußten sich auf schwache Proteste bei der Vichy-Regierung oder bei der Wehrmacht beschränken.[6]

Der ERR mitsamt seinen Vollmachten, vom Parteiideologen Rosenberg in Gang gesetzt und von Reichsmarschall Göring protegiert, wuchs beständig und entzog sich damit der Kontrolle durch den Staatsapparat. Die Antwort des ERR auf die französischen Proteste, eine Rechtfertigung der systematischen Plünderung von Kunstsammlungen im Besitz von Juden und Freimaurern, ist einer »Grundsatzerklärung« vom 3. November 1941 zu entnehmen. Verfaßt wurde sie von Gerhard Utikal, dem

Berliner Leiter des ERR. Seine Argumentation ist ein Musterbeispiel für Naziideologie. Das Schreiben, gerichtet an den Heeresstab der Wehrmacht, zieht gleich zu Anfang einen deutlichen Strich zwischen dem, was aus deutscher Sicht als französisch zu gelten hat, und was nicht: »Kein Kunstwerk, das dem französischen Staat oder nichtjüdischen französischen Staatsbürgern gehört, ist beschlagnahmt worden.« Darauf wird ausgeführt, wo die wahren Schuldigen zu suchen seien: »Der Krieg gegen das Großdeutsche Reich wurde vom Weltjudentum und vom Freimaurertum angezettelt, welche ... verschiedene Staaten und europäische Völker aufgehetzt haben, den Krieg gegen Deutschland zu beginnen.« Dann wird Deutschland als Befreier des französischen Volkes präsentiert: »Mit der Besetzung Frankreichs hat die deutsche Wehrmacht den französischen Staat und das französische Volk vom Einfluß des internationalen Judentums befreit.« Es folgt eine erneute Definition, was aus deutscher Sicht als französisch zu gelten habe und was nicht: »Der Waffenstillstand mit dem französischen Staat und Volk erstreckt sich nicht auf die Juden in Frankreich ... die als ›Staat im Staate‹ und als immerwährende Feinde des Deutschen Reiches zu betrachten sind.« Und schließlich wird die Beschlagnahme von Kunstsammlungen gerechtfertigt: »Deutsche Enteignungsmaßnahmen gegenüber Juden basieren auf dem Recht des deutschen Volkes ... Die Juden haben seit Urzeiten und in Befolgung der Vorschriften der jüdischen Gesetze, wie sie im Talmud festgeschrieben sind, an dem Grundsatz festgehalten, daß alle Nichtjuden als Tiere zu betrachten sind und folglich rechtlos sind und daß nichtjüdisches Eigentum als aufgegeben und herrenlos zu betrachten ist.«[7] Mit dieser monströsen Charakterisierung von Juden und jüdischen Gesetzen hatten die Nazis eine Rechtfertigung ihrer Raubzüge gesucht und gefunden.

Von allen französischen Juden besaß die Familie Rothschild wahrscheinlich die meisten derjenigen Kunstschätze, auf die sich die Gier Hitlers und Görings richtete.[8]

ZWEITER TEIL

Anatomie eines Kunstraubs

4
Die Plünderung der Rothschild-Sammlungen

In der Rangliste der Kunstschätze, die in Frankreich beschlagnahmt werden sollten, standen die Gemälde im Besitz des französischen Zweigs der Rothschild-Familie an oberster Stelle. Von Vermeer und Frans Hals bis zu Gainsborough und Velázquez – die Sammlungen der Rothschilds enthielten die Werke, die von den Nazigrößen am meisten geschätzt wurden.

James Rothschild, der sich zu Beginn des 19. Jahrhunderts in Frankreich niederließ, war der Begründer einer aristokratischen Dynastie, die durch familiäre und geschäftliche Beziehungen miteinander verbunden war, bedeutende Kunstsammlungen besaß, die französischen Museen mit großzügigen Stiftungen bedachte und die bis heute fortbesteht. Der Sitz der Rothschild-Bank war die Rue Laffitte, ehemals das Zentrum der Kunstgalerien. Nicht weit entfernt, auf dem Boulevard Haussmann, befand sich das Hotel Commodore, das Hauptquartier des ERR. Zum französischen Zweig der Rothschilds gehörten drei Familien, und jede von ihnen besaß Gebäude im Viertel zwischen dem Place de la Concorde und dem Élysée-Palast. Baron Édouard de Rothschild, Direktor der Rothschild-Bank und Oberhaupt der Familiendynastie, wohnte in der Rue Saint Florentin 2, in einer Residenz, die einmal Talleyrand gehört hatte und 1860 von Édouards Vater Baron Alphonse erworben und restauriert worden war. Baron Robert de Rothschild, Vorsitzender des Israelitischen Konsistoriums, wohnte in der Avenue de Marigny 23, und Baron Edmond de Rothschild wohnte in der Rue du Faubourg Saint-Honoré, heute Residenz der amerikanischen Botschaft.

Das immense Vermögen der Rothschilds stammte nicht nur aus dem Bankgeschäft, sondern auch aus französischen und europäischen Eisenbahngesellschaften und russischen Ölquellen. Zu den besonderen

Reichtümern zählten die Weinlagen von Château Lafite in der Gegend von Bordeaux und mehrere Rennställe. Die Kunstsammlungen der Rothschilds umfaßten nach dem Inventarverzeichnis, das die Experten des ERR erstellt hatten, zur Zeit der Beschlagnahme mindestens 5009 Werke. Von diesen legendären Sammlungen war die des Baron Édouard bei weitem die größte, zu ihr gehörten Werke wie Vermeers *Astronom* (Abb. A1), das *Porträt der Marquise de Pompadour* von Boucher (Abb. C9), Memlings *Jungfrau mit Kind* (Abb. A9), das *Porträt der Isabella Coymans* von Frans Hals (Abb. A8), *Philipp II., König von Spanien*, ein damals Velázquez zugeschriebenes Gemälde, und Raffaels *Mann mit rotem Hut*. Weiterhin zählten dazu van Dycks *Kinderporträt der Henriette von Frankreich*, die *Frau mit Katze* eines Malers der flämischen Schule (Abb. A9), mehrere Gemälde von Rubens, ein Tizian und zwei Watteaus, *Stehender Gitarrenspieler* und *Minuet*. Es gab auch zwei Porträts der Kinder der Familie Soria von Goya (Abb. A10 und 11), mehrere Werke von Joshua Reynolds und das berühmte *Porträt der Baronesse Betty de Rothschild* von Ingres.[1]

Die Sammlung von Baron Robert war zwar kleiner, aber nicht weniger bedeutend. Sie enthielt eine kostbare Sammlung von Renaissance-Emaillen (Abb. A8) und etliche Gemälde von Weltrang: ein selten gezeigtes Triptychon von Jan van Eyck, *Madonna mit Heiligen und Stifter* (heute in der Frick-Collection, New York), Rembrandts *Fahnenträger*, den Baron James de Rothschild 1840 bei Christie's in London erworben hatte, ein *Ländliches Fest* von Fragonard, das *Porträt der Lady Alston* von Gainsborough und einige moderne Werke, unter anderem ein Stilleben von Braque, mehrere Gemälde von Derain und eins von van Dongen.

Maurice de Rothschild besaß Gemälde von vergleichbarem Wert: einen Rembrandt, mehrere Fragonards und vor allem eine große Anzahl flämischer und holländischer Meister, auf die es Hitler und Göring als Bewunderer der »nordischen Kunst« besonders abgesehen hatten.

Neben diesen Meisterwerken besaßen die Rothschilds Bibliotheken wertvoller Bücher. Die sorgfältig zusammengetragenen Sammlungen umfaßten Tausende von Handschriften, Inkunabeln und Prachtbänden, außerdem eine reichhaltige Judaika-Sammlung.

Bei Kriegsbeginn glaubten die Rothschilds, daß ihre Sammlungen vor allem durch Bombenangriffe auf Paris bedroht seien. An einen Kunstraub, wie er dann von den Nazis inszeniert wurde, dachte zu jener Zeit niemand. Ihr erste Maßnahme war daher, die Stücke der Sammlungen in ihre Landschlösser auszulagern. Auf Rat seiner Cousine Marquise de Noailles entschied sich Robert de Rothschild, einen Teil seiner Bestände in einem südwestfranzösischen Gut in der Region Lot zu deponieren, das seinem Freund Maurice Aguillon gehörte. Seinen wertvollsten Schatz, das Triptychon von Jan van Eyck, vertraute er Eduardo Propper de Callejón an, der Attaché bei der spanischen Botschaft und ein Freund der Familie war.[2]

Ein anderer Teil der Rothschild-Sammlungen wurde dem Direktor der Musées nationaux, der Staatlichen französischen Museen, übergeben, der sie im Louvre einlagerte und sie mit gefälschten Dokumenten abzusichern versuchte, aus denen hervorging, daß die Bilder schon vor der Kriegserklärung als Schenkungen ins Eigentum des Louvre übergegangen waren.

Die wahren Eigentümer verließen das Land. In Anbetracht des schnellen Vormarschs der Deutschen floh Édouard de Rothschild mit seiner Familie in die Vereinigten Staaten. Robert folgte ihm wenig später, Maurice ging nach Kanada. Henri de Rothschild, ein Cousin aus dem britischen Zweig der Familie und Besitzer einer ansehnlichen Sammlung Chardins, suchte Zuflucht in der Schweiz und in Portugal. Da ihm der Kontinent zu unsicher war, ließ er die Chardins aus der Schweiz ins englische Bath verbringen. Allen vieren – Édouard, Robert, Maurice und Henri – wurde die französische Staatsbürgerschaft aberkannt und ihr Eigentum beschlagnahmt, wie es die Gesetze der Vichy-Regierung vorsahen, um mögliche Anhänger de Gaulles und andere Widerständler am Verlassen des Landes zu hindern. Die Kinder der Rothschilds waren 1939 zum Wehrdienst einberufen und an die Front geschickt worden. Roberts Söhne Alain und Élie wurden im Mai 1940 in den Ardennen gefangengenommen und verbrachten fünf Jahre als Kriegsgefangene in Deutschland.

Die Vichy-Regierung verkündete die Enteignung der Rothschilds mit großem Propagandagetöse, doch die Beschlagnahmen fanden in der besetzten Zone statt, und die Deutschen waren die Nutznießer. Der Familienbesitz, der sich in der unbesetzten Zone befand, erlangte einen paradoxen Status: Theoretisch war er ins Eigentum des Staates übergegangen, doch in vielen Fällen unterstand er dem Schutz des Louvre. Vom Immobilienbesitz der Rothschilds wurde nur die Villa in Cannes mit allem Inventar 1942 von der Vichy-Regierung zur Auktion ausgeschrieben. Liliane de Rothschild nahm an der Versteigerung teil und rettete einen Teil des Familienbesitzes, indem sie das von Ingres gemalte Porträt des Baron Alphonse zurückkaufte.

Ein vordringliches Ziel des ERR war es, sich die legendären Kunstschätze der Rothschilds anzueignen. Im Herbst 1940, als sich herausgestellt hatte, daß die begehrten Schätze verschwunden waren – manche aufs Land ausgelagert, andere in Banktresoren deponiert, wieder andere in den Magazinen des Louvre – bedienten sich die Deutschen außergewöhnlicher Methoden, um sie aufzuspüren. Zuerst wurden die Pariser Häuser der Rothschilds durchsucht, doch in ihnen fand sich wenig, da die wertvollen Objekte ausgelagert waren. Auf der Jagd nach den Schätzen Édouards de Rothschild suchten die Mitarbeiter des ERR die Familienschlösser in Ferrières und Reux heim, die in der Calvados-Region der Normandie gelegen waren. Die Gemälde von Baron Robert suchten sie in dessen Schloß in la Versine und die von Baron Maurice im Schloß von Armanvilliers in der Region Seine-et-Marne. Dann begannen sie mit der systematischen Inventarisierung der Kunstwerke, die in Banktresoren deponiert waren. Schließlich transportierten sie sechs Kisten mit Schmuck, Kunstgegenständen des 16. Jahrhunderts, Miniaturen des 15. Jahrhunderts und Handschriften aus dem Besitz von Maurice de Rothschild ab, die sich in den Tresoren der Bank von Paris und der Niederlande gefunden hatten.[3]

Die Beschlagnahme wurde Schritt für Schritt mit einer manchmal erstaunlichen bürokratischen Akkuratesse vorgenommen, die am Ende nicht selten zur Rettung der Kunstschätze beitrug. In der Bank von Paris und der Niederlande verfaßte ein Leutnant Mewe vom Devisenschutzkommando einen Bericht, aus dem hervorging, daß sechs Kisten aus dem Besitz von Maurice de Rothschild gefunden worden seien. Sie wurden geöffnet und, nachdem ihr Inhalt inventarisiert wurde, wieder versiegelt. Die versiegelten Kisten wurden unter Aufsicht des Devisenschutzkommandos und im Beisein eines gewissen Peyrastre wieder im Tresor verschlossen. Peyrastre war ein Vichy-Beamter von der Abteilung für staatliches Eigentum und hatte in deren Auftrag gegen die Beschlagnahme protestiert mit der Begründung, die Kunstschätze seien nicht mehr Eigentum des Maurice de Rothschild, sondern des französischen Staates.

Unverzüglich machten sich die Deutschen auch auf die Suche nach den Werken, die in den Magazinen des Louvre außerhalb von Paris untergebracht waren. Den Trick mit den falschen Schenkungsurkunden hatte der ERR sofort durchschaut.

Anfang Februar 1941 hatte der ERR Werke aus fast allen Rothschild-Sammlungen im Jeu de Paume zusammengetragen und eine vorläufige Inventarisierung vorgenommen. Fast die gesamte Beute, so verpackt, wie die Deutschen sie vorgefunden hatten, wurde am 3. Februar 1941 in einem der Göring unterstehenden Sonderzüge nach Deutschland gebracht. Aufgeteilt wurde der Raub wie folgt: Neunzehn Kisten mit der Numerierung H1 bis H19 waren für Hitler bestimmt, die Kisten G1 bis G23 gingen an Göring. In diesen zwei Lieferungen waren die größten Kostbarkeiten der Rothschild-Sammlungen vereint. Kiste H13 zum Beispiel enthielt *Der Astronom* von Vermeer, Kiste H6 Édouard de Rothschilds Frans-Hals-Gemälde, Kiste H3 Bouchers *Porträt der Marquise de Pompadour*. Es spricht für die Akkuratesse, mit der dieser gigantische Raubzug organisiert wurde, daß Baron Kurt von Behr, Pariser Chef des ERR und damit für den Transport verantwortlich, in seinem Begleitschreiben festhielt: »Leider war es nicht möglich, die passenden Marmorplatten zu den antiken Möbeln aufzufinden.«[4] Dafür bat er seine beiden Dienstherren um Entschuldigung. Die Aufteilung der Beute und das Anbringen der H- und der G-Stempel auf den Kisten entsprach einem Eilbefehl des Reichsmarschalls. Die Rothschild-Sammlungen waren zu berühmt, als daß Göring sie an seinem Führer hätte vorbeischmuggeln können. Er mußte ihm und seinem Linzer Museum den Löwenanteil abtreten.

Der Reichsmarschall hatte sich mit der zweiten Wahl zu begnügen: Cranachs *Allegorie der Tugend*, zwei Bilder von Isaak van Ostade, ein Porträt eines Malers der Holbein-Schule, Fragonards *Junges Mädchen mit chinesischer Statuette*, eine Federzeichnung von Lucas van Leyden. Görings Beute umfaßte auch vier Kisten mit Kunstgegenständen, die er sich im November 1940 im Jeu de Paume selbst ausgesucht hatte. Sie gelangten am 12. Februar nach Deutschland, im März wurden sie von Polizeieinheiten nach Neuschwanstein eskortiert, wo sich das wichtigste Depot des ERR befand.

Die letzte Plünderung der Rothschild-Sammlungen fand im Juli 1941 statt. Diesmal blieb fast keines der in den Landschlössern verwahrten Kunstwerke verschont. Im Schloß zu Ferrières beispielsweise wurden nicht mehr als einige Gobelins aus dem 16. und 17. Jahrhundert zurückgelassen, und auch das nur, weil der ERR sie schlicht übersehen hatte. Die Schloßbediensteten hatten sie mit grauem Tuch verhängt, um sie vor der Sonne zu schützen, so daß es aussah, als wären schon alle Bilder abgenommen worden. Die Gobelins hingen bis Kriegsende in Ferrières. Im Schloß von le Versine, das Robert de Rothschild gehörte, blieben einige Möbel und Uhren erhalten, die in einem Geräteschuppen des Anwesens versteckt waren. Sie wurden 1944 bei Bombenangriffen der Alliierten beschädigt. Schließlich entgingen auch die meisten Werke aus dem Besitz von Maurice de Rothschild, die im Louvre-Depot Château de la Treyne in der unbesetzten Zone lagerten, der Aufmerksamkeit des ERR.

Die großen Weinvorräte der Rothschilds waren nicht weniger begehrt als ihre Gemälde. Im Château Lafite, das von den Deutschen besetzt war, hatte Gutsverwalter Gaby Faux in weiser Voraussicht die Weinvorräte Roberts auf dessen Söhne Alain und Élie überschreiben lassen, die beide in deutscher Kriegsgefangenschaft waren und deren Besitz zumindest theoretisch nicht der Beschlagnahme anheimfiel. So überstanden die Weinkeller des Château Lafite ungeplündert den Krieg. Im selben Schloß wurden auch die jüdischen Kultgegenstände der Familie aufbewahrt. Sie waren in einer kleinen Kammer eingemauert und überdauerten den Krieg.

Paradoxerweise entgingen gerade in Paris viele Kostbarkeiten der Rothschild-Sammlungen den Plünderern, obwohl der ERR dort am gründlichsten gesucht hatte. Baron Robert de Rothschild gehörte zu den wenigen, die eine Besetzung durch Hitlerdeutschland prophezeit hatten. Schon vor dem Ersten Weltkrieg hatte er neben der Waschküche im Keller seines Hauses in der Avenue de Marigny eine Geheimkammer angelegt. Nach seiner Abreise in die USA brachte der Hausmeister eine Reihe von Plastiken, Standuhren, Bronzen darin unter, außerdem mehrere Eimer Kalk, die die Luftfeuchtigkeit reduzieren sollten. Die Kammer wurde zugemauert, die Wand frisch gekalkt und große Wäscheschränke davorgestellt. Die Luftwaffenoffiziere, die das Haus während der gesamten Besatzungszeit bewohnten, ahnten nichts von der verborgenen Schatzkammer.

Ein General Hanesse, Stabschef der Luftwaffe und eng verbunden mit Göring, für den er Kunstkäufe arrangierte, wohnte in diesem Haus und gab häufig Empfänge für hohe Nazichargen und französische Sympathisanten. Ihm fiel kaum auf, daß sich die kostbaren Einrichtungsgegenstände, die seinen pompösen Galaabenden den rechten Glanz verliehen, allmählich verflüchtigten. Das war das Werk von Madeleine Parnin, der Wäscherin der Rothschilds, die im Haus geblieben und nun Dienstmädchen der Besatzer war. Es gelang ihr, die wertvolle Tafelwäsche und die prachtvoll bestickten Tagesdecken allmählich aus dem Verkehr zu ziehen und durch gewöhnliche Tücher zu ersetzen. Als Hanesse sich darüber wunderte, erklärte ihm Madeleine Parnin, die alten Tücher seien verschlissen gewesen und in Putzlumpen verwandelt worden. Félix Pacaut, der Hausmeister, der ebenfalls für die Deutschen arbeitete, um den Besitz der Rothschilds zu schützen, erdachte sich eine Finte, in der sein Cousin, ein Feuerwehrmann, eine wichtige Rolle zu spielen hatte. Er fingierte einen Kaminbrand und rief die Feuerwehr. Während ein Teil der Löschmannschaft unter eifriger Mithilfe der Deutschen das Feuer im Kaminabzug zu ersticken versuchte, trug der andere Teil der Mannschaft das Familiensilber der Rothschilds durch die Hintertür hinaus, die in die Rue du Cirque führte. Das Silber blieb bis zur Befreiung in Paris versteckt.

Nicht alle Angestellten der Rothschilds waren so loyal. Ein Gärtner verriet den Deutschen, daß auf dem Grundstück ein Schatz vergraben sei. Nur konnte er die Stelle nicht genau angeben, und die Deutschen gruben überall tiefe Löcher, ohne jemals etwas zu finden.

Ohnehin war nicht viel vom Rothschild-Besitz in Paris geblieben. Gegen Ende 1941 befand sich der größte Teil der Sammlungen im Münchener Führerbau oder im Magazin des ERR auf Schloß Neuschwanstein; ein kleiner Teil wurde im Château de la Treyne, dem Depot des Louvre im unbesetzten Teil Frankreichs, aufbewahrt. Einige der Kisten in München und Neuschwanstein wurden nie geöffnet, weil es an Zeit und Personal fehlte. Als die alliierten Bombenangriffe 1944 intensiviert wurden, verlagerte man die meisten Kisten in stillgelegte Salzstollen bei Altaussee in der Steiermark. Dort wurden sie schließlich von der US-Army gefunden.

Die organisierte Plünderung des enormen Rothschild-Besitzes diente als Vorbild für weitere Raubzüge der Nazis. Man könnte argumentieren, daß die Sammlungen auf diese Weise immerhin vor dem Zugriff der Vichy-Regierung geschützt wurden, die die wertvollen Stücke versteigert und in alle Winde zerstreut hätte. Das Motiv für die deutsche Gründlichkeit war aber, daß die kostbaren Sammlungen nur für Hitler und Göring persönlich bestimmt sein konnten. Sie Stück für Stück zu verkaufen, wäre undenkbar gewesen. Auf andere Sammlungen traf das nicht im gleichen Maße zu. Doch weil die Reichtümer der Rothschilds von den Deutschen so gründlich erfaßt und zusammengetragen worden waren, fiel es den Alliierten nach Kriegsende leicht, sie ausfindig zu machen. Die Lokalisierung und Rückführung begann bald nach der Landung in der Normandie. Tatsächlich gelangte der größte Teil des Rothschildschen Familienbesitzes unversehrt nach Frankreich zurück.

5
Die Galerie Paul Rosenberg
Moderne und »entartete« Kunst im Angebot

Bei Ausbruch des Zweiten Weltkriegs Anfang September 1939 machte Paul Rosenberg gerade Urlaub wie viele andere Franzosen auch. Mit Frau und Kindern war er nach Tours gereist, einem beliebten Sommeraufenthalt im Loire-Tal, nicht allzuweit von Paris entfernt. Die Kriegsereignisse bewogen Rosenberg, seinen Aufenthalt in Tours auf unbestimmte Zeit zu verlängern und seine Pariser Galerie zu schließen. Der siebenundfünfzigjährige Kriegsveteran wollte den Gang der Dinge abwarten und erst dann entscheiden, ob es notwendig war, das Land zu verlassen. Da er fürchtete, daß Paris zum Ziel von Bombenangriffen werden könnte, verlagerte er seine Bilder allmählich nach Tours und führte von dort seine Geschäfte weiter.

Rosenberg war ein energiegeladener Mann von ausgesuchter Eleganz und eine der wichtigsten Pariser Adressen im Handel mit Gemälden des 19. und 20. Jahrhunderts. Seine Galerie befand sich in der Rue de la Boétie, dem Zentrum moderner französischer Kunst während der zwanziger und dreißiger Jahre. Rosenbergs Vater war 1878 aus der Slowakei eingewandert, hatte in Paris mit dem Kunst- und Antiquitätenhandel begonnen und Bilder von Cézanne, Degas, Monet und Pissarro verkauft. Paul und sein Bruder Léonce traten in die Fußstapfen des Vaters, doch Paul bewies besonderes unternehmerisches Geschick. 1908 machte er sich selbständig und verfolgte einen ehrgeizigeren Geschäftskurs als sein Bruder.

Am Ende der dreißiger Jahre umfaßte seine Bestandsliste eine ausgewogene Mischung von Werken namhafter Künstler wie Géricault, Ingres, Delacroix, Courbet, Cézanne, Manet, Degas, Monet, Renoir und Lautrec, dazu eine beachtliche Zahl moderner Gemälde von Picasso,

Braque, Henri Rousseau, Bonnard, Marie Laurencin, Modigliani und Matisse. Sein Kundenkreis war ähnlich vornehm und weit gestreut: Vicomte Charles de Noailles; Conte Étienne de Beaumont, der Sponsor von Diaghilews berühmten »Ballets Russes«; der Schweizer Sammler Oskar Reinhardt; der als schwierig geltende Dr. Albert Barnes aus Pennsylvania; die Gattin des Mr. Arthur Sachs aus New York, die 1924 Manets Gemälde *Pflaume* bei ihm kaufte; die Gattin von Mr. Chester Beatty aus London und die des Eisenbahnmagnaten Averell Harriman, die 1905 Picassos *Frau mit Fächer* erwarb, nachdem Rosenberg das Bild von Gertrude Stein gekauft hatte, und Mrs. Etta Cone, eine Freundin von Gertrude und Leo Stein, die sich selbst als Sammlerin betätigte – heute hängt die Cone-Collection im Baltimore Museum of Art. Zu den Kunden zählten auch Mrs. Mary Callery und der verschwiegene Dr. G. F. Reber, ein Schweizer Sammler, der es auf nicht weniger als achtzig Picassos brachte – an Reber verkaufte Rosenberg eine der zwei Versionen der berühmten *Drei Musikanten* von 1921, die andere ging schließlich an einen anderen treuen Kunden von Paul Rosenberg, das Museum of Modern Art in New York.

1921 schrieb der Autor und Kritiker André Salmon, einer von Picassos ältesten Freunden aus den Jahren am Montmartre (und einer von zweien, denen die Erfindung des Namens »Bateau-Lavoir« zugeschrieben wird)[1], daß es Paul Rosenbergs Ehrgeiz gewesen sei, eine neue Dynastie von französischen Kunsthändlern zu begründen: »Als guter Vater dachte der Händler Paul Rosenberg an seinen Sohn, als er die Bilder von Picasso, André Lhôte, Marie Laurencin kaufte. Er selbst lebt von toten Malern wie Cézanne, Renoir, Corot und Lautrec.«[2]

Mit seinem energischen Wesen und seinen atemberaubenden Preisen verärgerte Rosenberg die Pariser Kunstwelt und wurde zum Gegenstand harscher Kritik. Als er in einem Interview gefragt wurde, warum er so hohe Preise für die Bilder verlange, erwiderte er: »Sie tun keinem weh, und den Malern kommen sie zugute.« Mit dem Hinweis, daß die Nachfrage die Preise bestimme, fügte er hinzu: »Für mich ist ein Gemälde dann schön, wenn es sich verkauft. Abgesehen davon verkaufe ich nicht, sondern meine Kunden kommen zu mir und kaufen mir die Bilder ab.«[3]

Nie versäumte Rosenberg eine der staatlichen Auktionen im Hôtel Drouot, und wenn er ein Bild sah, das er haben wollte, befiel ihn eine geradezu körperliche Erregung. »Ich ging oft mit ihm ins Drouot«, erinnerte sich sein Freund und Kollege Alfred Daber, »und wenn er ein wichtiges Bild sah, das ihn mehr reizte als alle anderen, fing er an zu zittern wie ein unbeherrschtes Kind, und das oft schon, bevor das Bild in Gebot ging. So blieb es, bis er alle Konkurrenten überboten hatte und das Gemälde ihm allein gehörte.«[4]

Rosenberg war mit Leib und Seele seinem Geschäft verfallen, und nie wies er potentielle Kunden ab, mochten sie noch so jung sein. Der Sammler Georges Halphen erinnert sich, daß er eines Tages im Jahr 1936 – er war damals zweiundzwanzig – von der Vorlesung nach Hause ging und in der Rue de la Boétie ein Picasso-Bild im Fenster der Galerie Rosenberg hängen sah, das ihn sofort faszinierte. Es handelte sich um die Pastellzeichnung *Mutter und Kind am Meer* aus Picassos blauer Periode: Die in einen Schal gehüllte Frau geht mit einem Kind am Strand entlang, das ungelenk, aber mit fester Hand den Zipfel des Schals umklammert. Die Frau, die dem Betrachter direkt in die Augen blickt, läßt ihre Hand zart und beschützend auf der Schulter des Kindes ruhen. Kurz nach der Fertigstellung des Pastells im Januar 1903 hatte Picasso es an eine Madame Besnard verkauft, die Frau seines Farbenhändlers, um seine Heimfahrt nach Barcelona zu finanzieren.[5]

Georges Halphen trat in die Galerie ein und wurde von Rosenberg persönlich empfangen. »Sie kennen mich nicht, aber ich muß das Bild haben«, platzte Halphen heraus. Kein bißchen verwundert erwiderte der Händler: »Eine gute Idee! Das Ding will sich einfach nicht verkaufen. Ich hab' es Robert de Rothschild gezeigt und auch David David-Weill, doch sie wollen es nicht. Es gehört Ihnen.«

In den privaten Ausstellungsräumen im Obergeschoß der Galerie entdeckte Halphen zu seinem Entzücken Bilder wie van Goghs *Selbstbildnis mit verbundenem Ohr*, *Mann mit Pelzmütze* und *Alyscamps*. Rosenbergs übrige van Goghs bekam er nicht zu sehen: *Die Sternennacht*, *Die Irisblüten* oder *Das Nachtcafé*, die van Gogh 1888 in Arles gemalt hatte. Rosenberg verkaufte sie später an den amerikanischen Industriellen Stephen C. Clark, der zum Vorstand des New Yorker Museum of Modern Art gehörte. Während der Besetzung wurde das *Selbstbildnis mit verbundenem Ohr* von den Nazis beschlagnahmt und an Göring geliefert, der es weiterverkaufte. Nach dem Ende des Krieges kehrte das Bild zu seinem rechtmäßigen Besitzer zurück.

Der junge Halphen war tief beeindruckt von Rosenberg und lernte ihn als intelligenten und feinfühligen Kunstkenner schätzen. Wesentlich mag dabei gewesen sein, daß der den jungen Studenten zum Kauf des Picasso-Pastells ermunterte, beziehungsweise dessen Mutter dazu brachte, die 30000 Franc für das Bild zu bezahlen, damals der Preis für ein fabrikneues Auto. Halphen gelang es, seine Mutter zu einer treuen Kundin der Galerie zu machen. 1938 kaufte sie einen Cézanne und später ein Frauenbildnis von Renoir. Halphen selbst versah seinen Picasso mit einem Goldrahmen aus der Epoche Ludwig XIII., den er bei Drouot erstanden hatte, und das Bild begleitete ihn den ganzen Krieg hindurch. Er nahm es mit nach Südfrankreich, als er sich der Résistance anschloß, und brachte es nach der Befreiung zurück nach Paris.[6]

Junge Sammler zu fördern und zu ermutigen, war eines von Rosenbergs größten Vergnügen. Der Kunsthändler Alfred Daber erinnert sich an die Zeit vor dem Krieg, als er selbst Ende zwanzig war: »Ich war praktisch jeden Abend zwischen sechs und halb neun bei Paul, und wir führten lange Unterhaltungen über die größten Themen. Er sprach voller Gefühl über Christus, den Juden, der eine neue Religion gegründet hatte, während ich über das einzige Thema redete, das ich zu der Zeit im Sinn hatte, und das war die Liebe.«[7]

Paul Rosenbergs vornehme Galerie mit ihren geschmackvoll dekorierten und ausgeleuchteten Schauräumen (Abb. A2 und A6) wurde von Kollegen und Kritikern bewundert. Einer dieser Kunstkritiker, Maurice Sachs, zeichnete ein sehr schmeichelhaftes Bild ihres Eigentümers:

»Sein nobles Gebaren war Teil seiner besonderen Begabung. Das war seine Art des Verkaufens, und es zeigte sich zur Genüge, daß sie funktionierte. In seinen Fenstern sah man höchstens zwei Picasso-Zeichnungen oder Aquarelle von Constantin Guys, während seine Lagerräume überquollen. Zu Rosenberg ging man wie in einen Tempel: Die tiefen Ledersessel, die roten Seidentapeten – all das ... gab einem das Gefühl, als wäre man in einem erstklassigen Museum. Er wußte, wie er die unter seinem Dach versammelten Maler zu präsentieren hatte. Seine Kunstkennerschaft ging tiefer als bei anderen Händlern, und daher war er auch im Geschmack viel sicherer.«[8]

Mit Geschmack und einem untrüglichen Blick ausgestattet, mit besten Verbindungen und Geschäftssinn, wurde Rosenberg zu einem der wichtigsten Händler der Pariser Kunstszene, und in seiner Galerie traf die Kunst des 19. Jahrhunderts mit der französischen Malerei der Avantgarde zwischen den Kriegen zusammen. Exklusivverträge verbanden ihn mit Picasso (ab 1918) und mit Braque (ab 1922). Größte Mühe verwandte Rosenberg in seinen Ausstellungen darauf, Traditionslinien zwischen alter französischer Kunst und der Avantgarde des 20. Jahrhunderts darzulegen. Eine vielbeachtete Werkschau von 1925 mit dem Titel *Haupteinflüsse der Kunst des 19. Jahrhunderts von Ingres bis Cézanne* widmete sich diesem Bemühen und stellte unter anderem auch Bilder von van Gogh und Renoir aus. Ein Kunstkritiker berichtete damals, das Lieblingsspiel der Galeriebesucher wäre, sich gegenseitig zu fragen, welches der fünfzehn ausgestellten Bilder sie am liebsten besitzen würden.[9]

Eine andere Ausstellung desselben Jahres widmete sich ebenfalls den Traditionslinien französischer Malerei. Sie hieß *Fünfzig Jahre französische Malerei 1875 bis 1925*, begann mit dem Landschaftsmaler Corot und dem Realisten Courbet und berücksichtigte auch Honoré Daumier, den seine Karikaturen zeitgenössischer Politiker berühmt gemacht hatten. Zu den letzten bedeutenden Vorkriegsausstellungen der Galerie Rosenberg gehörte *Hundert Jahre Cézanne* vom Februar 1939.

Alfred Daber erinnert sich, daß Rosenbergs Werkschauen täglich bis zu siebenhundert Besucher anzogen. Seine Bewunderung für Rosenberg und dessen Fähigkeit, seine künstlerischen Maßstäbe an andere zu vermitteln, ist bis heute, über siebzig Jahre nach seiner ersten Begegnung mit dem Kunsthändler, ungebrochen:

»Ich war fasziniert, einen Mann zu treffen, der so kunstbegeistert war, daß seine Präsentationen von Malern wie Picasso oder Ingres fast an Heilige Messen erinnerten. Er bot auch sehr schöne Stücke von Malern des 19. Jahrhunderts wie Corot, Manet, Lautrec ... Die Bilder hatten stets großartige, solide Rahmen, die sowohl nüchtern als auch kostbar wirkten. Für die zwei Maler, auf die er am meisten setzte, Picasso und Braque, organisierte er wundervolle Vernissagen, die von seinem Glauben an die Größe der ausgestellten Werke belebt wurden. Darin war er fast tyrannisch.«[10]

Die Avantgarde stieß bei weitem nicht auf allgemeine Anerkennung. Eher schien es, als wäre die Kluft zwischen den »alten Meistern« der vergangenen Jahrhunderte und den »Modernen« der Gegenwart unüberbrückbar. Viele Bewunderer der älteren Kunst, auch die Antiquitätenhändler, betrachteten letztere als eine Form der Innendekoration und hielten sich der modernen Malerei hartnäckig fern, und manch einer fand Rosenbergs Präsentationsmethoden verwerflich. In den dreißiger Jahren reagierte Rosenberg auf dieses ablehnende Klima mit der Werkschau *Moderne Malerei und antike Möbel*. Er wollte die Reputation der von ihm vertretenen Maler aufwerten, indem er ihre Bilder zusammen mit klassischen Möbeln ausstellte und so seinen Besuchern augenfällig machte, daß sich die Kunst der Avantgarde sehr wohl in bürgerliche Interieurs einfügen ließ.

Am Ende des Ersten Weltkriegs war Paris die Welthauptstadt der Künste und des Kunsthandels. »London und New York haben gar nicht existiert«, erinnert sich Alfred Daber. Ambroise Vollard, der mit impressionistischen und postimpressionistischen Bildern handelte, verfolgte die wachsende Dominanz der französischen Hauptstadt als Insider, seit er 1890 seine erste Galerie eröffnet hatte. Mit einer Mischung aus Vergnügen und Abscheu beschrieb er in seinen Memoiren diesen neuen, von hektischer internationaler Geschäftstätigkeit geprägten Kunstmarkt, auf dem »ein in Paris verkauftes Gemälde in Berlin weiterverkauft wurde, darauf in New York wieder in den Handel kam, um dann nach Paris zurückzukehren. Und das alles im Verlauf weniger Wochen.«[11] Der eigenwillige Étienne Bignou war der erste französische Kunsthändler, der mit seinen Bildern nach New York flog – nicht lange nach der ersten Atlantiküberquerung von Charles Lindbergh im Jahr 1927. Bignou eröffnete 1935 eine Galerie in New York und setzte einen profitablen internationalen Kreislauf in Gang: Er brachte seine Bilder nach New York, verkaufte, was sich verkaufen ließ, reiste mit den unverkauften Bildern nach Montreal weiter und schließlich mit den unverkäuflichen Reststücken nach London, wo er sie an pfiffige Händler vom Kontinent verschleuderte, die interessante Stücke zu niedrigen Preisen suchten.[12]

Wie die meisten französischen Galerien in der Zeit zwischen den Kriegen stützte sich die Rosenberg-Galerie auf eine handverlesene, internationale und kosmopolitische Kundschaft. Rosenberg war in ganz Europa unterwegs, um Kontakte zu pflegen, Geschäfte zu machen und Bilder für Ausstellungen zu leihen. Jährlich verbrachte er ein bis zwei Monate in den Vereinigten Staaten, besuchte New York, Chicago und die Westküste, um sowohl privaten Sammlern als auch den Museen, die nach klassischer und moderner französischer Malerei verlangten, Nachschub zu liefern. Sehr schnell begriff er, wie wichtig es war, persönlich in Erscheinung zu treten, und 1923 schloß er einen Kooperationsvertrag mit der New Yorker Firma Wildenstein and Company, der bis 1930 Bestand hatte. Vier Jahre später eröffnete er die Helft Gallery in London, die auf einer Partnerschaft mit seinem Schwager Jacques Helft basierte. 1935 trug er sich mit der Absicht, eine eigene Galerie in New York zu gründen und seinen Bruder Léonce mit der Leitung zu betrauen, gab diesen Plan jedoch wieder auf.

Nach alter Tradition waren Wohnung und Galerie von Paul Rosenberg in der Rue de la Boétie 21 unter einem Dach vereint. Die moderne Malerei hing im Parterre, die des 19. Jahrhunderts und die alten Meister im ersten Stock, im zweiten Stock wohnte die Schwiegermutter des Händlers, und die Rosenberg-Familie selbst hatte die darüber liegenden zwei Etagen belegt. Im Dachgeschoß wohnte das Dienstpersonal. Rosenberg war mit der Tochter eines Weinhändlers namens Loévi verheiratet, und mit ihrer Familie verbanden ihn vielfältige Beziehungen, die sich während der deutschen Besetzung als problematisch erweisen sollten.

Die Rue de la Boétie wurde zuweilen als das »französische Florenz« bezeichnet, und tatsächlich wurden hier »die meisten bedeutenden amerikanischen, Schweizer und deutschen Sammlungen begründet«. In seinen Memoiren würdigte Ambroise Vollard die Bedeutung dieser Häuserzeile im 8. Arrondissement; am Ende der dreißiger Jahre wurde die Rue de la Boétie, »was ehemals die Rue Laffitte gewesen war: der Bildermarkt. Wie man früher in die Rue Laffitte ging, um die Ausstellungen von Durand-Ruel zu sehen, so geht man heute in die Rue de la Boétie, um diejenigen von Paul Rosenberg zu besuchen.«[13]

Der Rosenberg-Galerie gegenüber lag die Galerie von Étienne Bignou. Auch Bignou veranstaltete in der Zeit zwischen den Kriegen viele bedeutende Ausstellungen. Der Freund von Matisse und Picasso war geschäftstüchtig genug, um ebenfalls den schwierigen Dr. Barnes aus Pennsylvania zu seinem Kunden zu machen. Nach dem Tod des Freundes und Maklers von Barnes, Paul Guillaume, übernahm Bignou die Aufgabe, die Bestände des berühmten amerikanischen Kunstsammlers zu komplettieren. Auch während des Krieges übte er seinen Beruf weiter aus und verkaufte, unbeeindruckt von den Ereignissen, seine Gemälde zu gepfefferten Preisen an die deutschen Besatzer.

Am Ende der Straße, nicht weit von der Kirche Philippe du Roul, an der Ecke zur Rue Miromesnil, hatte Josse Hessel seine Galerie. Vollard zufolge war er der erste Kunsthändler in diesem Viertel gewesen. Er hatte als Journalist bei *Le Temps* angefangen, und war dann Partner der Brüder Bernheim-Jeune geworden. 1925 versteigerte Hessel auf einer mit Spannung erwarteten Auktion bei Drouot den Nachlaß der Familie Gangnat. Mehr als 125 Renoirs und zahlreiche Cézannes wechselten den Besitzer. Der tatkräftige Hessel war Freund und Agent des Malers Édouard Vuillard, und er vertrat auch Bonnard und andere Maler des Nabis-Kreises. Mit Rosenberg teilte er sich die Provisionen aus dem Verkauf der Bilder von Marie Laurencin, und er verkaufte Bilder von Monet,

Manet und Modigliani. Nach dem Einmarsch der Deutschen verlor Hessel, der Jude war, seine Galerie und suchte Zuflucht in Cannes, wo er bis zu seinem Tod im Jahr 1942 tätig blieb.

In der Rue de la Boétie 57 befanden sich Wohnung und Galerie von Georges Wildenstein, dessen Vater und Großvater im vorangegangenen Jahrhundert mit dem Antiquitätenhandel begonnen hatten. Nachdem er vor allem mit alten Meistern und der Kunst des 19. Jahrhunderts Geschäfte gemacht hatte, begann sich Georges Wildenstein in den zwanziger Jahren für Picasso und andere Moderne zu interessieren und eröffnete eine Abteilung für moderne Kunst in seinen Geschäftsräumen an der Ecke zur Rue du Faubourg Saint-Honoré. Sein Kunstmagazin *Beaux Arts*, das nach wie vor das traditionelle Sammelgebiet der Galerie propagierte, bot nun auch detaillierte Berichte über die Pariser Kunstszene und war daher vielgelesen. Georges Wildenstein war sehr bekannt und in vielen Ländern aktiv, auch im Machtbereich Nazideutschlands. Noch nach der Einnahme Frankreichs scheint Wildenstein seine Geschäftsbeziehungen genutzt zu haben, um eine Reihe von Abschlüssen mit den Deutschen zu tätigen. 1941 reiste er überstürzt nach New York aus und blieb dort für die Dauer des Krieges.

Paul Guillaume widmete sich mit seiner Galerie in der Rue de la Boétie 59 unter anderem dem Schaffen von de Chirico, Robert Delaunay, Utrillo, Kisling und Derain. Seine Sammlung, innerhalb weniger Jahre zusammengetragen, später von seiner Witwe Juliette verkauft, befindet sich heute im Musée de l'Orangerie, dem baulichen Gegenstück zum Jeu de Paume in den Tuilerien. Als Guillaume 1934 im Alter von 42 Jahren starb, war er der engste Berater von Albert Barnes geworden, und die Barnes Foundation in Merion, Pennsylvania, hat seiner Fachkenntnis viel zu verdanken. Er brachte dem exzentrischen und launischen Barnes Werke von Henri Rousseau, Modigliani und Soutine nahe, auch die visuelle und stoffliche Sinnlichkeit der afrikanischen Kunst.

Im selben Viertel war auch der Kunsthändler Henry Barbazanges tätig, der 1922 seine wohlhabenden und erfolgreichen Nachbarn mit einem geschickten Schachzug überraschte, indem er mit den Renoir-Erben einen Vertrag schloß, der ihm Hunderte von Gemälden unterschiedlicher Qualität und Größe direkt aus dem Atelier des Malers zuführte. Barbazanges hatte anderen Händlern vorgeschlagen, sich an diesem gewaltigen Geschäft zu beteiligen, aber alle hatten abgewinkt, weil ihnen die geforderten Preise zu hoch erschienen. Bald stellten sie fest, daß sie einen Fehler begangen hatten, und wetteiferten mit Barbazanges um den Erwerb weiterer Hunderter hochgefragter Renoir-Gemälde. Mit Neid und Bewunderung erinnerten sich seine Konkurrenten daran, daß Barbazanges Courbets Monumentalgemälde *Das Atelier des Malers* erworben und an den Louvre verkauft hatte.[14]

Die kleine Welt des Pariser Boétie-Viertels, in der die vielen jüdischen Kunsthändler den Ton angaben, wurde von den Nazibesatzern ausgeraubt und bis zur Unkenntlichkeit verändert.

Paul Rosenberg verfügte über hervorragende Kontakte. Dank der Abschlüsse, die er zwischen 1918 und 1940 mit dem gleichaltrigen Picasso machte, gewann er in ihm einen engen Freund. Rosenberg war Picassos erster wirklich etablierter Kunsthändler, und Picasso war (nach Marie Laurencin) der zweite von Rosenberg vertretene lebende Klient. Zuvor war Picasso von Daniel-Henry Kahnweiler und von Pauls Bruder Léonce Rosenberg vertreten worden. Beide spielten in der Pariser Kunstszene nur eine Nebenrolle verglichen mit Paul Rosenberg, der sich seinem Beruf mit Leib und Seele widmete. Paul Rosenberg und Picasso haben sich gegenseitig gefördert.

Erstmals begegneten sie sich 1918 in Biarritz, wo Picasso mit seiner neuen Frau, der russischen Tänzerin Olga Koklowa, die Flitterwochen verbrachte. Rosenberg bot dem jungen Künstler ein festes Einkommen zu Bedingungen an, die Picasso sehr zusagten. Das erste künstlerische Zeugnis ihrer Freundschaft war Picassos Gemälde *Bildnis der Madame Paul Rosenberg und ihrer Tochter*, auf dem die Frau des Händlers, plaziert auf einem schmucklosen Louis-XIII.-Stuhl, dem Betrachter in die Augen blickt. Auf den Knien hält sie ein pausbäckiges Kind im weißen Nachthemd – ihre Tochter Micheline. Picasso schwelgt geradezu in den rund-

Jan Vermeer van Delft, *Der Astronom*

Ausstellungsraum in der Galerie Paul Rosenberg, Rue de la Boétie 21, etwa 1930

Paul Rosenberg in seiner Pariser Wohnung, zwanziger Jahre

Edgar Degas, *Porträt der Gabrielle Diot*

Pablo Picasso, *Stehender weiblicher Akt*

Henri Matisse
Frau in roter Jacke mit Anemonen und Mandelblüten

Henri Matisse, *Orientalin, auf dem Boden sitzend*

Galerie Paul Rosenberg, Rue de la Boétie 21, etwa 1930

Henri Matisse, *Frau im Sessel*

Robert de Rothschild in seinem Salon Avenue de Marigny 23, Ende der dreißiger Jahre.

Frans Hals, *Bildnis Isabella Coymans*
Darunter eine Kommode mit Einlegearbeiten aus Sèvres-Porzellan, geschaffen von Bernard van Riesen Burgh, 18. Jahrhundert

Oben, von links nach rechts: Gabriel Metsu, *Überraschungsbesuch*; Flämische Schule, *Frau mit Katze*; Pieter de Hooch, *Interieur*. Unten, von links nach rechts: Gerard Terborch, *Junge Frau beim Trinken*; Gérard Dou, *Der Geigenspieler*; Jan Vermeer van Delft, *Der Astronom*; Frans van Mieris d. Ä., *Frau mit Pfirsich*; Hans Memling, *Maria mit dem Kinde*

Francisco de Goya, *Kinderbildnis der Familie Soria*

Francisco de Goya, *Clara de Soria*

Henri de Toulouse-Lautrec, *La Goulue mit ihrem Partner*

Henri de Toulouse-Lautrec, *La Goulue: Bereit zur Quadrille*

Henri de Toulouse-Lautrec, *Der Brief*

Édouard Manet, *Mandeln*

Édouard Manet, *Rosen und Blütenblätter*

Édouard Manet, *Glas mit eingelegten Früchten*

lichen Formen des Kindes. In einem Brief aus demselben Jahr neckte Rosenberg Picasso mit der Bemerkung, man könne das Bild kaum »kubistisch« nennen, weil Micheline ausgesprochen »rondistisch« geraten sei.[15] Das Bild wurde später von den Nazis geraubt, im Jeu de Paume eingelagert, von Göring als »Mutter mit Kind« abtransportiert und gegen andere Bilder eingetauscht, die Görings Geschmack näherkamen. Nach dem Krieg erhielt Rosenberg das Bild zurück. Eine Werkskizze, die ebenfalls in Biarritz entstand, hatte ein weniger glückliches Schicksal. Sie verschwand nach der Beschlagnahme und tauchte nie wieder auf.

Unter Rosenbergs beifälliger Aufmerksamkeit bewegte sich Picasso fort vom Kubismus und hin zum neoklassizistischen Stil der zwanziger Jahre. Dieser Wandel sicherte Picasso eine feste internationale Kundschaft und den Ruf, den sein Name bis heute genießt. Und dank Picasso gelang es Rosenberg, seinen Einfluß auf die Mäzene der Avantgarde-Kunst beträchtlich auszuweiten. Nach der ersten Picasso-Werkschau von 1919 wurde die Rosenberg-Galerie zur ersten Adresse für alle, die der Entwicklung der Moderne in den Dekaden vor dem Zweiten Weltkrieg folgen wollten.

Schon kurz nachdem sie sich kennengelernt hatten, schlug Rosenberg Picasso vor, in die Rue de la Boétie 23 zu ziehen, und im Oktober 1918 wurden er und seine Frau Olga Rosenbergs neue Nachbarn. Der Mittelpunkt der Picasso-Wohnung in gutbürgerlicher Umgebung war ein geräumiges Wohnzimmer mit Kamin und Parkett – ein krasser Gegensatz zu Picassos vormaligem Haus in der Arbeitervorstadt Montrouge. Die neuen Nachbarn kamen glänzend miteinander zurecht. Picasso saß oft bei den Rosenbergs und zeichnete die kleine Micheline, die den Maler »Casso« nannte. Die Bleistiftzeichnungen des Mädchens im Matrosenanzug oder in Weiß vor einer Bank (*Micheline, als Krankenschwester gekleidet*) oder mit einem ausgestopften Kaninchen im Arm (*Micheline mit Kaninchen*) wurden ebenfalls von den Nazis geraubt und sind verschollen. Da die Wohnungen der beiden Familien nur durch einen Hof getrennt waren, stellte sich Picasso gern ans Fenster und zeigte Rosenberg, woran er gerade arbeitete. Nach der Geburt des Rosenberg-Sohns Alexandre im Jahr 1921, der einen Monat nach Picassos Sohn Paulo zur Welt kam, ging Picasso mit seinem Gönner ins Rathaus und wurde Pate. Rosenbergs Frau Marguerite beriet Olga in der Führung eines gepflegten Haushalts, obwohl ihr Gatte eher der Boheme zuneigte. Rosenberg nannte seinen Freund »Pic«, Picasso nannte ihn »Rosi«. Rosenberg nahm sich der zunehmend verworrenen Finanzen Picassos an und erstellte ein Inventarverzeichnis seines Besitzes, als Picasso sich zu Anfang der dreißiger Jahre mit dem Gedanken an eine Scheidung von Olga trug.

In den Monaten vor Ausbruch des Zweiten Weltkriegs arbeitete Rosenberg eng mit dem Kunsthistoriker Alfred H. Barr zusammen und half ihm bei der Vorbereitung einer großen Picasso-Werkschau im Museum of Modern Art und im Art Institute of Chicago, die mehr als dreihundert seiner Werke versammelte. Die Ausstellung wurde ab November 1939 gezeigt, weder der Künstler noch sein Galerist konnten an der Eröffnung teilnehmen, weil der Krieg begonnen hatte. Die Umstände verzögerten das rechtzeitige Eintreffen vieler Bilder aus Frankreich, zu denen auch das *Bildnis Gertrude Stein* von 1906 gehörte, das die amerikanische Schriftstellerin dem Museum für die Dauer der Ausstellungen geliehen hatte.

Als der Krieg ausbrach, geriet der spanische Staatsbürger Picasso zwischen die Fronten der deutschen und französischen Kriegsmaschinerie. Er zog von Paris nach Royan bei Bordeaux. Im Oktober 1939, während der Periode des »drôle de guerre«, als trotz des erklärten Krieges die Kampfhandlungen ruhten und alles den Atem anhielt, mietete Rosenberg das Anwesen Le Castel in Floirac, acht Kilometer östlich von Bordeaux. Es bestand aus zwei großen Gebäuden und einem Park. Ungeachtet der politischen Lage versuchte Rosenberg weiterzuleben, als wäre nichts geschehen. Alexandre Rosenberg, mittlerweile neunzehn Jahre alt und Student der Philosophie und Mathematik an der Sorbonne, begann eine Offiziersausbildung an der Universität Bordeaux, während der Vater mit Elan die Vorbereitung einer Ausstellung im städtischen Museum aufnahm. Mit erstaunlicher Geistesgegenwart und Zukunftsgläubigkeit hatte Rosenberg soeben seinen Exklusivvertrag mit Matisse erneuert.

Der ältere Vertrag von 1936, der auch ein Vorkaufsrecht für Rosenberg enthielt, war durch den Krieg null und nichtig geworden. Trotz der Ereignisse besuchte Rosenberg Matisse mehrmals in Nizza und brachte von dort jedesmal neue Bilder mit, so auch im März 1940, als er im Zug nach Floirac zwei Matisse-Werke mit sich führte: die *Frau in roter Jacke mit Anemonen und Mandelblüten* (Abb. A5) und das heitere *Bildnis der Frau in Schwarz vor rotem Hintergrund*. Er war so sehr in Eile, daß er sich nicht die Zeit nahm, die Bilder zu fotografieren und ihnen eine Werknummer zuzuteilen. Das einzige, was von ihnen geblieben ist, sind die Fotos, die Matisse selbst angefertigt hat.

Viele in seinem Besitz befindlichen Werke hatte Rosenberg bereits ins Ausland geschafft, und durch den Glücksumstand der Picasso-Ausstellung in New York und Chicago befanden sich einige Dutzend Picasso-Gemälde in Amerika. Einige seiner besten Stücke hatte Rosenberg in seiner Londoner Galerie deponiert. Dennoch blieb vieles in Tours und in Paris – im Ganzen mehr als dreihundert Werke seiner privaten Sammlung und seines Verkaufslagers. Daneben besaß er eine hervorragende Bibliothek mit 1200 Kunstbüchern und Katalogen und einigen tausend fotografischen Platten von Gemälden seiner Pariser Galeriebestände sowie seine Geschäftsbücher bis zum Jahr 1906. Alle Bestände wurden von Rosenberg sorgfältig inventarisiert. Zur Hand gingen ihm sein Sohn und sein Chauffeur und Assistent Louis le Gall.

Die gefürchtete deutsche Frühjahrsoffensive wurde in den ersten schönen Maitagen des Jahres 1940 plötzlich bittere Realität. Während die Wehrmacht schnell vorrückte, brachte Rosenberg etliche Gemälde in ein Depot in Tours, wo er sie unter dem Namen von le Galls Schwager registrieren ließ. Das erwies sich als kluger Schachzug, die Bilder entgingen bis zum Kriegsende der Aufmerksamkeit der Deutschen. Aus der Erwägung, daß Tours der Front zu nahe war, brachte Rosenberg Dutzende von Gemälden in das Städtchen Libourne bei Floirac, wo sie in einem Tresor der Industrie- und Handelsbank auf bessere Zeiten warten sollten. Unter diesen 162 Gemälden befanden sich ein Selbstbildnis van Goghs und ein seltenes Seestück von Seurat. Auch zwei Werke von

Cézanne waren dabei: *Der Knabe mit der roten Weste* und *Der Harlekin*; zwei Zeichnungen von Ingres, mehrere Tuschzeichnungen und Skizzen von Delacroix, Corots *Lesendes Mädchen in rotem Tricot* neben sieben weiteren Gemälden und Zeichnungen des Malers, drei Gemälde und eine Skizze zum *Begräbnis in Ornans* von Courbet. Dazu kamen eine kleine Zeichnung von Géricault, einige Monets, Bilder von Berthe Morisot, Porträts von Renoir, Pissarro, Bonnard und Vuillard, ein Gauguin, ein Toulouse-Lautrec und natürlich Werke von Picasso und Braque. Um die fünfzehn Bilder von Matisse waren schon vorher dort gewesen, zum Beispiel das *Kleine blaue Kleid vorm Spiegel* (heute im Museum von Kioto) und die zwei nicht inventarisierten Gemälde, die Rosenberg aus Nizza mitgebracht hatte.

Rosenberg drängte seinen Freund und Schützling Braque, ebenfalls einen Tresor in derselben Bank zu mieten. Braque ließ sich überzeugen und deponierte seine Sammlung, in der sich auch Cranachs *Jungfrauenbildnis* befand, ebenfalls in Libourne. Picasso hatte bereits einige seiner Bilder bei Pariser Banken untergebracht.

Die Bilder, die für den Banktresor zu groß waren oder die Rosenberg bei sich haben wollte – insgesamt etwa hundert –, hängte er in seiner Villa in Floirac auf. Aus sentimentalen Gründen behielt er die »Familienbilder« von Picasso: das Bildnis seiner Frau und Tochter und die Zeichnungen von Micheline. Eine große Pastell- und Kohlezeichnung von 1923, *Stehender weiblicher Akt* (Abb. A4), entstanden in Antibes, wo Picasso mit Olga und den Freunden Sara und Gerald Murphy den Sommer verbrachte, blieb ebenso in Floirac wie eine mittelgroße Degas-Pastellzeichnung, das *Porträt der Gabrielle Diot* (Abb. A3), die Rosenberg 1933 ersteigert hatte. Die Wände der Villa zierten auch ein kleines Bildnis einer Tänzerin von Degas, Corots *Madame Stümph mit Tochter*, drei Bilder von Braque – das große *Badende mit erhobenen Armen*, die *Austernplatte mit Serviettenring* und *Fruchtschale, Gitarre und Tabaksbeutel* –, ein schönes Gemälde aus der Seerosenserie von Monet und ein großes, strenges Bildnis *Abgeordneter der französischen Nationalversammlung*, das damals David zugeschrieben wurde.

Die Nachrichten, die Ende Mai und Anfang Juni in Floirac eintrafen, überstiegen alle Befürchtungen: Die Wehrmacht marschierte unaufhaltsam auf Paris zu, die französische Armee stand vor der Niederlage, die Flüchtlinge verstopften die Straßen nach Süden. Auch Matisse und sein Modell Lydia Delektorskaja befanden sich unter den Hunderttausenden, die zu fliehen versuchten. Am 20. Mai bestieg das Paar den Nachtzug von Paris nach Bordeaux, um bei Rosenberg Unterkunft zu suchen. Lydia Delektorskaja erinnert sich: »Während des Krieges hielten wir uns teils in Nizza, teils in Paris auf. Als dann die Deutschen in Frankreich einmarschierten, lud Paul Rosenberg Matisse zu sich nach Floirac ein. ›Ich bringe euch hier unter‹, hatte er ihm versichert. Das war die Zeit des Auszugs aus Paris, der Panik, und alles war auf der Flucht. Als wir ankamen, ging Matisse ins Haus von Rosenberg, aber dort war kein Platz für uns. Wir fuhren zurück nach Bordeaux, doch es gab keine freien Hotelzimmer mehr, so verbrachten wir die Nacht in der Wohnung von Yvon Helft, dem Schwager von Rosenberg.«[16]

Am nächsten Tag erfuhren Matisse und Lydia, daß nahe der spanischen Grenze Häuser zu mieten waren, worauf sie nach Saint-Jean-de-Luz abfuhren und dort blieben, bis sich Ende Juni die Lage beruhigt hatte.

Rosenberg war noch immer gewillt abzuwarten, doch die Ereignisse überschlugen sich. Am 10. Juni verlegte die französische Regierung ihren Sitz an die Loire und überließ die Pariser ihrem Schicksal. In der Nacht des 11. Juni folgte die Kriegserklärung Italiens an Frankreich und England, und am 14. Juni hielt die Wehrmacht Einzug in Paris. Für die Deutschen war der Tag der Revanche für den »Versailler Schandvertrag« gekommen.

Die Rosenbergs hielten engen Kontakt mit den zwei Schwestern von Marguerite, die zwei Brüder geheiratet hatten, Jacques und Yvon Helft, beide Antiquitätenhändler. Die zwei Paare hausten mitsamt ihren Kindern in einer überfüllten Wohnung in Bordeaux. Manchmal schliefen zwanzig Leute auf dem Fußboden. Am Tag des Einmarschs der Nazis in

Paris hielten die drei Ehepaare in Floirac Familienrat. Paul Rosenberg neigte nach wie vor zum Optimismus und meinte, jeder solle bleiben, wo er sei. Doch Jacques Helft drängte darauf, Frankreich auf schnellstem Wege zu verlassen und nicht auf einen Waffenstillstand oder eine neue deutsche Offensive zu warten. Am Ende hatte er Rosenberg überzeugt.

In der Nacht des 14. Juni fuhren die drei Familien im Auto nach Hendaye an der spanischen Grenze. Dort mußten sie zusammen mit Tausenden verängstigten Flüchtlingen auf Durchlaß warten. Am 16. und 17. Juni verkündete Marschall Pétain über den Rundfunk, daß die neugebildete französische Regierung einen Waffenstillstand mit Hitler anstreben werde. Sechs Wochen nach dem Beginn des Frankreich-Feldzugs waren die Deutschen den Pyrenäen und damit den an der Grenze wartenden Flüchtlingen gefährlich nahe. In der Nacht des 17. Juni durften die Rosenbergs und ihre Verwandten endlich die Grenze nach Spanien passieren. Deutsche Soldaten überwachten auf der spanischen Seite den Auszug der Flüchtlinge. Da geschah etwas Unerwartetes: Alexandre Rosenberg und seine beiden Cousins wurden von der französischen Polizei festgehalten, weil sie das achtzehnte Lebensjahr überschritten hatten und damit wehrpflichtig waren. Die drei jungen Männer mußten zurückbleiben. Ein anderer Cousin Alexandres durfte passieren, ihm fehlten noch drei Tage bis zum achtzehnten Geburtstag. Wochenlang warteten die Rosenbergs auf Nachricht von den drei Zurückgelassenen.

Die drei jungen Männer wollten gegen die Deutschen kämpfen und mußten daher irgendwie aus Frankreich herauskommen. Als sie erfuhren, daß ein Schiff voller demobilisierter Soldaten mit unbekanntem Ziel unterwegs war und Saint-Jean-de-Luz passierte, schmuggelten sie sich an Bord. Alexandre borgte sich das Käppi eines polnischen Soldaten, und so gelang es ihm, die französische Polizeikontrolle zu überlisten. An Bord traf er mehr als fünfzig junge Franzosen, die es ebenso gemacht hatten. Ohne Radio und abgeschnitten von den Nachrichten und Gerüchten, die auf dem Festland kursierten, wußten sie während der Fahrt nicht, ob ein Waffenstillstand zustande gekommen war. Sie erreichten England als illegale Einwanderer und wurden strengen Personenkontrollen unterzogen. Als Alexandre gefragt wurde, ob er Bekannte in England habe, antwortete er: »Winston Churchill«. Die britischen Beamten hielten das für eine unverschämte Bemerkung, aber er sagte die Wahrheit. Der britische Premier war Amateurmaler und hatte sich regelmäßig Bilder von Paul Rosenberg geliehen, die ihm als Vorlage dienten. Alexandre erhielt schließlich eine Aufenthaltserlaubnis für England und schloß sich der Freien Französischen Armee an.

Im August gelang es Rosenberg, in Lissabon mit Hilfe amerikanischer Freunde Visa für die ganze Familie zu erhalten. Er gab seinem Angestellten le Gall und einer Umzugsfirma in Bordeaux Anweisung, seine Gemälde und das gesamte Inventar des Hauses in Floirac nach New York zu verschiffen. Le Gall setzte sich sofort mit der Umzugsfirma in Verbindung, die ihm erwiderte, die Abwicklung des Auftrags werde ein paar Tage in Anspruch nehmen, weil die Bilder durch eine Spezialfirma verpackt werden müßten.

Mitte September 1940, drei Monate nach ihrer Abreise aus Frankreich, kamen die Rosenbergs und ihre Verwandten in New York an. Le Gall schrieb ihnen aus Floirac, daß die Umzugsfirma aus unerfindlichen Gründen die Versendung der Bilder ständig hinausschiebe. Zweimal hatte sie ein detailliertes Inventarverzeichnis verlangt und erklärt, dies sei nötig wegen der amtlichen Formalitäten. Als sie die Listen erhalten hatte, hieß es, man könne den Transport nicht ausführen, weil die Grenzen geschlossen worden seien. Le Gall teilte Rosenberg mit, daß er am Ende seiner Weisheit sei.

Le Gall erwartete neue Anweisungen von Rosenberg, als am 15. September um acht Uhr morgens fünf Fahrzeuge vor der Villa vorfuhren. Ein Trupp deutscher Soldaten und Polizisten stieg aus, in ihrem Gefolge ein Franzose und ein Italiener. Die Deutschen umstellten das Haus und befahlen, daß niemand das Haus verlassen dürfe. Dann begehrten sie Louis le Gall zu sprechen. Sie wußten nicht nur seinen vollständigen Namen, sondern auch persönliche Einzelheiten über ihn. Le Gall war völlig überrumpelt. Den Deutschen war offensichtlich schon länger bekannt, daß er für Paul Rosenberg arbeitete, daß er zu seinem Arbeitgeber hielt und Rosenberg ihm seinen Besitz anvertraut hatte. Le Gall begriff, daß Widerstand zwecklos war. Er war überzeugt, daß ihn die Umzugsfirma denunziert hatte. Die Deutschen durchsuchten das Haus, öffneten jeden Koffer und jeden Schrank. Dann verluden sie alle Kisten mit Bildern auf ihre Lastwagen und fuhren ab.

Ziel der Fahrt war die deutsche Botschaft in Paris. Bei den Informanten handelte es sich, wie sich herausstellte, um Pariser Antiquitätenhändler, und obwohl die Komplizenschaft der Umzugsfirma erwiesen ist, hießen die wahren Schuldigen Yves Perdoux und Comte de Lestang. Diese beiden Herren hatten einen Handel mit der deutschen Botschaft geschlossen: Sie würden verraten, wo Paul Rosenberg seine Bilder versteckt hatte, und dafür eine Provision von zehn Prozent des Gesamtwerts der Beute erhalten, zahlbar in Bildern. Es bestand kein Zweifel, daß sie die Bilder auf dem Pariser Kunstmarkt losschlagen konnten.

Der Pariser Kunstmarkt war eine Welt für sich; jeder kannte jeden, und es war einfach herauszufinden, wer wann welche Bilder besaß – ein ideales Klima für Spitzel und Erpresser, die in dieser Ära der Denunziationen ihre Zeit gekommen sahen. Aus britischen Geheimdienstakten geht hervor, daß der Comte ein regelmäßiger Zuträger der Deutschen war. Er lebte in der Rue de Bac 44, ganz in der Nähe der Nazi-Botschaft. Der ebenfalls als Antiquitätenhändler tätige Perdoux genoß bei seinen Berufskollegen einen zweifelhaften Ruf. Rosenbergs Schwager Jacques Helft kannte ihn gut und beschrieb ihn, ohne von seiner Mitwirkung beim Bilderraub in Floirac zu wissen, als »Antiquitätenhändler der Spitzenklasse, bemerkenswert intelligent«, aber »seine Qualitäten wurden durch die Spielsucht, von der er besessen war, zunichte gemacht«.[17] Vielleicht waren es die drückenden Schulden, die Monsieur Perdoux dazu trieben, sich an der Judenverfolgung der Deutschen zu bereichern.

Als es den Deutschen gelungen war, mit Hilfe von Informanten die Bilder in der Bank von Libourne aufzuspüren und zu beschlagnahmen, fand ein weiteres Treffen zwischen diesen Informanten und den deutschen Botschaftsvertretern statt, und die Zusammenarbeit nahm eine neue, noch unangenehmere Wendung. Die deutschen Diplomaten hatten die Zuträger mit Bildern von Picasso und Braque aus der Rosenberg-Sammlung bezahlen wollen, die sie als Produkte des »wüsten Expressionismus« betrachteten. Aber im November hatten Perdoux und Lestang ihren Lohn noch immer nicht erhalten. Lestang verhandelte auch im Namen von Perdoux als »Vermittler«, wie sie von den Deutschen genannt wurden, mit Carltheo Zeitschel, einem hochrangigen Botschaftssekretär, der für die Verhaftung und Deportation von Juden und die Beschlagnahme ihres Eigentums zuständig war.[18] Um die Dinge zu beschleunigen, setzte Lestang die Deutschen unter Druck: Er deutete an, daß er und Perdoux Kenntnis über eine weitere jüdische Kunstsammlung hätten, die noch größer sei als die von Rosenberg, daß sie aber erst dann auspacken würden, wenn die Rosenberg-Angelegenheit abgeschlossen sei.[19]

Mit diesem geschickten Schachzug zogen Lestang und Perdoux Vorteil aus der wachsenden Rivalität zwischen dem deutschen Botschafter und Reichsmarschall Göring, der zu dieser Zeit auf dem Höhepunkt seiner Macht war. Wahrscheinlich war es reiner Bluff, als die beiden Denunzianten gegenüber den Botschaftsvertretern behaupteten, daß der Reichsmarschall bereits von der Existenz dieser geheimnisvollen Sammlung erfahren habe und ebenfalls wissen wolle, wo sie zu finden sei. Görings Untergebene hätten mit Befremden zur Kenntnis genommen, daß die Botschaft die den »Vermittlern« zustehende Provision noch immer nicht bezahlt habe. Und Göring habe es so eilig, versicherten sie, daß er ihnen vier Tage Zeit gegeben habe, den Aufenthaltsort der wertvollen Sammlung preiszugeben. Wenn die Botschaft nicht schnell reagiere, werde sie das Nachsehen haben.

In einer vertraulichen Mitteilung an Botschafter Abetz mahnte Zeitschel darauf zur Eile und vermerkte, daß der Comte die Unverfrorenheit besessen habe, den Wert der Rosenberg-Sammlung auf 100 Millionen Reichsmark zu steigern und für sich und Perdoux eine Provision von 10 Millionen Mark oder 200 Millionen Franc zu verlangen (nach heutigem Wert etwa 150 Millionen DM) – eine damals wie heute atemberaubende Summe.

Zeitschel fragte Abetz, ob er mit Görings Experten Kontakt aufnehmen solle, um sicherzugehen, daß Lestang die deutschen Dienststellen nicht gegeneinander ausspielte. In einem zweiten Schreiben an Abetz berichtete Zeitschel, daß eine neue Schätzung durch einen deutschen Experten den Wert der Sammlung auf 3415400 Franc beziffert habe und daß er diese Schätzung durch einen »unparteiischen« französischen Experten bestätigen lassen wolle (womit er einen Sachverständigen meinte, der den Wert zugunsten der Botschaft taxierte). Zeitschels drittes und letztes Schreiben an Abetz vermerkt, daß Lestang und Perdoux am Vortag unerwartet in der Botschaft erschienen seien und der neuen Schätzung zugestimmt hätten. Zeitschel habe sie daher in die Räume mit der Rosenberg-Sammlung geführt, um sie ihre Wahl unter den »wüsten Expressionisten« treffen zu lassen. Dort kam es in letzter Sekunde noch zu Turbulenzen: Unter dem Vorwand, daß sie für die »Modernen« kaum Käufer finden würden, lehnten die beiden Franzosen die Annahme von Picasso- und Braque-Werken ab und erklärten sich bereit, statt dessen zwei Gemälde von Pissarro mit dem Schätzwert von 220000 Franc und einen Akt von Renoir mit dem Wert von 200000 Franc zu akzeptieren. Zeitschel wollte den Renoir nicht hergeben, der »einen gewissen Wert für Deutschland repräsentierte«, und bot an dessen Stelle Pissarros *Garten in Pontoise* an, der aus der Rothschild-Sammlung stammte und doppelt so hoch taxiert war wie der Renoir. »Da Pissarro Jude ist«, schloß er in seinem Bericht, »gehe ich davon aus, daß seine Werke für Deutschland weniger von Interesse sind und daß es vorteilhafter war, einen Pissarro anzubieten, obwohl sein Wert doppelt so hoch ist wie der eines Renoir.«[20]

In New York führte Paul Rosenberg seine Geschäfte fort. Die Vereinigten Staaten waren noch neutral, und da der Krieg in Europa sich ausweitete, ließ Rosenberg seine Gemälde aus der Londoner Galerie nach Amerika senden. Er hoffte, daß seine in Floirac und in Libourne zurückgelassenen Bilder bald folgen würden, weil er glaubte, in der sogenannten Freien Zone wären sie unangetastet geblieben. Da ihn die Briefe von Mademoiselle Roisneau, einer Angestellten seiner Pariser Galerie, nicht erreichten, wußte Rosenberg nicht, mit welcher Gründlichkeit die Nazis seinen Besitz geplündert hatten.

Im März 1941 endlich erhielt er einen der Briefe. Der Inhalt war vernichtend. »Es ist alles, alles weg«, schrieb Mademoiselle Roisneau und bezog sich damit auf die Bilder und Einrichtungsgegenstände der Villa in Floirac. Schlimmer noch war die Nachricht, daß die Deutschen den Tresor in Libourne entdeckt hatten. Aber nicht nur das: Sie hatten ihn geöffnet und den Inhalt auf seinen Gesamtwert (sieben Millionen Franc) vom Direktor der École des Beaux Arts, einem Monsieur Roganeau, schätzen lassen. Dann hatten sie den Tresor versiegelt, um weitere Order aus Paris abzuwarten. Auch die beiden Schließfächer, die Braque gemietet hatte, wurden durchsucht. Eine zusätzliche Kränkung fügte ihm die Bank zu, indem sie ihm eine Rechnung über 1 200 Franc präsentierte: 1 000 Franc Gebühr für die Schätzung seiner Werke und zusätzliche 200 Franc »Entschädigung für den Aufwand«, den die deutschen Eindringlinge verursacht hatten.

Der Brief der Mademoiselle Roisneau, die Augenzeugin der Plünderungen durch die Nazis und die Vichy-Beamten in den Galerieräumen in der Rue de la Boétie war, gibt Auskunft darüber, was in Paris geschah. Sie hatte die deutschen Soldaten nicht daran hindern können, die Bilder und Akten aus Rosenbergs Galerie und Privatwohnung abzutransportieren. Ein Freund konnte das Kontorbuch der Galerie verbrennen, bevor es den Deutschen in die Hände fiel. Auch die Galerie Wildenstein war geplündert worden. Dennoch sei es Roger Dequoy, dem Vertrauten des Kunsthändlers, gelungen, so schrieb Mademoiselle Roisneau, statt mit den Nazis mit den französischen Behörden zu verhandeln. Die Galerie Bernheim-Jeune war requiriert und unter Zwangsverwaltung gestellt worden, was eine »Arisierung« bedeutete. Josse Bernheim, einer der Brüder, die die Galerie gemeinsam gegründet hatten, war gestorben.

Rosenberg schrieb sofort zurück und erbat genauere Angaben über die entwendeten Gemälde. Inzwischen wußte er, daß die Nazis das Eigentum der Juden, Freimaurer und politischen Gegner beschlagnahmten. Die neuen Gesetze der Vichy-Regierung erklärten die Pässe der

»Landesflüchtigen« für ungültig und sprachen den Betroffenen alle staatsbürgerlichen Rechte ab. Er kannte auch die antisemitischen Verordnungen der Vichy-Regierung. Aber sein Brief verrät, daß Rosenberg – wie viele andere auch – die Tragweite und das volle Ausmaß der Beschlagnahmen noch immer nicht begriff. In seiner Antwort fragte er daher, warum die Bilder beschlagnahmt worden seien, wohin sie gebracht wurden, ob die Deutschen für sie bezahlt hätten und ob es die Möglichkeit gäbe, sie zurückzuholen. Besondere Sorgen machte er sich um Picassos Porträt seiner Frau mit Micheline. Schließlich wollte er wissen, ob es möglich sei, die Bilder im Tresor der Bank von Libourne, das inzwischen ebenfalls in der besetzten Zone lag, in die Freie Zone zu schaffen, wo er sie für sicherer hielt. Er ahnte nicht, daß die Erbeutung seiner Bilder in den höchsten Führungsetagen der Nazihierarchie geplant und organisiert worden war und daß dies zu den unerbittlichen Maßnahmen gegen die »Feinde des Reichs« gehörte, die in allen eroberten Gebieten an der Bevölkerung vollzogen wurden.

Seinen Geschäftssinn hingegen hatte Rosenberg nicht verloren, und er vergaß auch nicht »seine« Maler. Im selben Brief fragte er an, ob Picasso und Braque nicht ihre Bilder in die Vereinigten Staaten bringen könnten und ob sie ihm nicht in die Neue Welt folgen wollten.

Einige Monate später folgte der nächste Schicksalsschlag. Am 5. September erschien ein deutscher Offizier im Auftrag des ERR bei der Industrie- und Handelsbank in Libourne und wies ein Schreiben vor, das ihn bevollmächtigte, 162 Gemälde aus dem von Paul Rosenberg gemieteten Tresor Nr. 7 zu entfernen. Die Bilder wurden direkt nach Paris befördert, aber nicht in die deutsche Botschaft, sondern ins Jeu de Paume, wo Göring sie in Augenschein nehmen wollte. Rosenberg erfuhr erst nach der Befreiung von Paris davon, als der Krieg bereits seinem Ende zuging.

6
Die Sammlung Bernheim-Jeune
oder
Der Brand im Schloß von Rastignac

Eine der ältesten Kunsthändler-Dynastien Frankreichs begann wie viele andere als ein Geschäft für Malerbedarf. 1795 eröffnete ein Mann namens Bernheim in Besançon einen Laden für Farben, Pinsel und Leinwand, und die ersten Gemälde erhielt er wahrscheinlich von Künstlern, die damit ihre Materialien bezahlten. Der eigentliche Begründer der Bernheim-Dynastie war jedoch der 1839 geborene Alexandre Bernheim. Er verwandelte das Farbengeschäft seines Vaters in einen Kunsthandel und zog in den sechziger Jahren des 19. Jahrhunderts auf Anraten des Malers Gustave Courbet nach Paris. Bald darauf folgte er dem Beispiel anderer Händler und Sammler und eröffnete sein Geschäft in der Rue Laffitte 8. Dort befand sich schon die Galerie Durand-Ruel, die bis zur Jahrhundertwende für die Impressionisten von größter Bedeutung war, und auch die Galerien von Ambroise Vollard und Clovis Sagot, wo der junge Picasso seine Bilder verkaufte. Die Rue Laffitte war die »Bilderstraße«, schrieb Vollard, sie war »ein Wallfahrtsort für alle jungen Maler«[1]. Alexandre Bernheim spezialisierte sich auf die Werke von Corot, Courbet und die Maler der Schule von Barbizon.

In den neunziger Jahren brachen Alexandres Söhne Josse und Gaston mit den Vorstellungen ihres Vaters und führten Impressionisten in den Markt ein. Zeitgleich mit Vollard traten sie damit die Nachfolge von Durand-Ruel an und bildeten die zweite Generation der impressionistischen Kunsthändler. Bald kauften die Brüder direkt von Monet, Renoir, Pissarro, Sisley und Cézanne, und mit großer Sicherheit trafen sie ihre Wahl unter dem Nachwuchs: Seurat, Bonnard und Signac gehörten zu den von ihnen vertretenen Künstlern, auch Félix Vallotton, der zudem ihr Schwager wurde. Durand-Ruel hingegen war so kategorisch gegen die

Postimpressionisten eingestellt, daß er sich sogar weigerte, eine posthume Gedenkausstellung mit Bildern van Goghs zu organisieren. Die Brüder Bernheim-Jeune (das *Jeune* – *Jung* – fügten sie an, um sich von ihrem Vater abzusetzen) sprangen ein und veranstalteten diese Ausstellung im Jahr 1901, elf Jahre nach dem Tod des Malers. Um diese Zeit eröffneten sie, dem Trend folgend, ein neues Geschäft auf dem Boulevard de la Madeleine, das an der Ecke zur Rue Richepanse gelegen war, und profitierten kräftig von der Internationalisierung des Kunstmarktes. Die Kuriere der Galerie reisten mit der Eisenbahn nach Rußland, Deutschland, England, in die Schweiz, um ihren neuen Kunden die Bilder ins Haus zu liefern.

Aus dieser Zeit datiert auch die langjährige Partnerschaft mit Pierre Bonnard, die bis zum Ausbruch des Zweiten Weltkriegs währte, also fast vierzig Jahre lang. Ein Vertrag wurde nie geschlossen, die Beziehung beruhte gänzlich auf Freundschaft und Vertrauen. Bonnard übergab den Bernheims seine Rechnungen, und sie beglichen sie für ihn. Soviel gegenseitige Großzügigkeit war durchaus nicht üblich, stieß doch die moderne Malerei in der französischen Gesellschaft überwiegend auf heftige Ablehnung. 1910 zum Beispiel betrat eines Tages ein gutgekleideter Herr die Galerie und verlange Josse Bernheim-Jeune zu sprechen. Er wollte seine Empörung darüber zum Ausdruck bringen, daß er gezwungen sei, »Bonnards verwesende Leichen« im Schaufenster hängen zu sehen. Im selben Jahr verlangte ein entrüsteter Mann, der mit seiner schwangeren Frau am Schaufenster der Galerie vorbeikam, in dem Bonnards *Akt im Bade* hing, daß das Bild sofort entfernt werden solle, andernfalls sei zu befürchten, daß seine Frau eine Fehlgeburt erleiden würde. Das Zeugnis der langen und bedeutsamen Partnerschaft zwischen Bonnard und den Bernheims ist ein Doppelporträt der Brüder, das 1921 entstand und heute im Musée d'Orsay zu sehen ist.

In den ersten Jahren des neuen Jahrhunderts suchten Josse und Gaston Bernheim-Jeune Kontakt zu Literatenkreisen und engagierten sich auch in der Politik. Während der Dreyfus-Affäre begleiteten sie Émile Zola zusammen mit Albert und Georges Clémenceau zum Tribunal in

Versailles, mit letzteren verband sie eine Freundschaft, die nahezu dreißig Jahre währte. Ihr Ruhm war im Wachsen begriffen. 1905 stachen sie Durand-Ruel aus und übernahmen die Versteigerung der Sammlung Paul Bérard, einer der wertvollsten Sammlungen impressionistischer Malerei, der vor allem Renoir-Bilder entstammten, auch dessen Meisterwerk *Kindernachmittag in Wargemont*.[2]

»Josse war der Seriöse«, erklärte mir der Kunsthändler Alfred Daber, der beide Brüder kannte, »und erinnerte an einen Rembrandtschen Ratsherrn. Gaston hingegen war der Geschäftsmann, der Verführer.«[3] 1901 heirateten Josse und Gaston Mathilde und Suzanne Adler. Als Verlobungsgeschenk ließen sie die Schwestern von Renoir malen. Sie heirateten am selben Tag und nahmen denselben Trauzeugen, den Dramatiker Georges Feydeau. Fast dreißig Jahre lang bewohnten die beiden Ehepaare zusammen ein Haus in der eleganten Avenue Henri-Martin.

Gaston und Josse Bernheim-Jeune kauften Bilder nicht nur für ihre Galerie, sondern auch für ihre private Sammlung, die bald ein solches Interesse erregte, daß sie gezwungen waren, für die Besichtigung Eintritt zu verlangen. Eins der bedeutendsten Stücke war Seurats *Zirkusparade*. Die wichtigsten Werke hingen in ihrem Wohnzimmer und Speisezimmer. Eine Wand des Speisezimmers zierte *Der heilige Martin und der Bettler* – ein Bild, das El Greco zwischen 1597 und 1599 für die Kapelle San José in Toledo gemalt hatte (El Grecos Werk wurde damals in Frankreich gerade wiederentdeckt) –, Seurats erwähntes Zirkusbild, Monets *Seerosenteich*, Corots *Heiliger Sebastian* und ein schönes *Urteil des Paris* von Cézanne (Abb. B14). An einer anderen Wand desselben Raums hingen sechs Bilder von Toulouse-Lautrec, darunter *La Goulue mit ihrem Partner* (Abb. A12) und *La Goulue: Bereit zur Quadrille* (Abb. A13). Im selben Raum befanden sich auch Corots *Agostina* und ein Dutzend Arbeiten von Cézanne, darunter *Jas de Bouffan* (Abb. B11) und *Bildnis des Malers mit langem Haar* (Abb. B12). Die vierte Wand dieses kleinen Privatmuseums war geschmückt mit zwölf Cézannes, darunter *Kartenspieler* und *Winter in Auvers-sur-Oise* (Abb. B9), außerdem mit Bildern von Gauguin und

Lautrec. Im angrenzenden Wohnzimmer, auch das »Renoir-Zimmer« genannt, hingen fünfundvierzig seiner Gemälde, darunter sieben Akte.[4]

Die Bande zwischen den Brüdern Bernheim und Renoir wurden immer fester. Josse sorgte sich um Renoirs schwache Gesundheit und holte einen Arzt aus Wien, der sein Rheuma behandelte. 1907 bestellten die Bernheims bei Renoir zwei Familienporträts, eines wurde unter dem Titel *Madame Gaston Bernheim-Jeune mit Sohn* bekannt. Doch Mathilde, der Frau Gastons, mißfiel das Bild, weil sie glaubte, daß der Arm, in dem sie das Kind hielt, viel zu dick geraten war. Sie äußerte ihre Kritik gegenüber Auguste Rodin und lud ihn darauf zusammen mit Renoir zum Essen ein, in der Hoffnung, daß der Bildhauer den Maler dazu bewegen würde, den Arm zu übermalen. Doch nach dem Essen erging sich Rodin in Bewunderung für das Bild. Er versicherte Renoir, Mathildes sei der beste Arm, den er jemals gemalt habe. »Das ist wahr«, soll Renoir erwidert haben. »Ich liebe Fleisch.«

Zwischen 1900 und 1910 revolutionierten die Bernheims ihren Geschmack erneut und entdeckten für sich die Fauves. Ab 1909 vetraten sie Matisse und van Dongen.

Matisse setzte offenbar unbegrenztes Vertrauen in die Fähigkeiten der Brüder Bernheim und unterzeichnete einen Exklusivvertrag mit ihnen. Regelmäßig brachte er ihnen seine neuesten Werke, oder er lud sie ins Atelier ein, damit sie selbst wählen konnten. Sobald einer der beiden sich für ein Bild entschieden hatte, beschloß Matisse, es lieber für sich zu behalten, offenbar in der Überzeugung, daß es besser als die übrigen war. Darauf optierten die Bernheims nur noch für die mittelmäßigen Bilder, die Matisse dann selber behielt, um ihnen die besten Stücke zu überlassen. Insgesamt jedoch waren die Beziehungen zwischen Matisse und seiner Galerie hervorragend. Bis zum Zweiten Weltkrieg ließ er alle seine Bilder von den Bernheims fotografieren, obwohl er zu diesem Zeitpunkt schon bei Paul Rosenberg unter Vertrag war. Weil Rosenberg im März 1940 beim Kauf der *Frau in roter Jacke mit Anemonen und Mandelblüten* (Abb. A5) und *Frau in Schwarz vor rotem Hintergrund* die beiden Bilder nicht der Bernheim-Galerie zum Fotografieren schicken konnte, mußte er sich mit den kleineren und schlechteren Fotos begnügen, die Matisse selbst angefertigt hatte.

In den Jahren zwischen den Kriegen stützten sich die Bernheims vor allem auf die Bilder in ihrem Bestand. Die letzten großen Zukunftsinvestitionen waren Chagall in den zwanziger Jahren (auf Kommissionsbasis bei einer Provision von 50 Prozent) und Utrillo. Sie blieben Vlaminck auch nach seiner fauvistischen Phase treu. Der Kritiker Félix Fénéon, befreundet mit Signac, Seurat und Toulouse-Lautrec, der den Bernheims zwanzig Jahre lang als künstlerischer Direktor diente, gab mit ihnen das von 1919 bis 1926 zweimonatlich erscheinende *Bulletin de la vie artistique* heraus. In jener Zeit waren die Bernheims die wichtigste Adresse für die Malerei des Impressionismus. Für neuere Stilrichtungen konnten sie sich nicht begeistern. In den frühen zwanziger Jahren kauften sie und Étienne Bignou die alte Impressionistengalerie von George Petit und verwandelten sie, dem Trend der Zeit folgend, in ein großes Auktionshaus.

1929 zogen Gaston und Josse mit ihren Familien in getrennte Wohnungen. Der eine nahm Quartier in der Avenue du Général-Maunoury am Rand des Bois de Boulogne, der andere in der Rue Debordes-Valmore. Auch die private Sammlung wurde aufgeteilt. Um dieselbe Zeit begannen Josses Söhne Jean und Henri allmählich, die Geschäfte zu übernehmen. Das Zentrum der Kunstwelt hatte sich, wie auch die Haute-Couture-Szene, aus der Madeleine-Gegend zurückgezogen und in der Rue du Faubourg Saint-Honoré und der Rue de la Boétie niedergelassen. 1924 war auch die Galerie Bernheim-Jeune dorthin gezogen und hatte ein ganzes Gebäude an der Ecke Saint-Honoré und Avenue Matignon belegt, das die Bernheims einem Großhändler namens Borionne abgekauft hatten. Damit gelangten sie ins Zentrum der *rive droite*, in direkte Nachbarschaft der Galerien Paul Rosenberg, Wildenstein und Cailleux. Ihnen gegenüber, in der Nummer 120, residierte der Couturier Worth, Vionnets berühmte Schauräume lagen in der Avenue Montaigne. Moderne Inneneinrichter wie Groult, Poiret und Mare hatten ihre Geschäfte ebenfalls in der Nähe.

Vom Beginn der Besetzung an konzentrierte sich die Gier der Nazis und der Machthaber von Vichy auf die in dieser Gegend befindlichen Galerien in jüdischem Besitz. Die eleganten Straßen mit ihren Luxusgeschäften und Kulturangeboten lockten eine bestimmte Gruppe deutscher Offiziere an. Ernst Jüngers Kriegstagebuch gibt Einblick in die ästhetischen Empfindungen eines deutschen Besatzers in Paris. Der Wehrmachtsleutnant und Bücherliebhaber besuchte etwa vormittags den Buchhändler Bérès in der Avenue Friedland, ging dann in die Konditorei Ladurée in der Rue Royale, und um sich die Zeit bis zum Abendessen im Hôtel Georges V. zu vertreiben, bummelte er in Zivil durch die Rue du Faubourg Saint-Honoré, »in der ich mich immer wohlfühle«[5].

Wie alle jüdischen Geschäfte dieses Viertels wurde auch die Galerie Bernheim-Jeune unter Zwangsverwaltung gestellt, und zwischen Herbst 1940 und Frühjahr 1941 beschlagnahmte der ERR den Teil der Sammlung, der beiden Brüdern gehörte und in der Galerie untergebracht war. Das Gebäude wurde vom »Generalkommissariat für Judenfragen« (GCJA) enteignet und zum Kauf angeboten. Die Kriegsereignisse machten es möglich, daß derselbe Monsieur Borionne, der das Haus den Bernheims zwanzig Jahre zuvor verkauft hatte, es nun zurückkaufte, und zwar zum alten Preis, und es gewinnbringend an mehrere Händler und Gewerbetreibende vermietete. Ein junger Schneider eröffnete sein Geschäft im Parterre und benutzte den kleinen runden Salon, in dem die Bernheims ihre besseren Kunden empfangen hatten, als Umkleideraum.

In den Monaten der Waffenruhe nach der Besetzung hatte Gaston Bernheim seine anderen Bilder nach Monte Carlo transportieren lassen, wo sie den Krieg unbeschadet überstanden. Er selbst verlebte die Kriegszeit unversehrt in der nicht besetzten Zone. Sein Sohn Claude suchte Zuflucht in den französischen Alpen, wurde aber von einer Krankenschwester, die ihn pflegte, verraten. 1942 wurde er verhaftet und nach Auschwitz deportiert. Dort kam er bei einem Todesmarsch kurz vor dem Eintreffen der Sowjetarmee ums Leben.

Josses Söhne Jean und Henri entgingen der Verfolgung. Beide waren zur französischen Luftwaffe eingezogen worden. Jean wurde in Chantilly verwundet und in Dax stationiert, wo sich auch sein Bruder befand. In Lyon kamen sie wieder mit ihrem Vater zusammen, der sich mit einigen wenigen Bildern dorthin zurückgezogen hatte. Josse Bernheim-Jeune starb 1941 in Lyon. Nach mehreren vergeblichen Anläufen gelangten Jean und Henri in die Schweiz, wohin sie mit Hilfe eines japanischen Diplomaten, den sie aus ihrer Schulzeit kannten, auch einige Bilder schmuggeln konnten. Diese Bilder dienten ihnen als Bankbürgschaft und sicherten ihnen so das Auskommen.

Josses Kinder überlebten zwar den Krieg, aber dafür wurde seine Sammlung in alle Winde zerstreut. Ein großer Teil der Werke, vor allem die griechischen und römischen Plastiken, war in seinem Pariser Haus zurückgeblieben. Am 9. April 1941 erschienen Marcel Déat und Eugène Deloncle mit einem Beschlagnahmebefehl in seinem Haus. Sie waren die Führer des rechtsradikalen Rassemblement National Populaire (RNP), einer Vereinigung, die der Vichy-Regierung nahestand, und Monsieur Deloncle hatte das Haus für sich und seine Frau ausersehen. Ein verbliebener Hausbewohner zog in die Garage, der Gärtner und Chauffeur suchte Unterkunft in einem Gartenhäuschen, in dem er auch etliche Plastiken der Bernheim-Sammlung unterbrachte. Das Haus wurde zum Hauptquartier für einen Verein ehemaliger Kriegsgefangener aus den Reihen des RNP, und wenig später wurde es von den Deutschen übernommen. Als die Nazis Einzug hielten, fanden sie noch einen guten Teil der Sammlung: mittelalterliche Skulpturen, Masken, ägyptische und griechische Plastiken, außerdem Cézannes *Das Dorf* und zwei Bilder von Corot – *Venedig mit Gondel auf dem Canale Grande vor San Giorgio Maggiore* und die *Türkin* (auch *Griechin* genannt), dazu kamen moderne Gemälde von Dufy, Marquet, Vlaminck, Vallotton und Roussel sowie verschiedene Sammlungen von Orden, an erster Stelle die des Großherzogs Cosimo de Toscane.

Als erster bediente sich wahrscheinlich der deutsche Botschafter. Dann griff der ERR zu, gefolgt wie immer vom Generalkommissariat für Judenfragen, das den Besitz unter »provisorische Verwaltung« stellte. Jeder hielt sich an dem schadlos, was die Vorgänger hinterließen. Ein

Tafelgemälde von Bonnard war der Familie besonders kostbar. Es hieß *Venus de Cyrène* und zeigte einen Tisch mit Blumenvase und Büchern, von denen eins den Titel des Bildes trug – den Titel eines Romans, den Josse Bernheim geschrieben hatte. Das Bild wurde von einem der Zwangsverwalter entwendet. Nur zwei Objekte entgingen der Plünderung: ein weiteres Bonnard-Gemälde, *Mittelmeer*, das hinter einem Spiegel versteckt war, und eine Statue von Maillol, *Ewige Sehnsucht*, die bei Kriegsbeginn hinter einer Truhe verborgen worden war.

Ein letzter Teil der Sammlung bestand aus etwa dreißig Gemälden, die von einer amerikanischen Familie namens Lauwick, befreundet mit Verwandten der Frau Jean Bernheims, in Verwahrung genommen wurden. Die Lauwicks hatten Josse Bernheim versichert, daß die Bilder in ihrem Schloß in Rastignac bei Bachellerie in der Dordogne und damit in der Freien Zone, gut aufgehoben seien. Der Ehemann der Galerie-Sekretärin transportierte die Bilder heimlich dorthin, nachdem sie aus den Rahmen genommen, zusammengerollt und in Packpapier gewickelt worden waren. Es handelte sich um Bilder aus der Sammlung von Josse Bernheim (Abbildungen im Bildteil A und B): *Die Badenden*, *Jas de Bouffan*, *Selbstbildnis mit langem Haar*, *Winter in Auvers-sur-Oise* von Cézanne, *Algerierin, auf den Ellbogen gestützt*, und *Coco*, beides Geschenke von Renoir, drei schöne Gemälde von Toulouse-Lautrec – *La Goulue mit ihrem Partner*, *Der Einzug* und *La Goulue: Bereit zur Quadrille* – und schließlich ein kostbarer van Gogh aus seiner Zeit in Arles, *Vase auf gelbem Grund*. Alle gelangten unversehrt nach Rastignac.

Alle Bilder blieben eingerollt und wurden auf dem Dachboden des Schlosses in einem alten Uniformkoffer mit doppeltem Boden versteckt. In Rastignac waren die Werke vor Plünderungen sicher. Das jedenfalls glaubten die Lauwicks und brachten auch einen kleinen, aber wertvollen Renoir, die *Moosrosen*, hierher, in der festen Überzeugung, daß das Bild in ihrem Anwesen am besten aufgehoben sei. Es hatte im Haus der Familie Jean Bernheims gehangen, die unweit von Rastignac, in Terrasson, Zuflucht gesucht hatte. Bewacht wurden die Schätze im Schloß von der Witwe Lauwick, ihrem Sohn Jacques, der bei der *Vogue* arbeitete, und ihrer Tochter Madame Fairweather, die mit ihrem kleinen Sohn dort wohnte.

Gegen Ende 1943 führten die militärischen Rückschläge, die die Deutschen in Südeuropa erlitten und das Erstarken der Résistance-Bewegung zu verschärftem Naziterror mit Beschlagnahmen und gewaltsamen Übergriffen auf die Zivilbevölkerung Südfrankreichs. Am 30. März 1944 gegen acht Uhr morgens besetzte ein Kommando der Division Brehmer, die in La Bachellerie stationiert war, die Straße oberhalb des Schlosses, während eine Abteilung der deutschen Sicherheitspolizei in das Rathaus der nahegelegenen Stadt Azerat eindrang. Damit war Rastignac in die Zange genommen. Um neun Uhr fuhr dort ein Auto der Sicherheitspolizei mit fünf Leuten vor: Obersturmführer Thalmann, ein Offizier, ein Unteroffizier und zwei Wehrmachtsgefreite. Der Beschreibung Jacques Lauwicks zufolge war Thalmann »jung, gebräunt, schlank, arrogant und trug eine randlose Brille«. Thalmann befahl alle Schloßbewohner in den Hof. Dort blieben sie drei Stunden, bewacht von den zwei Soldaten. Die anderen drei durchwühlten das Gebäude. »Wir hörten sie Schubladen ausleeren, Türen aufbrechen und Möbel umwerfen«, berichtete Lauwick. Gegen elf Uhr war Gewehrfeuer aus dem Tal zu hören: Die SS hatte den Bürgermeister, seinen Stellvertreter und den Amtsdiener erschossen. Gegen Mittag verließ Thalmann das Schloß, Madame Fairweather, ihr Sohn und Jacques Lauwick wurden unter Bewachung ins Rathaus von Azerat gebracht. Madame Lauwick und die übrigen Bewohner erhielten den Befehl, sich nach La Bachellerie zu begeben. Die Deutschen verboten Madame Lauwick, das Schloß noch einmal zu betreten. Nicht einmal ihre Papiere und etwas Geld durfte sie holen.

Nach dreistündigem Warten im Rathaus wurde Jacques Lauwick verhört. Zunächst glaubte er, die Deutschen hätten den versteckten Safe übersehen und wollten nun wissen, wo die Familie ihr Geld aufbewahrte. Doch dann stellten ihm die Offiziere »architektonische Fragen«, sie erkundigten sich nach dem Baujahr des Schlosses und erfragten bauliche

Details. Offensichtlich suchten sie Verstecke, in denen sie Geld oder Waffen vermuteten.

Ohne daß Lauwick etwas davon ahnte, hatte ein deutsches Kommando in Asbestkleidung nach der systematischen Plünderung aller Räume Feuer im Schloß gelegt. Es brannte den ganzen Tag. Nachbarn sahen fünf Lastwagen abfahren, die mit Möbeln, Stoffen, Bettüchern, großen flämischen Gobelins und antiken Perserteppichen beladen waren. Das Silber wurde an die Soldaten verteilt, die Kleider an Zivilisten. Ein Bauer, den die Deutschen gezwungen hatten, beim Aufladen zu helfen, berichtete später, die Deutschen hätten »Packen aller Größe aus dem Schloß geschleppt und auf Lastwagen verladen«. Als die Deutschen aus dem Rathaus abzogen, wurden die Lauwicks entlassen.

Die Plünderung von Rastignac hatte offenbar keinen konkreten Anlaß. Nach dem Bericht von Lauwick, in dem er die Ereignisse des Tages für die Bernheim-Brüder zusammenfaßte, »sahen die Deutschen nicht wie Kunstkenner aus. Ich bin sicher, daß sie Ihre wunderschönen Gemälde, hätten sie das Versteck entdeckt, nicht mitgenommen hätten, da sie ihren Wert nicht erkannt hätten. Leider werden sie nicht mehr zu retten sein. Sie wurden mit allem anderen zerstört.«[6]

Bis heute liegen die Hintergründe dieser Aktion im dunkeln. Wonach suchten die Deutschen mit dieser fanatischen Entschlossenheit? Nur nach Geld? Vermuteten sie im Schloß einen geheimen Résistance-Treffpunkt oder ein Waffenlager? Wußten sie von den Gemälden? Brannten sie das Schloß ab, weil sie ausreichend Beute gemacht hatten, oder weil sie nicht genug gefunden hatten? Bis heute weiß man nicht, ob sich die Gemälde unter den Gütern befanden, die in Tücher und Gobelins gewickelt auf die Lastwagen verladen wurden. Doch es gibt Hinweise, die den Rückschluß nahelegen, daß die dreißig Gemälde, unter denen sich auch Matisses *Odaliske in roten Hosen* (Abb. B16) und der *Jas de Bouffan* (Abb. B11) befanden, nicht in Rastignac verbrannten.

7
David David-Weill
oder
Der geplünderte Mäzen

David Weill wurde als Sohn Alexandre Weills am 30. August 1871 in San Francisco geboren. Alexandre Weill, ein Kaufmann, war 1853 zusammen mit seinem Bruder Raphael und seinen Cousins mit Nachnamen Lazard und Cahn aus Pfalzburg in Lothringen ausgewandert. Die Cahns hatten ein Exportgeschäft in New Orleans gegründet und waren 1848, im Jahr des kalifornischen Goldrauschs, ebenfalls nach San Francisco gezogen. Die Lazard-Brüder exportierten Baumwolle und führten Textilien und Gebrauchsgüter ein. Nach dem Bürgerkrieg nahm sich die Firma mehr und mehr des Bankgeschäfts an, schließlich existierten ein Hauptsitz in New York und Zweigstellen in London und Paris. Alexandres Bruder Raphael erweiterte das Unternehmen mit der Gründung eines der größten Warenhäuser des amerikanischen Westens, des White House.

Im Jahr 1884 beschloß Alexandre Weill, mit seiner Familie nach Frankreich zurückzukehren. Sein Sohn David sollte dort seine Ausbildung erhalten. Bevor sie sich in Paris niederließen, machten die Weills eine Rundreise durch Europa, während der David Museen in den verschiedensten Städten besuchte. Danach begann seine Ausbildung am Lycée Condorcet in Paris, einer seiner Mitschüler dort war Marcel Proust. Im Alter von achtzehn Jahren hatte er bereits erste Miniaturen und Emaillen erworben. Er verliebte sich in Flora Raphael, die seinen künstlerischen Geschmack teilte, und heiratete sie 1897. Ein Jahr später wurde er zum Geschäftsführer der Familienbank Lazard-Frères ernannt, die er gemeinsam mit den Cousins des Lazard- und des Thibaut-Cahn-Familienzweigs verwaltete. Da es in der Familie mehrere Bankiers gab, machte er seinen Vornamen zum Bestandteil des Familiennamens und nannte sich fortan David David-Weill.

Die Anfänge der David-Weill-Sammlung gehen auf das Jahr 1904 zurück, als Alexandre Weill ein Haus für David und seine junge Familie in Neuilly bauen ließ, die es mit Kunst und Mobiliar aus dem 18. Jahrhundert einrichtete. Bald wurde die Sammlung durch wertvolle Stücke von den Brüdern le Nain bis zu Dufy und Picasso bereichert, dazu zählten Bilder von Delacroix, Ingres, Corot, Degas, Monet und Renoir sowie Bilder des 18. Jahrhunderts, wie zum Beispiel *Der weiße Stier* von Fragonard. In kürzester Zeit weitete sich die Sammlung in alle Richtungen: Kacheln und chinesische Bronzen, Miniaturen, Gold- und Silbergegenstände aus dem 16. und 17. Jahrhundert. So heterogen die Sammlung auch erscheinen mußte – jede Erwerbung David-Weills fügte sich in einen großen Zusammenhang ein.

Neben Emaillen aus Limoges und Porzellan aus Japan besaß er ägyptische Antiquitäten und islamische Ton- und Metallarbeiten. Es gab Drucke von Degas, Manet, Renoir, Toulouse-Lautrec, Gauguin, Bonnard und Vuillard; letzterer war ein Freund der Familie. David-Weill gehörten Plastiken von Sarrazin, Houdon, Caffieri und Carpeaux, auch die *Tänzer mit Pferden* von Degas und weibliche Figurinen von Maillol. Im Garten stand Rodins *Bronzezeit*.

Der bibliophile David-Weill baute eine enorme Sammlung von Inkunabeln auf, von seltenen und kostbar gebundenen Büchern, die eher an eine fürstliche Bibliothek des 18. Jahrhunderts als an eine bürgerliche Sammlung des 20. Jahrhunderts erinnerte. Dennoch war David-Weill seiner Zeit voraus: Er gehörte zu den ersten in Europa, die sich für präkolumbische und karibische Kunst interessierten. 1928 unterstützte er die *Ausstellung alter Kunst Nord- und Südamerikas*, die für das Pariser Publikum, insbesondere aber für die Surrealisten und für junge lateinamerikanische Schriftsteller wie Miguel Angel Asturias und Alejo Carpentier eine Offenbarung bedeutete.

David-Weill holte sich Rat bei Experten aller Kunstrichtungen. Seine Silbersammlung wurde von Jacques Helft zusammengestellt, der in seinem Auftrag Hunderte von Objekten kaufte – ob es sich nun um eine Suppenschüssel von Germain oder um eine kuriose Trinkflasche handelte, die aus dem Hospital von Reims stammte und auf das 15. Jahrhundert datiert wurde.

Die Sammlung wurde so groß, daß David-Weill in den dreißiger Jahren eigens eine Kuratorin anstellte, Marcelle Minet. Einen guten Teil seines Lebens brachte David-Weill bei Auktionen und in Galerien zu. Bevor er in sein Bankbüro ging, besuchte er Antiquitäten- und Kunsthändler, die ihm Bilder und Kunstgegenstände seines Geschmacks zeigten. Sein Büro in der Rue Pillet-Will war mit mittelalterlichen Skulpturen geschmückt, dazu gehörte eine Kupferstatue des Apostels Johannes aus dem 14. Jahrhundert und eine Marienstatue aus dem 15. Jahrhundert aus poliertem Marmor, vielleicht sein Lieblingsstück.

Jacques Helfts Memoiren, die nach dem Tod David-Weills entstanden und daher wohl kaum vom Wunsch nach Schmeichelei diktiert waren, berichten: »David David-Weill, der einer meiner treuesten Kunden war, galt meine aufrichtige Bewunderung ... Neben den vielen Besuchen, die ich bei ihm in Neuilly machte, empfing er mich häufig in der Bank und hörte sich zwischen den Sitzungen mit Vergnügen die letzten Neuigkeiten vom Kunstmarkt an.« Helft hob besonders David-Weills Loyalität hervor. Eines Tages, nachdem er ihm einen Kunstgegenstand verkauft hatte, gestand ihm Helft, daß er bei diesem Geschäft einen beträchtlichen Gewinn gemacht habe. Wenig später sprach ein neidischer Konkurrent Helfts bei David-Weill vor und verriet ihm, wie günstig Helft den Gegenstand erworben hatte. David-Weill wußte ohnehin, wie hoch der Gewinn Helfts gewesen war. Der Mann erhielt die höfliche, aber entschiedene Aufforderung, nie wieder bei ihm vorstellig zu werden.

Auch als großzügiger Stifter tat sich David-Weill hervor. Kuratoren der Museen, die ihm behilflich waren, seltene Stücke seiner Sammlung zu benennen, konnten fast sicher sein, daß er sie dem Museum schenken würde. Er war einer der wenigen Sammler, die solche Schenkungen schon zu Lebzeiten machten. 1912 erhielt der Louvre von ihm einen spanisch-maurischen Teller und einige chinesische Bronzen, manche von ihnen aus der Periode des Mittleren Reiches. Bei David-Weills Tod umfaßte der Katalog seiner Schenkungen an die französischen Museen dreihundert Seiten mit mehr als tausend Objekten, darunter *Türkisches Bad* von Ingres, *Das Atelier des Malers* von Courbet, das Porträt *Stéphane Mallarmé* von Manet und *Der Froschteich* von Renoir, auch die Watteau-Zeichnung *Studie junger Neger* und mehrere Arbeiten von Constable. Bei den meisten Werken hatte es sich um anonyme Schenkungen gehandelt, aber ihre Zahl wurde so groß, daß die Direktoren des Louvre, wenn ein neues Objekt eintraf, ausriefen: »Ah, wieder ein Geschenk von Anonymus!« David-Weills Stifterrolle war zu einer Art Institution geworden. Er besserte sogar die mageren Gehälter einiger Museumsangestellten auf. In den zwanziger Jahren unterstützte er den jungen René Huyghe, den zukünftigen Direktor der Gemäldeabteilung des Louvre, um ihm den Besuch anderer europäischer Museen und das Studieren von deren Konservierungstechniken zu ermöglichen.

1931 wurde David-Weill zum Präsidenten des Beirats der Staatlichen Museen berufen, und er bekleidete diesen Posten, bis ihm die Vichy-Regierung als Juden die französische Staatsbürgerschaft aberkannte (seine Nachfolge trat Gabriel Cognacq an, der Direktor des Warenhauses Samaritaine). Auch auf seinen Reisen ein begeisterter Museumsbesucher, sorgte sich David-Weill schon 1938 um die gewaltigen Bestände des Prado und des Escorial, die durch den Spanischen Bürgerkrieg gefährdet waren. Nachdem sie von Madrid nach Valencia und von dort nach Katalonien ausgelagert worden waren, drohten sie unter dem Entscheidungsangriff der Franco-Truppen Schaden zu erleiden. David-Weill unterstützte die Bildung eines internationalen Komitees zur Rettung der Kunstschätze. Im Januar 1939 fuhren zwanzig Lastwagen einundsiebzigmal zwischen dem Magazin und der französischen Grenze hin und her. Dort wurden die Bilder auf Züge verladen und nach Genf transportiert, wo sie bis zum Ende der Kämpfe gelagert wurden. Ähnliches geschah etliche Monate später mit den Beständen des Louvre und der privaten Sammlungen David David-Weills.

1939 fürchtete David-Weill wie alle Pariser Kunstsammler in erster Linie Bombenangriffe auf die Stadt. Seine Kuratorin Marcelle Minet inventarisierte, verpackte und bereitete eine große Zahl von Gemälden zum Abtransport vor. Einige seiner bedeutendsten Stücke, Werke von Corot, Renoir und Goya, wurden 1940 von ihr in die Vereinigen Staaten verschickt. Einhundertdreißig Kisten mit den wertvollsten Objekten, versehen mit dem Stempel DW, wurden ins Depot der Staatlichen Museen gebracht, ins Schloß von Sourches, das Germain Bazin verwaltete. Der Generaldirektor der Staatlichen Museen, Jacques Jaujard, hatte David-Weill den Vorschlag gemacht, seine Kunstschätze zur sicheren Aufbewahrung nach Sourches zu bringen. Er, Jaujard, würde dokumentieren, daß sie bereits vor Ausbruch des Krieges als Schenkung ins Eigentum des Staates übergegangen wären. So gelangten die Sammlung alter Uhren und Plastiken, ein Teil der graphischen Sammlung und eine Anzahl von Gemälden nach Sourches. In Neuilly blieben die Möbel, der andere Teil der Bilder und die Bibliothek. Zweiundzwanzig Kisten mit Teppichen, Gemälden und japanischen Drucken wurden ins Schloß von Mareil-le-Guyon im Department Seine-et-Oise ausgelagert.

1940 reiste David-Weill mit seiner Frau und einigen seiner Kinder nach Evian in die französischen Alpen. Dort erhielt er die Nachricht, daß die Bank Lazard-Frères unter Zwangsverwaltung gestellt und sein Haus in Neuilly beschlagnahmt worden sei. Er besorgte Papiere für die Flucht der Familie in die Schweiz, änderte dann aber seine Pläne und beschloß, über Portugal in die USA auszureisen. In Portugal erreichte ihn die Nachricht, daß der südliche Teil Frankreichs zur freien Zone erklärt worden sei, also kehrte er mit seiner Frau nach Lyon zurück und traf dort auch Marcelle Minet. Bei seinem Aufenthalt in Lyon deklarierte sich David-Weill, entsprechend einer Vichy-Verordnung, als Jude. Wenig später erhielt er das Angebot eines Freundes namens de Fontenille, in dessen Landhaus in der Gegend von Montauban unterzutauchen. David-Weills Tochter, Madame de Bastard, sollte sich ebenfalls dort einfinden. Sie war mit dem Besitzer des Schlosses von Hautefort verheiratet, das bereits als Verwahrungsort für Kunstschätze aus Elsaß und Lothringen diente. Um keinen Verdacht zu erregen, reisten Eltern und Tochter getrennt und trafen sich in Périgueux, wo sie de Fontenille von ihrer bevorstehenden Ankunft benachrichtigten.

Die Kisten im Schloß von Sourches waren nicht mehr in Sicherheit. Der ERR hatte sein Operationsgebiet auf die freie Zone ausgeweitet und interessierte sich nun auch für die Außendepots des Louvre in der Provinz. Am 8. April 1941 informierte der Kunstschutz die im Zuge der Beschlagnahmen immer überflüssiger gewordene kleine Wehrmachtsabteilung, die Direktion des Louvre, daß der ERR die Beschlagnahme der David-Weill-Sammlung in Sourches plane. Jaujard entsandte seinen Stellvertreter von der französischen Museumsverwaltung, Joseph Billiet, nach Sourches, und am 10. April suchte Billiet in Begleitung von Gabriel Cognacq, dem Vizepräsidenten des Beirats der Staatlichen Museen, den Generaldelegierten der französischen Regierung für das besetzte Gebiet, de Brinon, in dessen Privathaus auf, um ihn über die bevorstehende Beschlagnahme des David-Weill-Besitzes zu unterrichten. Die Vichy-Regierung war beunruhigt. Schließlich war David-Weill Präsident des Beirats der Staatlichen Museen Frankreichs gewesen.

Ungeachtet dessen erschienen am 11. April Abgesandte des ERR mit vier Lastwagen in Sourches und begannen mit dem Abtransport der fraglichen Kisten. Bazin und Billiet waren zwar zugegen, konnten aber nichts dagegen unternehmen und erreichten lediglich, daß zwei Inventarverzeichnisse erstellt wurden, eins durch die Deutschen, eins von den Franzosen. Die Kisten wurden nach Paris gebracht. Jaujard legte bei der Wehrmacht Protest ein, aber gegen den ERR war er machtlos. Im Jeu de Paume wurde der Inhalt der 130 Kisten erfaßt, inventarisiert und nach Deutschland verschickt. Der stellvertretende Bildungsminister schrieb einen Brief an Admiral François Darlan, damals der mächtigste Vichy-Minister nach Pétain, und bat ihn einzuschreiten, doch auf die Maßnahmen der deutschen Besatzer hatte die Vichy-Regierung keinen Einfluß.

In Mareil-le-Guyon lief der Kunstraub ab wie eine Posse, war aber nicht weniger verlustreich. René Lasne, Direktor des Gymnasiums von Neauphle-le-Vieux, bereiste Ende Juni und Anfang Juli die gesamte Region, um seine Schüler von der Wiedereröffnung der Schule zu informieren. So kam er auch in die Nähe eines Schlosses, das gerade von unbekannten Plünderern heimgesucht worden war, wie ihm berichtet wurde. Er erfuhr, daß dorthin Gemälde aus französischen Museen ausgelagert worden waren. Begleitet von den Bürgermeistern der zwei Nachbargemeinden inspizierte er den Tatort. Das Schloß war aufgebrochen, und es lagen noch zweiundzwanzig Kisten herum, die die Plünderer ungeöffnet gelassen hatten. Einige Gemälde hingen noch an den Wänden. Sie fanden einige geöffnete Kisten, und in einer zwei Monotypien von Degas. René Lasne, pflichtbewußter Beamter und Hobbymaler war klar, was er zu tun hatte. Er nahm eine Reihe von Bildern mit nach Haus und wandte sich an die Staatlichen Museen, die aber den Kontakt mit ihm verweigerten. Lasne beschloß, die Dinge in die eigenen Hände zu nehmen. Er fuhr mit einem Handkarren nach Mareil-le-Guyon und lud die Reste der Sammlung auf. Nach wiederholter Anfrage informierte ihn die Direktion des Louvre, daß die Kunstwerke nicht dem Staat, sondern David David-Weill gehörten. Lasne brachte auch in Erfahrung, daß französische Bürger per Verordnung verpflichtet waren, Kunstsammlungen, deren Wert 100000 Francs überstieg, bei den Behörden zu deklarieren. Der brave Monsieur Lasne informierte pflichtschuldigst die Deutschen und bat sie um Unterstützung beim Transport der Bilder in den Louvre. Kaum hatte er im August 1941 sein Ansinnen geäußert, kam schon der ERR und holte die Kisten ab.

Die in Neuilly verbliebenen Kunstwerke David-Weills schließlich fielen einer ganzen Serie von Plünderungen zum Opfer, die im Juli 1940 begann und bis 1944 fortdauerte.

Die Sammlung von David David-Weill war nicht der einzige Familienbesitz, der der Plünderung anheimfiel. Sein Sohn Pierre, eins von sieben Kindern, war, was Beruf und Vorlieben betraf, in die Fußstapfen des Vaters getreten, auch er war Bankier und Kunstsammler geworden. Seine Sammlung von Avantgarde-Malerei besaß Ende der dreißiger Jahre bereits das Ausmaß eines ansehnlichen Museums.

In den zwanziger Jahren hatte Pierre David-Weill seine erste Wohnung im neuesten Art-Deco-Stil ausgestattet und eine eindrucksvolle Sammlung von Zeichnungen angelegt: La Fresnaye, Matisse, Picasso, Derain und Balthus zählten zu seinen Favoriten. Von Anfang an kaprizierte er sich auf das Schaffen der Surrealisten und der Montparnasse-Künstler. 1929 beauftragte er den Maler André Masson mit einer Serie von Wandgemälden. Von Jean Lurçat ließ er sich Wandteppiche fertigen, und Jacques Lipchitz gestaltete seine Kamine (Abb. C2). Als er sich bei Masson nach einem Bildhauer erkundigte, verwies ihn der an Alberto Giacometti. Giacometti fragte bei Masson nach, welche Art von Plastik Pierre David-Weill vorschwebte. Masson wußte es nicht und überließ die Entscheidung der Phantasie Giacomettis. Der entwarf schließlich eine Art Heizungsverkleidung. Das war 1929, in einem Jahr des Umbruchs für beide Künstler: Masson löste sich gerade von den Surrealisten, während Giacometti seine Bindungen zu ihnen stärkte.

Massons große Wandgemälde – eins in beeindruckendem Grün mit dem Titel *Tiere, einander verschlingend*, eins in dramatischem Herbstgelb mit dem Titel *Metamorphose* – schmückten je eine Wand des Rauchzimmers und des Speisezimmers (Abb. C3). Mit der Länge von 4,5 Meter und der Höhe von 1,75 Meter waren sie die größten Bilder, die Masson je gemalt hatte. Eine Vorstudie zu *Tiere, einander verschlingend* befindet sich heute im New Yorker Museum of Modern Art.

Als Pierre David-Weill 1939 zur Armee eingezogen wurde, hatte er nicht mehr die Zeit, seine Sammlung in Sicherheit zu bringen. Nach der Demobilisierung, die der französischen Niederlage folgte, ging er 1940 in die USA und leitete während des Krieges die New Yorker Filiale der Bank Lazard-Frères. Seine Pariser Wohnung wurde 1940 requiriert und diente verschiedenen hochrangigen Wehrmachtsoffizieren als Büro. Diese verfuhren mit der Sammlung dekorativer Kunstgegenstände, wie es ihnen beliebte.[1]

8
Die Sammlung Schloss
oder
Niederländische Maler für Hitler

Um die Jahrhundertwende brachte Adolphe Schloss seine Kunstsammlung in seinem privaten Stadthaus in der Avenue Henri-Martin 38 unter (Abb. C4, C6); zu dieser Zeit war die Straße eine der elegantesten Adressen. Als Immobilien- und Warenmakler für große Kaufhäuser in Frankreich und Nordamerika und auch als Hoflieferant des russischen Zaren hatte Schloss es zu beträchtlichem Reichtum gebracht und 333 Gemälde zusammengetragen, darunter eine Anzahl von flämischen und niederländischen Meistern. Er besaß Gemälde, die damals Rembrandt und Frans Hals zugeschrieben wurden, eine *Pietà* von Petrus Christus, einige Ruysdaels und das *Bildnis des Clément Marot* von Corneille de Lyon. Die Bilder hingen in seinem Haus. Das Speisezimmer war ausschließlich mit Fruchtstilleben geschmückt, im Wohnzimmer waren frühe italienische Maler versammelt.

Der in Österreich geborene Schloss hatte 1871 die französische Staatsbürgerschaft erhalten. Seine Sammlung trug er durch geduldige, zielstrebige Suche zusammen, unterstützt von einem Netzwerk von Vermittlern in ganz Europa. Seine berühmtesten Gemälde hatte er dem Sohn der Gräfin Hanska, der Geliebten Balzacs, abgekauft. Als Schloss 1911 starb, war er im Begriff, fünfzig seiner Bilder zu verkaufen, um vom Erlös einen Vermeer zu kaufen. Daß er sein Vorhaben nicht mehr in die Tat umsetzen konnte, dürfte seine Erben weniger belastet haben als das, was während der deutschen Besetzung mit seiner Sammlung geschah.

Bis 1939 hüteten seine Witwe und die vier Kinder die Sammlung mit geradezu religiöser Verehrung. Während der Waffenruhe nach der Kapitulation brachte Lucien Schloss, der älteste Sohn, die Bilder aus Angst vor Bombenangriffen ohne großes Aufsehen ins Schloß von Chambon, das bei Tulle im zentralfranzösischen Departement Corrèze gelegen war. Das Schloß gehörte Jacques Renaud, Direktor der Bank Jordaan in Paris und ein Freund der Familie Schloss. Auch Mitglieder der Familie Schloss zogen nach der Besetzung in den Süden.

Nur wenige Eingeweihte in Paris wußten, wo die Sammlung Schloss geblieben war. Die Deutschen wollten sie unbedingt aufspüren, da sie viele der von Hitler und Göring bevorzugten »nordischen« Maler enthielt. Außerdem gehörte sie einem Juden und war daher leichte Beute. Eine Reihe von kollaborierenden Kunsthändlern, zu denen Roger Dequoy und ein gewisser Destrem gehörten, forschten nach dem Verbleib der Bilder, indem sie der Familie Schloss erst Geld boten, sie dann mit Drohungen unter Druck setzten. Wenn Hitler die Bilder für sein Linzer Museumsprojekt anforderte, konnten gewaltige Provisionen für die Anbieter herausspringen. Der Wert der Sammlung wurde auf 50 Millionen Franc geschätzt (nach heutigem Wert etwa 35 Millionen Mark). Der deutsche Kunsthändler Karl Haberstock, in den Jahren der Besetzung sehr aktiv, verfolgte aufmerksam die Suche und zog, gestützt auf seine Informanten, eigene Erkundigungen ein. Im Dezember 1942 vermeldete Destrem bei Haberstock, daß die Familie Schloss den Hauptteil der Sammlung verkaufen wolle. Haberstock ließ die Familie über Destrem sofort wissen, daß er kaufwillig sei. Doch die Information stellte sich als falsch heraus.

Die begehrten Flamen und Niederländer der Sammlung Schloss in ihren Besitz zu bringen, erwies sich als schwieriger, als die Nazis vermutet hatten. Darquier de Pellepoix, der »Generalkommissar für Judenfragen« der Vichy-Regierung ab Mai 1942, rivalisierte zwar mit den deutschen Kunsträubern, manchmal aber kooperierte er auch. Im Falle Schloss ware er den Deutschen eine Nasenlänge voraus. Darquier hatte die Angestellten verschiedener Pariser Umzugsfirmen verhört, ohne etwas über den Verbleib der Sammlung zu erfahren. Doch von einem seiner Spitzel, einem Mann namens Liénard, erhielt er den Hinweis, daß ein gewisser Jean Nériec 1940 beauftragt worden sei, die Sammlung an einen sicheren Ort zu bringen. Nériec konnte die Lage des Schlosses nur ungefähr beschreiben. Inzwischen hatte Liénard herausgefunden, wo sich die Familie Schloss versteckt hielt. Er stützte sich dabei auf die Erkenntnisse von Darquier und Jean-François Lefranc (der später zum Treuhänder und Liquidator der Sammlung Schloss ernannt wurde). Doch als er erfuhr, daß das Generalkommissariat für Judenfragen bereits den Aufenthalt einiger Familienmitglieder ermittelt hatte, bekam Liénard Skrupel. Er ließ einem Bekannten der Schloss-Familie, einem in Cannes wohnenden Mann namens Meyer, eine Warnung zukommen. Meyer schickte sofort einen anonymen Brief an Henri Schloss, einen der Söhne Adolphes, der die Warnung aber ignorierte.

Am 8. April 1943 wurde Henri Schloss vom Marseiller Kommando des Generalkommissariats in Nizza verhaftet. Die Durchsuchung seiner kleinen Villa in Saint-Jean-Cap-Ferrat, an der auch der Händler Jean-François Lefranc teilnahm, erbrachte nichts. Lefranc wußte bereits, daß die Sammlung irgendwo in Corrèze versteckt war, und preßte Henri den Namen des Schlosses ab. Lefranc wollte auch wissen, wo sich sein Bruder Lucien aufhielt. Henri sagte, er wisse es nicht. Im selben Moment kam der Postbote mit einem Telegramm von Lucien an Henri. Auf dem Umschlag stand der Absender, das Hotel Commerce in Lamastre, einem Ort im Departement Ardèche.

Damit Henri seine Familie nicht warnen konnte, ließ ihn Lefranc unter dem Vorwand weiterer Verhöre in Marseille festhalten. »Um Lucien Schloss macht euch keine Sorgen«, sagte er zu seinen Kollegen, »um den kümmern sich schon die Deutschen.« Dann verriet er den Deutschen den Aufenthalt von Lucien. Die fielen am nächsten Tag in Lamastre ein, wo sich Lucien Schloss mit seinem Bruder Raymond und seinem Schwager Dr. Prosper-Émile Weil aufhielt. Zufällig waren Raymond Schloss und Weil gerade auf einem Spaziergang und entgingen der Festnahme. Lucien Schloss wurde verhaftet. Am 10. April erhielten Lefranc und die Deutschen die Informationen, nach denen sie so lange gefahndet hatten. Lefranc ging mit einem Schreiben von Darquier de Pellepoix zum Vichy-Präfekten von Tulle. Er klärte ihn über den Verbleib der Sammlung Schloss auf und erhielt einen Durchsuchungs- und Beschlagnahmebefehl.

Die Sammlung im Schloß von Chambon war entdeckt. Auch moderne Werke aus der Sammlung Prosper-Émile Weils waren hier deponiert, darunter Bilder von Toulouse-Lautrec, Vuillard, Odilon Redon und Bonnard. Lefranc wollte sie unverzüglich auf eigene Faust nach Paris befördern, aber als Darquier von dem Fund erfuhr, telegraphierte er nach Vichy, um zu erwirken, daß der Präfekt von Tulle den Transport zum Pariser Generalkommissariat zwecks Identifikation und Bewertung der Bilder anordnete. Der Präfekt vermutete hinter diesen Machenschaften eine illegale Einmischung der Deutschen in die Belange der freien Zone und fragte beim Innenminister in Vichy an, ob er Darquiers Bitte erfüllen solle. Die Antwort lautete nein. Der Präfekt ließ darauf das Schloß unter Polizeibewachung stellen.

Inzwischen traf ein Schreiben vom Generalkommissariat für Judenfragen der nicht besetzten Zone ein. Diese Behörde lag im Konflikt mit Pellepoix vom Generalkommissariat der besetzten Zone, und in ihrem Schreiben riet sie in Anbetracht des Wertes der Sammlung davon ab, diese auf den weiten Weg nach Paris zu schicken. Da es sich um eine Beschlagnahme jüdischen Besitzes in der nicht besetzten Zone handele, solle die Sammlung nicht in Paris, sondern in Vichy begutachtet werden. In dem Schreiben wurde sogar die Versteigerung der Bilder in Vichy vorgeschlagen.

Lefranc reagierte mit dem Hinweis, daß nicht nur Göring, sondern auch der Regierungschef von Vichy, Pierre Laval, lebhaftes Interesse an der Sammlung bekundet habe. Er fuhr nach Paris, um weitere Anweisungen abzuwarten. Dort verbreitete er, daß er den Transport der Bilder nach Paris organisieren werde, daß die Deutschen alles haben wollten und er in dieser Angelegenheit für sie tätig sei – und er ließ keinen Zweifel daran, daß ihm ein ansehnlicher Lohn winke, wenn er die Sache im Sinne seiner Auftraggeber regele.

Kurz nach der Abreise von Lefranc – die Sammlung befand sich noch im Schloß von Chambon – fuhren dort ein Pkw und ein Lastwagen mit französischem Chauffeur vor. Niemand hatte mit diesem Besuch gerechnet. Aus dem Pkw ohne Kennzeichen stiegen Männer, die dem Verwalter Kennmarken der französischen Polizei vorwiesen. Sie waren bewaffnet und unterstanden dem Kommando eines »französischen Elsässers«, der mit starkem deutschen Akzent sprach. Im Schloß befand sich ein Mann namens Petit vom Büro des Generalkommissariats in Limoges, der zur Bewachung der Sammlung abgestellt war. Auch der Präfekt in Tulle hatte angewiesen, daß die Bilder nicht entfernt werden durften.

Als die »französischen Polizisten« Anstalten machten, die Bilder auf den Lkw zu laden, legte Petit Widerspruch ein, worauf sich der »Elsässer« als deutscher Polizeileutnant mit dem Namen Hess vorstellte. Die Franzosen unter seinem Kommando gehörten, wie sich später herausstellte, zur sogenannten Bonny-Laffont-Bande von der berüchtigten »Französischen Gestapo«, die ihren Sitz in der Pariser Rue Lauriston hatte. Diese von der Gestapo befehligte Bande von Kriminellen besorgte bei den meisten Operationen die Dreckarbeit. Der Lkw gehörte einem gewissen Charles Hubert Cazauba, Eigentümer der Bijou-Bar in Saint-Ouen. Offenkundig hatten die Deutschen es für nötig befunden, ihren Raub als französische Tat zu kaschieren – schließlich fand er in der unbesetzten Zone statt – und sich dazu der Bonny-Laffont-Bande bedient. Zustandegekommen war dieser Coup unter Mithilfe des Pariser Chefs des ERR, von Behr. Aber eingefädelt hatte ihn Lefranc mit seinem Doppelspiel.

Leutnant Hess ließ nun die Bilder auf den Lkw laden und erklärte Petit sowie den Vertretern der Jordaan-Bank, die sich ebenfalls im Schloß aufhielten, sie seien verhaftet. Mit Petit als Geisel fuhren Hess und die falschen Polizisten mit der Beute davon. Petits Leute benachrichtigten den Präfekten von Tulle, der Befehl gab, das Auto auf der Straße nach Masseret zu stoppen. Hess wiederum benachrichtigte die Gestapo in Limoges. Nun befanden sich Hess, der Stabschef des Präfekten von Tulle und der Polizeichef von Tulle auf dem Weg nach Limoges, und alle waren sie bemüht, die kostbare Ladung für sich zu erbeuten. Man einigte sich schließlich dahingehend, daß der Lkw von französischen Polizeiautos, deutschen Polizeiautos und Fahrzeugen der regionalen Gendarmerie eskortiert wurde, und daß der Konvoi, bewacht von der paramilitärischen

Vichy-Miliz, das Polizeipräsidium von Limoges ansteuerte. Der Lkw-Fahrer und die Miliz gaben jedoch vor, nicht zu wissen, wo sich das Präsidium befand, und verkündeten, daß sie den deutschen Fahrzeugen folgen würden. Statt die Strecke einzuhalten, die ihnen der Stabschef des Präfekten angewiesen hatte, fuhren sie zu einem von deutschen Soldaten besetzten Haus und stellten den Lkw auf dem Hof ab. Hier endeten die Befugnisse der Franzosen. Am nächsten Morgen fuhr der Lkw zu einem nahegelegenen Wehrmachtsstützpunkt. Drei Tage später tauchte der Fahrer wieder auf. Sein Lkw war leer, und er erklärte, die Ladung befinde sich in der Banque de France in Limoges. Am 10. August 1943 schließlich gelangten die Kisten der Sammlung Schloss zurück nach Paris – befördert ausgerechnet von jenem Jean Nériec, der sie drei Jahre zuvor nach Chambon geschafft hatte.

Am Abend zuvor hatte der Präfekt von Limoges einen Anruf eines Monsieur Guéraud aus dem Stab des Regierungschefs Laval erhalten, der ihn anwies, die Kisten zum Transport nach Paris freizugeben. Der Befehl stammte vom Kultusminister der Vichy-Regierung, Abel Bonnard. Mit demselben Befehl wurde Lefranc als Treuhänder der Sammlung eingesetzt. In Paris eingetroffen, wurde sie im Tresor des Generalkommissariats verstaut, das sich in der Rue de la Banque befand. Vor der Besetzung war es der Sitz der Dreyfus-Bank gewesen.[1]

Am selben Tag erfuhr Jacques Jaujard, der Generaldirektor der Staatlichen Museen, von der Beschlagnahme der Sammlung Schloss und pochte auf das Vorkaufsrecht der Museumsbehörde, um einen Abtransport der Bilder durch die Nazis zu verhindern. René Huyghe, Kurator des Louvre für die Abteilung Malerei und Plastik, kam mit Germain Bazin, dem Depotchef von Sourches, in die Rue de la Banque, um die schützenswerten Bilder auszuwählen. Im Beisein von Darquier de Pellepoix, einem deutschen Museumsfachmann und anderen Experten wurden die im Tresor befindlichen Bilder begutachtet. Huyghe und Bazin wählten neunundvierzig von ihnen aus und schätzten ihren Gesamtwert auf etwa 12 Millionen Mark heutiger Währung. Ihre Auswahl enthielt unter anderem Jan Bruegels *Insel der Seligen*, mehrere Bilder von

Adriaen Brouwer, die *Pietà* von Petrus Christus, eine damals Rembrandt zugeschriebene *Landschaft mit Schwänen* und *Das Bildnis des Clément Marot* von Corneille de Lyon. Als die ausgewählten Bilder später dem Beratungsgremium des Louvre vorgeführt wurden, machte eines der Mitglieder, der Dichter Paul Valéry, wie Bazin später berichtete, ihm gegenüber den sarkastischen Einwand, er habe »grundsätzlich etwas dagegen, daß soviel Geld für zweitrangige Kunst« ausgegeben werde.[2] Dennoch kaufte der Louvre die Bilder vom Generalkommissariat, und sie wurden abgeholt, um fotografiert und examiniert zu werden. Die drei Jahre Aufenthalt im Schloß hatten ihnen nicht gutgetan, sie waren mit einer stumpfen Schmutzschicht bedeckt. Zudem war das Licht im Tresor der Bank sehr trüb. Dies könnte dazu beigetragen haben, daß die Deutschen, die ihre Auswahl nach den Franzosen trafen, nur 260 Bilder mitnahmen.[3]

Göring hatte die Vorgänge um die Sammlung Schloss aufmerksam verfolgt, da er einen Teil der Beute für sich haben wollte. Doch wieder mußte er Hitler den Vortritt lassen. Im Jahr 1943 hatte der Reichsmarschall einiges von seiner vormaligen Machtstellung eingebüßt. Einen offenen Konflikt mit Hitler konnte er nicht mehr riskieren. Eine weitere Komplikation aus seiner Sicht war es, daß die Beute diesmal ins Ressort der deutschen Botschaft fiel, da direkte Verhandlungen mit der Vichy-Regierung nötig waren. Die Botschaft wickelte diese Verhandlungen über den Konsul General Gerhardt mit dem Kultusminister Abel Bonnard ab. Zudem war Dr. Erhard Göpel, Sonderbeauftragter für das Linzer Museumsprojekt, mit der Prüfung der Bilder beauftragt worden, und auch die Anwesenheit des ERR-Direktors Bruno Lohse hatten sich die Deutschen für diese Prüfung erbeten. Die ausgewählten Gemälde schickten sie ins Jeu de Paume, wo bereits andere hochrangige Beutekunst lagerte. Was im Tresor zurückblieb, etwa zwanzig Gemälde, durfte Lefranc als Lohn für seine Mühe behalten. Lefranc bemächtigte sich auch der Sammlung moderner Malerei des Dr. Prosper-Émile Weil und beauftragte den belgischen Kunsthändler Raphael Gérard damit, sie auf dem Pariser Kunstmarkt zu verkaufen.

DRITTER TEIL

Kunst zu verkaufen

9
Die Besucher des Jeu de Paume

Erbaut in der zweiten Hälfte des 19. Jahrhunderts unter Napoleon III. als Hof für das »Jeu de Paume« (»Hof-Tennis«), diente das Gebäude in den Tuilerien, das heute als Galérie Nationale du Jeu de Paume bekannt ist, in den dreißiger Jahren als »Museum der Ausländischen Gegenwartskunst«. Im Erdgeschoß zeigte das kleine Museum eine Sammlung von Bildern »mit Traditionsbezug«, während sich die Werke ausländischer, in Paris lebender Künstler – unter anderen Picasso, Modigliani, Gris, Chagall, van Dongen und Zadkine – im Obergeschoß befanden.

Im Juli 1937 zeigte das Museum eine Ausstellung mit dem Titel *Ursprünge und Entwicklung der internationalen freien Künste*, die sicher nicht dem Geschmack der Nazis entsprach. Sie fand nur wenige Monate nach der Propagandaschau *Entartete Kunst* in München statt, und sie präsentierte ein breites Spektrum moderner Kunst. Einige der Maler, die in München als »entartet« verdammt wurden, kamen hier zu besonderen Ehren. Gemälde von Degas, Renoir, Cézanne, Seurat, van Gogh und Henri Rousseau hingen Seite an Seite mit Arbeiten von Matisse, Picasso, Braque, Max Ernst, Dalí, Tanguy, Miró, Klee und Kandinsky.

Die letzte große Ausstellung des Jeu de Paume vor Kriegsausbruch war ebenfalls innovativ: *Drei Jahrhunderte Kunst der Vereinigten Staaten*. Im Juli 1938 gemeinsam mit dem damals neugegründeten New Yorker Museum of Modern Art organisiert, vermittelte sie erstmals einen umfassenden Überblick über die amerikanische Kunst von Gemälden James Whistlers und Winslow Homers bis zu Photogrammen von Man Ray und Plastiken von Alexander Calder. Insgesamt wurden 380 Werke gezeigt.

Die Ausstellung war die erste interdisziplinäre Kunstschau in der französischen Hauptstadt und machte die bisher kaum beachteten amerikanischen Fotografen Berenice Abbott, Alfred Stieglitz und Edward Steichen bekannt. Die Besucher konnten auch einige der besten Filme der zwanziger und dreißiger Jahre von bzw. mit D.W. Griffith, Charlie Chaplin, Buster Keaton und Erich von Stroheim bewundern.

Unter deutscher Besatzung wurde das Jeu de Paume einer gänzlich anderen Verwendung zugeführt. Ab Ende Oktober 1940 diente der ehemalige Ort der freien Künste und der Avantgarde dem ERR als Depot.

Nach dem Einmarsch im Sommer 1940 hatten die Nazis sich im Gebäude der deutschen Botschaft und in drei Parterre-Räumen des Louvre Platz geschaffen, um die erbeuteten Kunstwerke zu erfassen und zu selektieren. Doch nachdem Alfred Rosenbergs Einsatzstab und Göring im Kompetenzgerangel mit Außenminister Ribbentrop und Botschafter Abetz die Oberhand gewonnen hatten und die Zahl der beschlagnahmten Kunstwerke von Tag zu Tag wuchs, brauchte der ERR einen gesonderten Ort, an dem er den organisierten Kunstraub ohne jedes Aufsehen abwickeln konnte.

Das kleine Museum, gelegen auf einer künstlichen Terrasse mit Blick auf den Place de la Concorde, wahrte diskreten Abstand zur Straße und zu den Hauptwegen der Tuilerien und bot zudem zwei weitere Vorteile: Erstens konnte es direkt und ohne Aufsehen über den Place de la Concorde von Lastwagen erreicht werden, zweitens eigneten sich die großen und gleichmäßig geschnittenen Räume hervorragend für die Lagerung und Auswahl Tausender beschlagnahmter Bilder aus dem gesamten französischen Besatzungsgebiet.

Die Verwaltung der Staatlichen Museen Frankreichs hatte im Bemühen, den Überblick über die deutschen Raubzüge zu behalten und nach Möglichkeit einzudämmen, um eine Liste aller beschlagnahmten Kunstgüter gebeten, und anfangs gingen die Deutschen auf diese Forderung ein. Doch bald ignorierten sie die Vereinbarung, und die französische Museumsverwaltung mußte andere Wege finden, sich zu informieren. Rose Valland, der Kuratorin des Jeu de Paume, gelang es, ein französisches »Parallelverzeichnis« zu erstellen, denn sie war eine der wenigen Franzosen, die während der Besetzung weiter im Jeu de Paume arbeiteten. Tatsächlich gelang es ihr, die Aktivitäten der Deutschen zu beobachten und wertvolle Informationen zusammenzutragen. Heimlich fertigte sie Kopien von den deutschen Inventarverzeichnissen und Werkfotografien an und hielt fest, wohin die Beutekunst verschickt wurde.[1]

Schon bald nach dem Einzug der Deutschen im Jeu de Paume wurden mehr als vierhundert Kisten in den großen Räumen neben dem Haupteingang aufgestapelt und ausgepackt. Die darin enthaltenen, von den Nazis geraubten Bilder, Plastiken, Gobelins waren Gegenstand der ersten Inventarlisten. Im rückwärtigen Teil des Gebäudes, ironischerweise im sogenannten »Saal der Märtyrer«, lagerten die Nazis die Kunstwerke, die sie als »entartet« betrachteten: Bilder von Picasso, Léger, Chagall, Max Ernst. Die meisten von ihnen wurden entweder verkauft oder gegen andere Werke getauscht.

Nazi-Bürokraten, deutsche Kunsthändler und französische Angestellte arbeiteten Seite an Seite, um die erbeuteten Werke zu katalogisieren und zu bewerten. Paris galt als größter Kunstmarkt der Welt, und viele bedeutende Sammler waren Juden, und so war die Zahl der zu erfassenden Beutestücke gewaltig und erforderte einen hohen Organisationsaufwand. Die beschlagnahmten Güter wurden erst in eines der vielen Lagerhäuser gebracht, dann ins Jeu de Paume weitergeleitet, wo sie einer Art Selektion unterzogen wurden. Sie wurden nach Qualität und Verwertbarkeit sortiert und entweder nach Deutschland versandt oder zum Verkauf vorgesehen. Zwischen dem Herbst 1940 und Frühjahr 1941 war der Zustrom an Kunstwerken so groß, daß sich der ERR mit seinen sechzig Leuten überfordert sah. Es waren die Monate, in denen die größten beschlagnahmten Kunstsammlungen eintrafen, unter ihnen die Rosenberg- und die Rothschild-Sammlung. (Die Sammlung Schloss wurde erst 1943 erbeutet.) Im Frühjahr 1941 waren die meisten Objekte inventarisiert und nach Deutschland verfrachtet, was dem Organisationstalent des ERR ein beredtes Zeugnis ausstellt. Die Hinweise auf zu beschlagnahmende Kunstwerke stammten vom deutschen Sicherheitsdienst und von der französischen Polizei, die ein gut ausgebautes Netz französischer und deutscher Spitzel unterhielt. Die erste Lieferung ging im Februar 1941 nach Deutschland. Im März setzte sich ein weiterer Transport von Paris nach Neuschwanstein in Bewegung, wo Teile der Sammlungen Rothschild, Bernheim-Jeune und David-Weill untergebracht wurden. Der ERR forderte zu diesem Zweck etwa zwanzig (geheizte) Personenwagen der Ersten Klasse an – ein Hinweis darauf, welchen Wert sie ihrer Beute zumaßen.

Am 20. März 1941, nach der Ankunft des Transports auf Neuschwanstein, schrieb Reichsleiter Rosenberg seinen »Bericht an den Führer«: »Ich freue mich, Ihnen mitteilen zu können, daß die Hauptsendung herrenloser jüdischer Kulturgüter, die von meinem Einsatzstab in Paris in Verwahrung genommen wurden, eingetroffen ist ... Der Sonderzug, den uns Reichsmarschall Hermann Göring zur Verfügung gestellt hat, enthielt Gemälde, Mobiliar, Gobelins, Kunstgegenstände und Schmuck von höchstem Wert.« Fast beiläufig nennt der Bericht dann die Namen der Geplünderten: Halphen, Kann, Weil-Picard, Wildenstein, Lévy-Benzion und andere in diesem Buch erwähnte. Der Reichsleiter brüstete sich mit den Leistungen des ERR: »Die Kunsthistoriker meines Einsatzstabs haben ein wissenschaftliches Inventarverzeichnis aller Kunstwerke aufgestellt, von denen jedes einzelne fotografiert wurde ... und ich werde bald in der Lage sein, Ihnen eine vollständige Liste aller beschlagnahmten Werke zukommen zu lassen.«[2]

So effizient der ERR arbeitete, seine Führung war doch nicht ohne Schwächen. Oberst Baron Kurt von Behr, Leiter des ERR in Frankreich, ließ manche Unregelmäßigkeit durchgehen. Rose Valland beschrieb ihn wie folgt: »Sein Hut überschattete ein wenig sein Gesicht, und das hatte den Vorteil, daß seine etwas wäßrigen Augen verdeckt blieben. Er war nicht ohne Charme und sprach recht gut französisch.«[3]

Von seiner Mannschaft wurde von Behr nicht sonderlich geschätzt. Er hatte den Ruf eines Amateurs, der Kompetenz durch Eifer ersetzte. Den Kunsthistorikern, die unter seinem Befehl arbeiteten, muß seine Unwissenheit grenzenlos erschienen sein. Alles in allem war von Behr kaum mehr als ein Lebemann, der sich mit seinen Empfängen bei der Pariser

Besatzerhierarchie einschmeichelte, um Vorteile für seine Organisation herauszuschlagen.

Die Hauptaufgabe des ERR, die Beschlagnahme von Kunstgütern, wurde sowohl systematisch als auch chaotisch betrieben. Die für die Organisation tätigen Kunsthistoriker waren pflichteifrige Untergebene, die sich darüber beschwerten, daß ihnen keine idealen Arbeitsbedingungen zur Verfügung standen. Sie beklagten, daß der ERR unterbesetzt sei und daß sie ihre Arbeit ohne angemessene Referenzbibliothek bewältigen müßten. Bei dem geforderten Arbeitstempo, so erklärten sie von Behr, seien Fehler unter diesen Umständen unvermeidlich. Oft würden sie aus dem Katalogisieren und Vermessen herausgerissen, wenn Lastwagen voller neuer Kunstgüter einträfen und die Lieferanten nur angeben könnten: »Das kommt von den Rothschilds« oder, typischer noch: »Das kommt aus der Avenue du Bois.« Die Lieferanten, meist jedesmal andere Leute, würden ihre Fracht im erstbesten Raum abladen und dann verschwinden. Selbst später, als von Behr von seinem Posten abberufen werden sollte, der ERR vollständig reorganisiert und ein neues Inventarverzeichnis erstellt war, blieb es oft im ungewissen, woher die beschlagnahmten Werke stammten. Die Spezialisten des ERR konnten nur den Vermerk »Herkunft unbekannt« anbringen.[4]

Von Behrs rechte Hand war ein junger Kunsthistoriker namens Bruno Lohse. Als Fachmann für holländische Malerei des 17. Jahrhunderts war Lohse damit beauftragt worden, die beschlagnahmte Sammlung von Alphonse Kann zu inventarisieren.

Diese außergewöhnliche Sammlung, eine ausgewogene Mischung aus alten Meistern und neueren bis modernen Gemälden und Plastiken, aus mittelalterlichen und Renaissance-Gobelins, orientalischen Kunstgegenständen und kostbaren Handschriften, war in Kanns Stadthaus in Saint-Germain-en-Laye im Westen von Paris beschlagnahmt worden. Das Verzeichnis des ERR, das wegen Arbeitsüberlastung verspätet fertiggestellt wurde, erfaßte 1202 Objekte. Diese einzigartige Sammlung wurde durch die Verkäufe und Tauschgeschäfte der Nazis auseinandergerissen und in alle Winde zerstreut.

Zur Kann-Sammlung gehörten mehr als zwanzig Picassos, darunter ein *Harlekin* von 1915, zahlreiche Braques, Klees, Matisses, Massons, Cézannes und eines der kostbarsten Porträts von Degas (*Madame Camus am Klavier*; Abb. C10), mehrere Courbets, Manets, Renoirs, italienische Meister des 15. und 16. Jahrhunderts und französische Gemälde des 18. Jahrhunderts. Obwohl das meiste nicht dem Geschmack der Nazis entsprach, sah Göring in der Sammlung eine wertvolle Quelle für leichtverkäufliche Ware, die sich gut gegen begehrtere Bilder eintauschen ließ.

Alphonse Kann, geboren 1870, hatte das Land bereits vor der Besetzung verlassen. Der hochgebildete und elegante Kunstkenner war eine Schlüsselfigur der Pariser Kunstszene, schwierig und zuweilen jähzornig im Umgang, aber geachtet und bewundert wegen seines sicheren Blicks und exquisiten Geschmacks. In seinem Stadthaus plazierte er einen Matisse neben einem gotischen Gobelin, präkolumbische Kunst Seite an Seite mit mittelalterlichen oder Renaissance-Skulpturen, oder er hängte einen Bonnard neben alte chinesische Bronzen.

Es hieß, der Name Kann verkörpere »das Schickste vom Schicksten«. Marcel Proust, der seinem Charles Swann einige Charakterzüge Kanns verlieh, verehrte Kann seit ihren gemeinsamen Kindertagen auf den Champs-Élysées.

1927 hatte Kann etwas getan, was für einen Sammler klassischer Kunst zu jener Zeit undenkbar war: Er hatte den größeren Teil seiner alten Meister in New York versteigern lassen – Bilder von Tintoretto, Bruegel, Rubens, Fragonard und bedeutende Italiener des 13. und 14. Jahrhunderts wie Cimabue und Pollaiuolo –, um Platz für moderne Gemälde zu schaffen. Kanns ungewöhnliche Entscheidung war verhängnisvoll, weil Lohse und der ERR für die modernen Werke keine Verwertung hatten und die kostbare Sammlung deshalb auflösten.

Lohse gewöhnte sich schnell an das Durcheinander, das beim ERR herrschte. Er half von Behr, die deutschen Beschlagnahmen zu organisieren und mit den französischen Behörden zu regeln, gleichzeitig behielt er Görings Interessen im Auge. Am 10. September 1941 beispielsweise trafen sich von Behr und Lohse mit Darquier de Pellepoix, dem

»Generalkommissar für Judenfragen«, und dem Kunsthändler Jean-François Lefranc, der 1943 den Raub der Sammlung Schloss einfädelte. Die Franzosen boten den Deutschen an, Hinweise auf versteckte jüdische Sammlungen zu liefern; gegen eine Provision von 25 Prozent, die der französischen Regierung zustünde. Lefranc gab sich als Darquiers »Attaché« und als »künstlerischer Berater« des Schweizer Sammlers Oskar Reinhardt aus. Von Behr und Lohse waren so angetan von dem Vorschlag, daß Lohse in einem Brief an Görings Dienststelle empfahl, umgehend einen Vertrag mit Lefranc zu schließen. »Schließlich verraten diese Franzosen ihr eigenes Land«, schrieb er, »und Verräter muß man bezahlen.«[5]

Von Behr hatte mittlerweile den deutschen Kunsthistoriker Dr. Eggemann, der für den ERR arbeitete, ins Maxim zum Essen eingeladen. Im Restaurant wurde der Kunstgelehrte mit Darquier de Pellepoix bekannt gemacht, dann redeten die drei Männer über die berühmte Sammlung Schloss, von der sich noch keine Spur gefunden hatte. Dies war der Beginn der deutsch-französischen Zusammenarbeit zwischen dem ERR und dem Generalkommissariat, die schließlich zur Entdeckung der Sammlung Schloss führte.[6]

Bei einer Bilderpräsentation im Jeu de Paume wurde Lohse Reichsmarschall Göring vorgestellt, der den jungen Kunsthistoriker auf die Jagd nach Trophäen für Karinhall schickte. Mit Eifer machte sich Lohse an die Arbeit. Göring sicherte ihm Vergünstigungen zu, Empfehlungsschreiben, die ihm praktisch jede Tür öffnen würden. Unterstützt von dem Kunsthistoriker Gunther Schiedlausky, organisierte Lohse exklusive Bilderschauen für Göring. Das war keine kleine Aufgabe: Zwischen November 1940 und Dezember 1941 bauten Lohse und Schiedlausky nicht weniger als zehn Präsentationen auf.

Görings Besuche in Paris waren gewöhnlich kurz, und nichts durfte dem Zufall überlassen bleiben. Die Bilder wurden vor seiner Ankunft sorgfältig ausgesucht; der Privatkurator der Göring-Sammlung, Hofer, kam manchmal nach Paris, um seine persönliche Vorauswahl zu treffen. Er ging zu Auktionen, dann ins Jeu de Paume, wo er die Neueingänge besichtigte. In einem Brief vom 26. September 1941 beschrieb Hofer seinem Dienstherrn die Entdeckungen, die er im Jeu de Paume gemacht hatte. Es handelte sich vor allem um Bilder aus der Sammlung Rosenberg, die drei Wochen zuvor aus dem Banktresor in Libourne geholt worden und schon für den Reichsmarschall bereitgehängt waren: »Sammlung des Juden Paul Rosenberg, Paris. Ich habe für Sie ausgesucht und bei Herrn v. Behr reservieren lassen: 2 Ingres Zeichnungen, 7 Bilder und 1 Zeichnung von Corot, 1 Aquarell von Daumier, 3 Bilder von Courbet, 1 Bild von Pissaro, 4 Pastelle und 1 Bild von Degas, 1 Bild von Manet, 5 Bilder von Sisley, 3 Aquarelle von Cezanne, 4 Bilder von Monet, 3 Zeichnungen und 5 Bilder von Renoir, 1 Bild von van Gogh, 1 Bild und 1 Zeichnung von Seurat und 1 Bild von Toulouse-Lautrec. Alles ganz hervorragende Qualitäten, die (...) sehr sehr billig sind und sich zum Tausch vorzüglich eignen. Ich bringe Ihnen außer Haberstock noch sehr willige Abnehmer dafür!!! (...) Die restlichen Bilder aus dem Besitz des Juden Rosenberg überließ ich dem Einsatzstab Rosenberg. Es sind dies in der Hauptsache entartete Kunst und Bilder des 19. Jahrhunderts, die sich zum Tausch m.E. nicht eignen.«

Bei den Bildern ohne Tauschwert handelte es sich um Gemälde von Picasso, Matisse und anderen Modernen. Nachdem er Göring die Sammlung des »Juden Seligmann« (womit Rosenberg gemeint war) ausführlich beschrieben hatte, kam Hofer auf die Bildersammlung von Braque zu sprechen, die ebenfalls in Libourne beschlagnahmt worden war: »Braque ist Arier, lebt in Paris als Maler. Seine durch das Devisenschutz-Kommando in Bordeaux gesicherte Sammlung muß also wieder frei gegeben werden. Ich verhandelte mit ihm persönlich wegen seines *Mädchenbildes* von Cranach und stellte ihm baldige Freigabe seiner Sammlung in Aussicht, wenn er sich zum Verkauf des Cranach entschließt!!! Er reservierte mir das Bild, das er eigentlich nie verkaufen wollte und gibt mir bei meinem nächsten Pariser Aufenthalt seinen Entschluß bekannt. Seine sonstigen Bilder sind für uns uninteressant.«

Hofer hatte schon andere Sammlungen im Blick. Im selben Brief an Göring heißt es weiter: »Ich besichtigte die von Ihnen noch nicht gesehenen Bilder der Baronin Alexandrine R. [Rothschild], die das Devisenschutz-Kommando gesichert hat. Das war eine wirkliche Sensation! Es sind 25 Bilder von allerhöchster Qualität und größter Wichtigkeit, darunter ein zauberhaftes ›Bild der Infantin Margarete‹ von Velasquez [sic], das Sie unbedingt für Ihre Sammlung erwerben müssen. Eine solche auserlesene Qualität bei völlig tadelloser Erhaltung werden Sie von Velasquez nie wieder bekommen. Das Bild stellt eine wunderbare Ergänzung Ihrer Sammlung dar, in der dieser vielleicht größte Maler noch nicht vertreten ist. (...) Zu dieser Sammlung gehört auch der umfangreiche moderne Familienschmuck, der natürlich gleichfallls unter Verschluß bleibt, bis Sie darüber entschieden haben.«[7]

Hofer ließ keine Chance aus, sich Göring als Händler und Vermittler anzudienen. Er beschleunigte die Bearbeitung der Bilder, die der Reichsmarschall für sich bestimmt hatte, und nutzte die »entarteten« Bilder der Sammlung Rosenberg, um den Velázquez zu kaufen. Nach dem Krieg stellte sich heraus, daß das bewunderte Bild nur eine Kopie war.

Den Agenten Görings und den wachsamen Männern des ERR entging kaum etwas – auch die Gemälde nicht, die europäische Juden vor Kriegsausbruch nach Paris geschickt hatten, um sie vor dem Zugriff der Nazis zu retten. Der deutsch-niederländische Bankier Friedrich Gutmann wurde in Frankreich um einige seiner wertvollsten Gemälde gebracht. Der bekannte Sammler, der mit Frau und zwei Kindern bei Den Haag lebte, war der jüngste Sohn des Gründers der Dresdner Bank. Seine Eltern hatten zur Spitze der Berliner Gesellschaft und Hochfinanz gehört und beste Beziehungen zur europäischen Bourgeoisie und Aristokratie unterhalten. Gutmann hatte zwei Schwestern, eine war mit Lucca Orsini Baroni verheiratet, dem italienischen Botschafter in Paris, die andere mit Baron von Essen, dem schwedischen Botschafter. Seine Nichte war die Ehefrau des Familienoberhaupts der deutschen Rothschilds.

Der Familie Gutmann gehörte eine Sammlung von Gold- und Silbergegenständen der Renaissance. Zu den wertvollsten Stücken neben

Schmuck und Bronzen zählte ein kostbarer Becher des Nürnberger Renaissance-Goldschmieds Jamnitzer. Gutmann und seine Frau, eine geborene Louise von Landau, besaßen zudem eine Sammlung alter Meister und anderer bedeutender Gemälde: das *Jünglingsporträt* von Botticelli, *Herkules und der Löwe* von Cranach, die *Thronende Madonna mit Kind* von Memling, eine Landschaft von van Goyen und das kleine *Männerbildnis* von Dosso Dossi. In den späten zwanziger Jahren ergänzte Gutmann seine Sammlung um drei Bilder, die damals als modern galten: *Landschaft mit Schornsteinen*, eine Pastellzeichnung auf einer Monotypie von Degas (Abb. C8), *Sich abtrocknende Frau*, ein weiteres Pastell von Degas, und *Blühender Apfelbaum* von Renoir. Diese drei Bilder schmückten den Salon der Frau Gutmann im Erdgeschoß ihres Hauses.

Als Gutmann 1939 den Krieg kommen sah, behielt er einen Teil seiner Sammlung, einen anderen verkaufte er, einige Stücke schickte er nach New York, und etwa dreißig Gemälde, Plastiken und Kunstgegenstände vertraute er der Pariser Kunstfirma Paul Graupe et Cie. am Place Vendôme 18 an. Als die Deutschen Paris besetzten, hatte die Firma die Mehrzahl der Gutmann-Gemälde bei ihrer Spedition Wacker-Bondy am Boulevard Raspail eingelagert.

Gutmann glaubte bei Kriegsausbruch noch, seine Sammlung sei in Frankreich gut aufgehoben, doch da der Fortgang des Krieges ungewiß war, schrieb er an seine in Florenz lebende Tochter, daß die Firma Paul Graupe in Paris zahlreiche wertvolle Stücke verwahre.

Nach der Besetzung Hollands wurde Gutmann sehr bald von Hofer heimgesucht, der ihn zwang, Silberwaren und Bronzen aus seinem Familienbesitz an Göring zu verkaufen. In Frankreich waren die am Place Vendôme befindlichen Werke der Gutmann-Sammlung bereits im Juli 1940 beschlagnahmt worden. Anfang 1941 gelang es dem deutschen Kunsthändler Karl Haberstock, der eng mit den Nazis zusammenarbeitete, Fritz Gutmann einen Brief abzupressen, in dem Haberstock ermächtigt wurde, die bei Wacker-Bondy lagernden Gemälde in Besitz zu nehmen. Neben sechs anderen Gemälden erbeutete Haberstock auch den Cranach und den Memling.

Um den Jahreswechsel 1942/43 schließlich besuchte auch der ERR die Firma Wacker-Bondy auf dem Boulevard Raspail, holte die letzten verbliebenen Gemälde der Gutmann-Sammlung ab und erfaßte sie unter den Initialen MUIR (deren Bedeutung ungeklärt ist) in einer Bestandsliste. Die Bilder von Degas und Renoir, für den Geschmack der Nazis zu modern, wurden zum Tausch oder Verkauf bestimmt. Das kleine Gemälde von Dosso Dossi hingegen schmückte ab November 1942 Görings Sammlung in Karinhall.

Göring war zwar der ranghöchste Besucher des Jeu de Paume, aber keineswegs der einzige. Scharen von französischen und deutschen Kunsthändlern erkannten schnell, welche prächtigen Geschäfte sich mit den Riesenvorräten an gestohlenen Bildern machen ließen. Ein regelmäßiger Kunde war Gustav Rochlitz, der seine Galerie in der Rue Rivoli 222 unweit des Jeu de Paume hatte. Von den achtundzwanzig aktenkundigen Tauschgeschäften, die während der Besetzung im Jeu de Paume abgewickelt wurden, organisierte Rochlitz achtzehn. Zwei große Tauschaktionen fädelte Adolf Wüster, der Kulturattaché der deutschen Botschaft ein, zwei der Kunsthändler Max Stoecklin und eine die Münchener Galerie Maria Dietrich. Weitere Tauschgeschäfte wurden von Schweizer Händlern organisiert.

Rochlitz war der treueste Kunde des Jeu de Paume. Er lebte seit 1933 in Paris und unterhielt vielfältige Beziehungen zur Kunstwelt. Im September 1939 wurde er wegen seiner deutschen Staatsbürgerschaft verhaftet. Nach dem deutschen Einmarsch entlassen, zog er sehr bald Vorteile aus dem deutschen Hunger nach hochwertiger Kunst und benutzte die deutsche Botschaft als Börse. Seine Zusammenarbeit mit Lohse und dem ERR begann Anfang 1941. Lohse kaufte ihm sechs Gemälde für Göring ab, und Rochlitz erhielt in der Folge ein Visum für die freie Zone, so daß er seine Geschäfte auf ganz Frankreich ausdehnen konnte. Solche Vergünstigungen gewährte Göring nicht ohne Gegenleistungen. Rochlitz mußte dem Reichsmarschall eine Option auf jedes Kunstwerk einräumen, das ihm in die Hände fiel. Im Frühjahr 1941 wurde die Partnerschaft noch intensiver. Rochlitz hatte gehört, daß Göring einen einwöchigen Aufenthalt in Paris plante, und bot an, für ihn ein Tizian zugeschriebenes Männerporträt und ein Stilleben des Holländers Jan Weenix zu erwerben. Lohse nahm beide Werke in die für Göring vorbereitete Präsentation auf. Göring, der möglichst nie bezahlte, schlug einen Tausch vor – dieses Angebot könnte jedoch auch von Rochlitz gestammt haben. Für den Tizian und den Weenix erhielt Rochlitz elf moderne Gemälde, darunter einen sehr bedeutenden Degas, einen Braque und einen Cézanne aus der Sammlung Kann, einen Corot, drei Matisse-Bilder und zwei Picassos aus der Sammlung Rosenberg. Nach dem Krieg behauptete Rochlitz bei seiner Vernehmung, er habe die Bilder nicht bekommen, die Nazis hätten sie vernichtet. Aus den achtzehn Tauschgeschäften, in die er verwickelt war, bezog Rochlitz nicht weniger als zweiundachtzig Gemälde. Er brachte sich gerade zu dem Zeitpunkt ins Spiel, als die Welle der Plünderungen auf dem Höhepunkt war und der ERR Hunderte von »entarteten« Gemälden loswerden wollte.

Während seiner langen Zusammenarbeit mit dem ERR stieß Rochlitz eine Reihe seiner Erwerbungen bei Sammlern und Händlern in Paris und auch anderswo in Europa ab. Die Tauschbeziehung erwies sich als äußerst vorteilhaft für ihn. Dank dem Umstand, daß die Nazis die moderne Kunst nur verachteten und ihren Wert nicht ermessen konnten, gelangte er in den Besitz erstklassiger Gemälde, die sich gut verkaufen ließen.

Am 2. Februar 1942 zum Beispiel lieferte Rochlitz eine *Anbetung der Könige* von einem unbekannten flämischen Maler des 16. Jahrhunderts. Als Gegenwert erhielt er acht moderne Gemälde, darunter ein Stilleben von Picasso, zwei Matisse-Bilder und einen Braque, die alle der unerschöpflichen Sammlung Kann entstammten, einen Pissarro mit dem Titel *Ländliche Szene* aus dem Jahr 1887 aus der geplünderten Sammlung Meyer, der bis heute verschollen ist, schließlich einen Léger, der als *Ritter in Rüstung* (105 x 82 cm) verzeichnet wurde und wahrscheinlich aus der Sammlung Léonce Rosenbergs, des Bruders von Paul Rosenberg, kam. In ihrem Unverständnis für moderne Kunst begingen die Deutschen bei der Identifikation dieses Bildes wahrscheinlich einen Fehler, denn es gibt kein Léger-Bild dieser Art und Größe, das sich jener Benennung zuordnen ließe.

Ein paar Monate später, am 21. Mai 1942, erhielt Rochlitz drei Gemälde von Matisse, alle aus dem Jahr 1937 und alle aus der Sammlung Rosenberg: *Sitzende in blauem Kleid*, *Sitzende in weißer Bluse und roter Jacke* und *Ruhende mit Stilleben aus Blüten und Früchten*. Dazu ein Gemälde von Corot, betitelt *Landschaft mit Gehölz*. Diese erhielt er im Austausch gegen zwei Stilleben – eins von van Schooten und eins von Peter Klaes, die beide in den Berliner Reichstag gelangten und dort zugrunde gingen. Martin Bormann persönlich genehmigte den Tausch. Rochlitz gestand später, die *Sitzende in blauem Kleid* (in Libourne beschlagnahmt) an den Pariser Händler Pétridès und die *Sitzende in weißer Bluse und roter Jacke* an einen Händler namens Isidore Rosner verkauft zu haben.

Ein weiterer Tausch fand am 24. Juli 1942 statt. Rochlitz hatte sich in den Besitz von Gauguins *Gelber Christus* und zwei Matisse-Bildern aus der Sammlung Rosenberg gebracht, für die er ein der Fontainebleau-Schule zugeschriebenes Gemälde mit der Bezeichnung *Drei Grazien* lieferte. Eins der Matisse-Bilder verkaufte er an Rosner. Den Gauguin und den anderen Matisse erklärte er nach dem Krieg für verschwunden. Von den zweiundachtzig Gemälden, die er aus dem Jeu de Paume erhalten hatte, verkaufte Rochlitz sieben an Pétridès, elf an Isidore Rosner und sechs an seinen Komplizen Hans Wendland in der Schweiz.

Eine andere Kundin, die dem Jeu de Paume sehr willkommen war, obwohl sie dort nie persönlich vorsprach, war Maria Dietrich, eine Freundin Eva Brauns, die als Kunsthändlerin für Hitler tätig war. Maria Dietrich genoß in Kunstkreisen den Ruf hoffnungsloser Inkompetenz. Viele der Gemälde, die sie als Meisterwerke pries, entpuppten sich als Fälschungen. Doch hielt sie dies nicht davon ab, Bilder für Hitlers Museumsprojekt und für ihre Münchener Kundschaft aufzukaufen. Lohse besuchte sie einmal in ihrer Galerie und zeigte ihr Fotos von frischen Beutestücken. Eins davon war Pissarros *Hafen von Honfleur im Regen*. Die

Dietrich war sofort bereit, ihm dafür zwei frankoportugiesische Tafelgemälde aus dem 16. Jahrhundert zu liefern.

Aber nicht nur die Deutschen profitierten von den beschlagnahmten Kunstwerken im Jeu de Paume. Auch französische Bürger, die einfach ein Schnäppchen machen wollten, bedienten sich aus den Vorräten. Zum Beispiel berichteten zwei Angestellte des ERR, Amical Leprael und Valentin Breton, einem Händler namens Charles Collet von den Schätzen, die die Nazis im Jeu de Paume horteten. Collet reagierte schnell und kaufte dem ERR eine große Zahl von Objekten ab; nach Kriegsende wurden in seinem Haus Unmengen von Kunstwerken gefunden. Andere taten es Collet gleich. Ein Spekulant namens Dupont besuchte die verschiedenen Lagerhäuser des ERR und kaufte beschädigte Möbel zu ermäßigten Preisen. Gelegentlich halfen die Lagerverwalter nach, indem sie Möbel gegen eine Gewinnbeteiligung vorsätzlich beschädigten.

Auch einige renommierte französische Kunsthändler, zum Beispiel Martin Fabiani und Roger Dequoy, profitierten beträchtlich vom deutschen Kunstraub. Dequoy fungierte als Verwalter der vormaligen Galerie Wildenstein und als heimlicher Beauftragter der Wildensteins während der Besetzung. Die engen Kontakte zum Haus Wildenstein einerseits und zu den Deutschen andererseits sicherten Dequoy schon vor dem Krieg, aber auch während der Besetzung einen fast unschlagbaren Verhandlungsvorsprung. Am 26. Januar 1944 wurden sechzig moderne Gemälde aus jüdischem Besitz im Gebäude der ehemaligen Galerie Wildenstein in der Rue du Faubourg Saint-Honoré angeliefert. Adolf Wüster, Kulturattaché der deutschen Botschaft, hatte sie begutachtet. Aus der Transaktion sollte das bislang größte Tauschgeschäft mit dem ERR werden. Dequoy, sekundiert von Fabiani, lieferte als Gegenwert eine Hubert Robert und Boucher zugeschriebene Landschaft aus dem 18. Jahrhundert sowie vier kleinere Bilder des venezianischen Genremalers Guardi und zwei des Rokokomalers Pannini. Alle waren für das Linzer Museum bestimmt. Die sieben Gemälde, auf einen Wert von 2 Millionen Franc geschätzt, wurden mit zweiundfünfzig modernen Bildern bezahlt, deren Wert bei fast 20 Millionen Franc lag. Doch die Händler hatten Pech. Das Geschäft wurde vom Verwaltungschef des ERR unterbunden, der zufällig aus Berlin angereist war und die Konditionen zu ungünstig fand. Die enttäuschten Händler mußten die sechzig Gemälde zurückgeben.[8] Die Landschaft wurde wenig später in Berlin für 3,5 Millionen Franc an den Kunsthändler Lange verkauft, der es darauf an das Linzer Museum weiterverkaufte.[9]

Eine der wenigen Nazigrößen, die für die moderne französische Malerei ein Auge hatten und sie sogar sammelten, war Außenminister Joachim von Ribbentrop. Über Kulturattaché Wüster, der als Makler fungierte, sicherte sich Ribbentrop einen Zugriff auf die Bestände des Jeu de Paume. Am 24. und 27. November 1942 wurde zum Beispiel von Wüster und dem ERR ein Tauschgeschäft zwischen Göring und Ribbentrop eingefädelt. Der Reichsmarschall gab *Löwe und Schlange* von Delacroix her, dazu die *Straße in Sannois* von Utrillo (beide aus der Sammlung Rosenberg) und eine *Waldszene* von Courbet (aus der beschlagnahmten Sammlung Bing), als Gegenleistung erhielt der ERR für Görings Sammlung einen Gobelin, einen Jodocus de Momper und ein dem holländischen Landschaftsmaler Albert Cuyp zugeschriebenes Bild aus dem 17. Jahrhundert. Der Utrillo, damals auf 10000 Franc geschätzt, ist seitdem verschollen.

Die Frachtzüge mit der Beutekunst rollten bis zum Sommer 1944 nach Deutschland. Der letzte Bericht des ERR, der im Juli 1944 in Berlin entstand, gibt einen Einblick in die Dimensionen des Kunstraubs. Zwischen April 1941 und dem Juli 1944 fanden nicht weniger als neunundzwanzig große Transporte statt; der erste sogar unter Begleitschutz von Görings Luftwaffe. Insgesamt überquerten 120 Eisenbahnwaggons und 4170 Kisten mit Kunstgütern die Grenze nach Deutschland. Allein in Frankreich waren 21000 Kunstgegenstände aus 203 Sammlungen beschlagnahmt worden. Den größten Anteil mit insgesamt 10000 bildeten die Gemälde, Zeichnungen und Graphiken. Alles wurde auf sechs verschiedene Depots verteilt, eins davon war Schloß Neuschwanstein, ein anderes, in das Gemälde, Zeichnungen und Plastiken der Sammlungen David-Weill,

Alexandrine de Rothschild und Paul Rosenberg gelangten, befand sich im südmährischen Nikolsburg, heute Mikulov.

Gleichzeitig wurde der Pariser Kunstmarkt von gestohlenen Werken überschwemmt. Matisse, der in Frankreich geblieben war, informierte 1942 den Bruder von Paul Rosenberg, daß er in Paris seine eigenen Bilder aus dem Banktresor in Libourne angeboten gesehen habe. Zu diesen Bildern gehörten die *Ananas vor rosa Hintergrund*, *Schlafende in Zigeunerbluse auf violettem Marmortisch mit Früchten*, *Maßliebchen und Früchte vor schwarzem Hintergrund* und ein weiteres Stilleben, *Zinnpokal mit Zitronen auf grünem und schwarzem Tisch*.

Im Haus der ehemaligen Galerie Rosenberg wurde ein »Institut zur Erforschung der Judenfrage« eingerichtet. Dabei entdeckte man 4500 Fotos von Gemälden der Galerie. Die französischen Behörden beschlossen, diese Fotos zu verkaufen. Picasso hörte von dem Angebot und bat die Galerie Louise Leiris (die ehemalige, durch Kahnweilers Schwiegertochter »arisierte« Galerie Kahnweiler), die Fotos seiner eigenen Arbeiten und der Bilder Braques aufzukaufen. Auch der von Natur aus vorsichtige Picasso wurde von dem Kunsthändler Fabiani hereingelegt. Bei einem Besuch in Picassos Atelier am Quai des Grands Augustins bot ihm Fabiani ein Gemälde von Henri Rousseau an. Picasso verlangte ein Zertifikat, aus dem zweifelsfrei hervorging, daß der Verkauf rechtens war, und bewahrte dieses Papier sorgfältig auf. Nach dem Krieg brachte er zufällig in Erfahrung, daß das Bild der beschlagnahmten Sammlung Pierre Wertheimer entstammte.[10]

Die verschlungenen Wege, auf denen geraubte Kunstwerke zum Verkauf gelangten, lassen sich nur nachvollziehen, wenn man den gewaltigen Pariser Kunstmarkt kennt, der durch die Kriegsereignisse entstand. Dieser Markt veränderte sich über mehrere Phasen. Seine treibenden Impulse waren die Nachfrage der neuen deutschen Käufer, der Kunstraub und die spezifischen künstlerischen Maßstäbe der Nazis.

10
Das Geschäft geht weiter: Der Pariser Kunstmarkt während der Besetzung

Der Kunsthandel in Paris wurde durch die Kriegsereignisse nicht beeinträchtigt; er erlebte sogar eine Blüte. Nach einer kurzen Atempause, die der Waffenruhe von 1940/41 folgte, gab es wieder so viele öffentliche Auktionen wie zuvor, und sie zogen eine nie dagewesene Zahl von Käufern an. Die Preise (zumindest für französische Malerei) stiegen weit über die Vorkriegswerte. Seurats *Kleiner blauer Bauer* zum Beispiel, der aus der Sammlung des Kunstkritikers Félix Fénéon stammte, wurde im Dezember 1941 im Auktionshaus Drouot für 385 000 Franc verkauft. Ein Jahr später, und wieder bei Drouot, kam Cézannes *Tal des Arc mit Sainte-Victoire* aus der Sammlung des Dr. Viau auf 5 Millionen Franc und damit auf den höchsten Preis, der während des Krieges erzielt wurde.[1]

Die Nachfrage nach Gemälden von Cézanne, Degas, Monet, Renoir, Corot und Courbet war bei den französischen Käufern, Händlern und Maklern am größten. Als der Kunsthändler Alfred Daber diesen Trend spürte, fuhr er nach Giverny, wo Claude Monets Sohn Michel lebte. Er kam mit fünfzig Bildern von Monet und Renoir aus der Sammlung des Malers zurück und verkaufte sie mit großem Gewinn. Auch die Preise für ältere Bilder, die vor dem Krieg eher gefallen waren, zogen wieder kräftig an. Von diesem Preisauftrieb wurden sogar Bilder erfaßt, die als radikal modern galten, zum Beispiel die von Matisse, oder deren Schöpfer als Juden klassifiziert waren, wie Pissarro und Modigliani, zudem alle, die von den Nazis als »entartet« eingestuft wurden. Die Galerien veranstalteten eine Bilderschau nach der anderen, lockten die Käufer in Scharen an und erzielten üppige Gewinne.[2]

Für den Pariser Kunstmarkt war der Krieg wie ein Geschenk des Himmels. Er beendete die Krise der dreißiger Jahre, als ein Preisverfall von rund siebzig Prozent ein Drittel aller Pariser Galerien in den Ruin getrieben hatte. Eine neue Schicht von Sammlern und Spekulanten, die in diesen unsicheren Zeiten ihr Papiergeld loswerden wollte, kaufte nun Gemälde, Antiquitäten und seltene Bücher. Stimuliert wurde der Markt auch durch große Räumungsverkäufe; die Ungewißheiten, die das Kriegsgeschehen auslöste, förderten sowohl Angebot als auch Nachfrage. »Die Leute hatten sehr viel Geld«, erinnerte sich Alfred Daber, »aber es gab keine schönen Kleider, keine neuen Autos, keine Ferienreisen, keine Restaurants oder Cabarets, für die man sein Geld ausgeben konnte. Man konnte höchstens Butter auf dem Schwarzmarkt kaufen. Deshalb fingen alle an, in den Kunstmarkt zu investieren.«

Die Neulinge krempelten den Markt allmählich um. Die Nachfrage nach dekorativen Landschaften und Stilleben sowie nach kleinen Formaten, die zu transportieren waren und in enge Wohnungen paßten, stieg gewaltig.[3] Dazu kam, daß Paris für ausländische Käufer kein Markt mehr war. Vor dem Krieg waren große Sammler aus aller Welt, Kunstmakler und Einkäufer der ausländischen Museen regelmäßig nach Paris gekommen, weil die Stadt das unstrittige Weltzentrum der bildenden Künste war. Die Pariser Händler waren ebenso häufig nach England oder in die USA gereist, um neue Kunden zu finden. Die größten französischen Kunsthändler, wie Durand-Ruel, der auf den Impressionismus spezialisiert war, oder Knoedler und Wildenstein, die ältere Kunst verkauften, und Paul Rosenberg mit Avantgarde-Malerei, setzten zunächst ihre Auslandsgeschäfte fort und zeigten Bilder, die sie in ganz Europa erworben hatten. Aber Reisen nach England waren problematisch geworden, und schon vor dem Kriegseintritt der USA im Dezember 1941 wurde es für die französischen Händler immer schwerer, an die reichen Sammler in New York oder Hollywood heranzukommen. Zumindest in der besetzten Zone waren Geschäftskontakte mit der englischsprachigen Welt zu riskant geworden; in der freien Zone hatte die Vichy-Regierung der Ausfuhr von Werken des »nationalen Erbes« komplizierte bürokratische Hemmnisse in den Weg gelegt. Es wurde immer schwerer, ein Visum zu erlangen, selbst für Reisen in neutrale Länder wie die Schweiz. Die internationale Kundschaft, die dem französischen Kunstmarkt vor dem Krieg das Überleben gesichert hatte, wich mehr und mehr den deutschen Besatzern.

Die »Arisierung« von Kunstgalerien und -depots, durch antisemitische Verordnungen der Vichy-Regierung vorangetrieben, hatte direkte Auswirkungen auf den Kunstmarkt. Viele jüdische Händler, geachtet und angesehen wegen ihrer Urteilskraft und Erfahrung, wurden aus dem Geschäft gedrängt oder ins Exil getrieben. Ihr Fehlen macht sich bald schmerzlich bemerkbar. Ein Mitarbeiter des Nazi-Geheimdienstes in Paris beklagte den Mangel an Experten, die in den Lage seien, die deutschen Kunden fachlich zu beraten, und erklärte dazu, daß die meisten Kunstexperten Juden gewesen seien. Seit den zwanziger Jahren hatten sie wesentlich zum Aufbau eines weltweiten Kundenkreises beigetragen. Dieses profitable internationale Beziehungsnetz brach zusammen, als die jüdischen Händler von Europas größtem Kunstmarkt verbannt wurden.

Die Vichy-Regierung versuchte mit plumpen administrativen Verordnungen vom aufgeheizten Kunstmarkt zu profitieren. Im Juni 1940 begann sie mit dem Verkauf von Kunstsammlungen, die aus der Enteignung von Emigranten stammten – in erster Linie Juden, die vor den Deutschen geflohen waren und denen die französische Staatsbürgerschaft aberkannt worden war. Die Erträge aus dem Verkauf sollten einer staatlichen Wohlfahrtsorganisation zufließen, und als Auftakt war der lautstark angekündigte Verkauf von Bildern aus den Sammlungen der Familie Rothschild geplant. Die gleichgeschaltete Presse jubelte. Die Rothschild-Sammlungen umfaßten mehr als fünftausend Kunstwerke aus allen Epochen, die Antiquitäten, Silbergegenstände, Teppiche, Skulpturen und Abertausende kostbare Bücher nicht eingerechnet.[4] Dieses glänzende Geschäft würde, so hoffte man, die französische Wirtschaft in Schwung bringen.

Doch der Auftakt wurde zum blamablen Fehlstart, denn die bejubelten Beutesammlungen waren von den deutschen Besatzern als »herrenloses Gut« deklariert und beschlagnahmt worden. Sie wurden für Hitlers und Görings Privatsammlungen reserviert und im Jeu de Paume oder in den Depots des Louvre dem Zugriff der französischen Behörden entzogen.[5] Monatelang reagierten die Vichy-Beamten mit gekränkten Protesten, die Liquidierung französischen Eigentums sahen sie als ihr Privileg an. Und nun mußten sie dankbar sein, wenn die Deutschen ihnen wenigstens einen kleinen Anteil von der Beute ließen. In der Auseinandersetzung zwischen den siegreichen und allmächtigen Deutschen und den französischen Behörden, die hartnäckig auf das Recht bestanden, ehemalige Staatsbürger um ihr Eigentum zu bringen, waren die Juden die doppelten Verlierer, während die Deutschen in dem vor allem brieflich ausgetragenen Scheingefecht die Oberhand behielten. Als sich der ERR im November 1941 endlich zu einer ausführlicheren Stellungnahme gegenüber der Vichy-Regierung herabließ, waren die legendären Rothschild-Schätze bereits seit acht Monaten nach Deutschland abtransportiert. Die von der Vichy-Regierung angekündigte große öffentliche Versteigerung verlief kläglich im Sande.

Am stärksten aber wurde der französische Kunstmarkt während des Krieges durch den plötzlichen Ansturm zahlungskräftiger Deutscher verändert. Bis zum Ende der Besetzung unterhielten die Deutschen vielfältige Handelsbeziehungen zu den französischen Kunsthändlern. Hitler und Göring und ihre Leute vom ERR stillten ihren Kunsthunger durch Beschlagnahme, Ankäufe und Tauschgeschäfte. Der Wehrmacht auf dem Fuße folgten die Vertreter der deutschen Museen und Galerien, die Diplomaten, Beamten, Bankiers, Nazigrößen und vermögenden Privatleute. Sie profitierten von dem äußerst ungünstigen Wechselkurs, den die Besatzer der französischen Nationalbank aufgezwungen hatten (zwanzig Franc für eine Reichsmark), wie überhaupt von der kommerziellen und politischen Überlegenheit Deutschlands. Mit den Deutschen kamen die Österreicher, dann die Belgier und die Niederländer und schließlich auch die Schweizer, die dank der Neutralität ihres Landes überall zu finden waren. Sie alle waren ein Käuferpotential, das bald den gesamten Sammlermarkt dominierte. Gewisse französische Händler empfingen diese Kunden mit offenen Armen und lasen ihnen alle Wünsche von den Augen ab.[6]

Deutsche Museen zogen gewaltigen Vorteil aus den günstigen Bedingungen und stockten ihre Vorräte an europäischer Kunst beträchtlich auf. Dank der extrem billigen Angebote aus Frankreich und mittels gewachsener Budgets kauften die Museen in kurzer Zeit große Mengen von Kunstwerken und verhalfen damit den deutschen Agenten, die für sie in Paris Werke akquirierten, zu großem Reichtum. Deutsche Dienststellen und Firmen richteten ihre Büros neu ein und schmückten sie mit französischen Bildern und Antiquitäten, die sie zu einem »fairen Preis« erworben hatten. Die NSDAP eröffnete neue Dienststellen in den eroberten Gebieten Mittel- und Osteuropas. Parteigrößen, die zumeist nicht viel von Kunst verstanden, schmückten ihre Wohnungen und Büros mit Frankreichimporten zu Billigpreisen. Viele europäische Sammler erkannten die Gunst der Stunde und griffen zu. Die neuen Käufer waren so aktiv, ihre Transaktionen so zahlreich und vielfältig, daß es unmöglich wäre, sie alle hier zu dokumentieren.

Das Einführen in Frankreich erworbener Kunstwerke nach Deutschland war schwieriger und umständlicher als zu Friedenszeiten. Man brauchte nicht nur eine Ausfuhrerlaubnis von den kleinlichen französischen Behörden, die manchmal monatelang auf sich warten ließ, sondern mußte auch mit Schwierigkeiten von seiten der Reichsdevisenstelle rechnen, einer Behörde, die den Handel in Kriegsgebieten kontrollierte. Hatte ein Käufer für ein Gemälde in Reichsmark bezahlt, brauchte er eine Ausfuhrgenehmigung des zuständigen französischen Zollbeamten, der gewöhnlich mit den Nazis kollaborierte. Um Zeit und Nerven zu sparen, besorgten sich viele deutsche Sammler einen Passierschein der Wehrmacht in Paris, mit dem sie die französischen Bestimmungen umgehen konnten. Die deutschen Bestimmungen umgingen sie, indem sie die Händler bar bezahlten. Diese revanchierten sich, indem sie die Transaktion nicht in ihren Büchern auftauchen ließen. Die meisten Abschlüsse waren daher weder dokumentiert noch legal. Nach dem Krieg erklärten deutsche Beamte beim Verhör durch die Alliierten, daß die gewiefteren Käufer und Verkäufer niemals Formulare ausfüllten oder Quittungen unterschrieben; viele Abschlüsse seien insgeheim oder über

Strohmänner abgewickelt worden. Fast immer gingen diese Abschlüsse zugunsten der Deutschen aus. Sie konnten ihre Gebote mit Drohungen oder mit Gefälligkeiten untermauern, indem sie etwa dem Verkäufer versprachen, seinen Sohn aus der Kriegsgefangenschaft zu befreien, wenn er sich entgegenkommend zeigte.

Es läßt sich nicht feststellen, wieviel Geld die Deutschen auf dem französischen Kunstmarkt ließen oder wie viele Kunstwerke sie kauften. Es ist jedoch bekannt, daß sie in erster Linie an deutschen, niederländischen und flämischen Malern des 15., 16. und 17. Jahrhunderts interessiert waren, die es in Frankreich in großer Zahl gab. Ganz oben auf den Wunschlisten standen meist Bilder von Dürer, Holbein, Cranach, Ruysdael, Rembrandt, Hals, van Dyck und Vermeer, und die Preise für diese Maler schossen entsprechend in die Höhe. 1942 wurde mit Überraschung registriert, daß zwei Bilder von Rembrandt, *Titus* und *Landschaft mit Schloß,* aus dem Besitz des Weinhändlers Étienne Nicolas zu einem immensen Preis an das Linzer Museum verkauft wurden.[7] Die neuen Herren des Kunstmarkts waren so versessen auf »nordische« Maler, daß sie auch für Werke zweifelhafter Qualität oft überhöhte Preise zahlten. Manche Händler deklarierten daher Bilder fälschlicherweise als »nordisch«. Dieselben Kunden schätzten auch französische Herkunftsbezeichnungen, besonders wenn es sich um Antiquitäten, Möbel, Gobelins und Teppiche handelte.

Dank in jüngster Zeit freigegebener Akten verschiedener Geheimdienste lassen sich die deutschen Aktivitäten auf dem französischen Kunstmarkt inzwischen genauer beschreiben. Vor allem die Fragen, welche Werke gekauft wurden und welche französischen Händler beteiligt waren, lassen sich nun beantworten.[8] Entsprechende Unterlagen finden sich in den riesigen Dokumentenbeständen, die britische und amerikanische Behörden und auch der französische DGER (Direction générale des Études et Recherches) nach dem Krieg sicherstellten. Bis vor kurzem wurde jede Nachforschung zu diesem Thema durch den Umstand vereitelt, daß die Akten der Geheimhaltung unterlagen.

Vor allem die Schenker-Papiere haben sich dabei als äußerst aufschlußreich erwiesen. Bei diesem Dokument von nur neunundzwanzig Seiten Umfang, das von der britischen Armee unter Verschluß gehalten wurde, handelt es sich um Unterlagen aus dem Pariser Büro der großen deutschen Speditionsfirma, spezialisiert auf Kunsttransporte. Viele deutsche Käufer bedienten sich der Firma, die enge Kontakte zur deutschen Botschaft in Paris unterhielt und in ihrem Auftrag beschlagnahmte Kunstgegenstände lagerte, verpackte und nach Deutschland brachte.

Der britische Major Douglas Cooper, nach dem Krieg mit Ermittlungen zum deutschen Kunstraub beauftragt, fand die Unterlagen der Firma Schenker im verwaisten Pariser Büro der Firma und stellte fest, daß sie unschätzbare Informationen über deutsch-französische Kunstverkäufe enthielten. Es vermerkt legale und illegale Geschäfte, die zwischen Januar 1941 und Juni 1944 stattfanden, es beschreibt die Gegenstände, die ins Reich verschickt wurden, führt Listen deutscher Käufer und der von ihnen erworbenen Gegenstände, die Namen der französischen Verkäufer und das jeweilige Datum des Abschlusses. Im Anhang werden Auszüge aus der britischen Abschrift der Schenker-Papiere abgedruckt, aus denen Namen und Adressen der französischen Kunsthändler mit den besten Geschäftsbeziehungen zu den deutschen Besatzern hervorgehen. Dabei ist zu berücksichtigen, daß Namen oft falsch geschrieben sind und daß manche Händler zum Geschäft mit den Deutschen gezwungen wurden. Abgesehen von diesen Einschränkungen aber gewähren die bisher unveröffentlichten Dokumente neben den bereits bekannten Fakten einen realistischen Einblick in die Vorgänge auf dem französischen Kunstmarkt während der Besetzung.

Die Schenker-Papiere enthüllen, daß viele Ankäufe von deutschen Museen getätigt wurden. Das Rheinische Landesmuseum, das Bonner Provinzialdenkmalamt, die Städtischen Kunstsammlungen Düsseldorf, das Essener Folkwang-Museum, das Kaiser-Wilhelm-Museum Krefeld und das Städtische Museum für Kunst und Kunstgewerbe Wuppertal-Elberfeld finden sich auf der Liste der Speditionsfirma. Die Transporte lassen vermuten, daß eine sehr aktive Gruppe von Kuratoren aus Bonn und Düsseldorf für die genannten Museen als Agenten tätig war und enge Kontakte zu etablierten französischen Kunsthändlern unterhielt.[9] Diese fünf Museen bezahlten mindestens 31 Millionen Franc für mindestens 204 Gemälde, Zeichnungen, Graphiken und Plastiken sowie für eine Anzahl von Antiquitäten. Das Protokoll der Speditionsfirma bestätigt, daß die Kuratoren in Anbetracht des günstigen Tauschkurses den richtigen Moment abgepaßt hatten, Kunst des 19. Jahrhunderts zu kaufen. Doch waren die meisten deutschen Museen nicht an moderner Kunst interessiert, obwohl die Beschlagnahme der vielen jüdischen Sammlungen zur Folge hatte, daß der Markt davon überschwemmt war.

In einer besonders vorteilhaften Position befand sich das Essener Folkwang-Museum. Essen war der Sitz des Rüstungskonzerns Krupp, einer der Hauptstützen der nationalsozialistischen Kriegsmaschinerie. In Zusammenwirkung mit der SS unterhielt Krupp Zwangsarbeiterlager, von deren Insassen viele an Tuberkulose und Unterernährung starben.

Das Museum wurde sehr bald nach der Besetzung auf dem französischen Kunstmarkt aktiv und baute seine schon vor dem Krieg eindrucksvolle Sammlung französischer Kunst des 19. Jahrhunderts weiter aus. In nur fünf Monaten, von Januar bis Mai 1941, erwarb es nicht weniger als 44 Kunstwerke in Paris, die sofort nach Deutschland versandt wurden. Darunter befand sich das 1869 von Courbet geschaffene Ölgemälde *Der Felsen von Étretat nach dem Sturm* (Abb. C14), das der Pariser Kunsthändler André Schoeller für 350 000 Franc verkaufte und das heute im Musée d'Orsay hängt. Das Folkwang-Museum war offenbar bestrebt, seine Corot-Sammlung auszubauen, denn es kaufte drei Corots von drei verschiedenen Händlern: Étienne Bignou, Schoeller und Fabiani. Die Galerie Fabiani, besonders eng mit den Deutschen verbunden, verkaufte dem Museum einen Corot ungewisser Herkunft für 1,5 Millionen Franc. Das Museum kaufte auch fünf Zeichnungen und eine Graphik von Delacroix, vier Gemälde und eine Zeichnung von Géricault, das *Bildnis der Madame Gabriac* von Ingres, das ihm der Händler Raphael Gérard lieferte, und eine Tonplastik von Maillol. Leider sind die Namen der Aufkäufer und die Preise der einzelnen Werke in den Schenker-Papieren

Édouard Manet, *Frauentorso*

Berthe Morisot, *Dame in Weiß*

Alfred Sisley, *Verschneite Anlegestelle in Marly*

Alfred Sisley, *Seine-Ufer im Schnee*

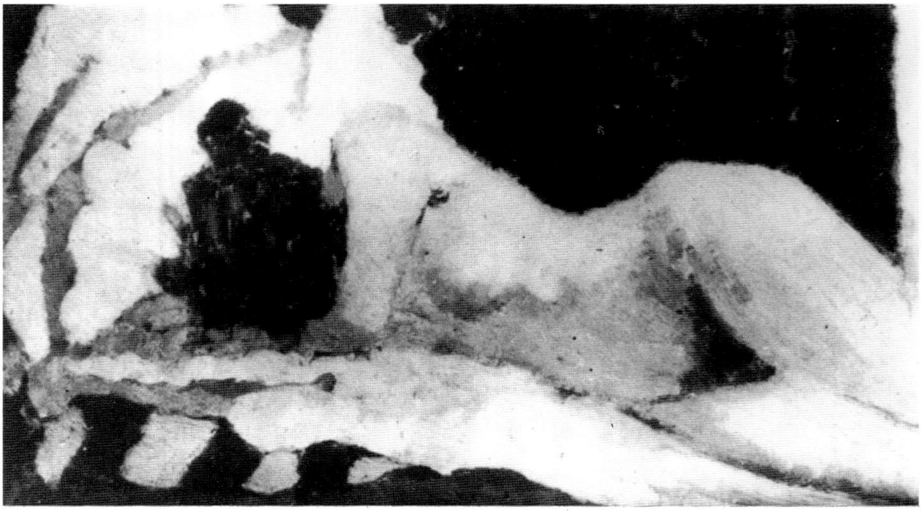

Édouard Vuillard, *Ruhender Akt*

Pierre Bonnard, *Frühstück*

Pierre Bonnard,
Arcachon, zwei Frauen im Gespräch

Pierre-Auguste Renoir, *Coco*

Pierre-Auguste Renoir, *Algerierin, auf den Ellbogen gestützt*

Pierre-Auguste Renoir, *Vase mit Anemonen*

Paul Cézanne, *Stilleben mit Heringen*

Paul Cézanne, *Winter in Auvers-sur-Oise*

Paul Cézanne, *Rote Blumen in weißer Vase*

Paul Cézanne, *Jas de Bouffan*

Paul Cézanne, *Bildnis des Malers mit langem Haar*

Paul Cézanne, *Die Mauern von La Glacière*

Paul Cézanne, *Urteil des Paris*

Vincent van Gogh, *Vase auf gelbem Grund*

Henri Matisse, *Odaliske in roten Hosen*

nicht vollständig angegeben, doch es ist bekannt, daß das Folkwang-Museum offiziell mindestens 6,9 Millionen Franc an Pariser Kunsthändler gezahlt hat.

Die deutschen Museen waren gehalten, sich bei ihren Ankäufen nach den Geschmacksvorgaben der Nazis zu richten; »entartete Kunst« sollte auf keinen Fall darunter sein. Tatsächlich tauchen nur wenige moderne Werke auf den Speditionslisten auf. Einige Plastiken von Maillol und Rodin gingen nach Essen, die *Landstraße* von Utrillo nach Düsseldorf. Französische Bilder aus dem 19. Jahrhundert dagegen wurden viel gekauft, vor allem Werke von Delacroix, Courbet und Renoir. Gemälde des Postimpressionismus oder der Avantgarde, etwa von Matisse oder Picasso, kamen praktisch überhaupt nicht vor; die einzige Ausnahme stellte ein Gauguin dar, die *Blumenvase*, die Étienne Bignou für 300000 Francs an das Museum Krefeld verkaufte. Die französische Kunst des 18. Jahrhunderts mit ihrem »Sinn für das Maßvolle« und ihrer Beschränkung auf klassische Themen wurde von den Nazis sehr geschätzt. Die Schenker-Papiere verzeichnen viele solcher Bilder, unter anderem von Fragonard, Hubert Robert und Quentin de la Tour.

Bilder, die nicht den offiziellen Vorgaben entsprachen und von Künstlern des späten 19. oder frühen 20. Jahrhunderts stammten, tauchen ebenfalls in den Listen auf; sie gingen aber vor allem an private Käufer. Einige deutsche Händler und Sammler waren mutig genug, die Geschmacksvorschriften der Nazis zu ignorieren, und kauften sogar Bilder, die als jüdisch klassifiziert waren. Schenker lieferte auch Bilder von Pissarro, Seurat, Signac, Vlaminck und Vuillard nach Deutschland.

Die Kuratoren des Folkwang-Museums und andere deutsche Käufer, die sich wenig darum scherten, woher ihre Erwerbungen kamen, kauften auch eine Reihe von Werken zweifelhafter Herkunft. Ein Beispiel dafür ist das Courbet-Gemälde *Der Felsen von Étretat nach dem Sturm*, das heute im Musée d'Orsay zu sehen ist. Der Pariser Kunstmarkt war überschwemmt von Beutekunst, an der die Nazis nicht interessiert waren. Doch wenn gestohlene Bilder an deutsche Museen verkauft wurden, trifft auch die französischen Händler, die sie anboten, eine Mitschuld.

Diese Händler gehörten nicht zu den angesehensten Pariser Adressen; manche agierten bei den Beschlagnahmen durch deutsche oder französische Behörden sogar als Komplizen. Fabiani, der Belgier Raphael Gérard oder Alice Manteau, die mindestens sieben Werke im genannten Zeitraum an das Folkwang-Museum verkaufte, waren in eine Reihe von Transaktionen verwickelt, die mit dem Verkauf von Beutekunst aus dem Jeu de Paume zu tun hatten. Nach der Befreiung wurde Fabiani wegen Handels mit gestohlenen Bildern vor Gericht gestellt. Gérard und Manteau entgingen der Anklage, weil sie die ursprünglichen Besitzer bei der Wiederbeschaffung ihres Eigentums unterstützten.

Eine der größten Überraschungen der Schenker-Papiere ist das Auftauchen des angesehenen Kunsthändlers André Schoeller, eines Experten für die französische Malerei des 19. Jahrhunderts. Mit einem Umsatz von mindestens 963 000 Franc allein bei Käufen des Folkwang-Museums gehörte er zu den Spitzenverdienern beim Handel mit den Deutschen. Auch bei Ankäufen des Krefelder und des Wuppertal-Elberfelder Museums wird er häufig erwähnt. Noch beunruhigender ist, daß sich sein Name mit dem Verkauf von *Der Felsen von Étretat nach dem Sturm* verbindet. Bei Kriegsbeginn leitete Schoeller das Syndicat des Éditeurs d'art es Négociants en Tableaux Modernes (Verband der Kunstverleger und Händler moderner Malerei). Viele Mitglieder dieser Gruppierung, die sich in den dreißiger Jahren von der ehrwürdigen Association Antiquaires abgespalten hatte, waren jüdischer Herkunft. Die ehrgeizigen jungen Kunsthändler hatten sich nicht länger dem konservativen Reglement des Verbands der Antiquare fügen wollen, die Spaltung löste in der Pariser Kunstwelt ein lebhaftes Echo aus.

Einige Umstände sprechen für Schoeller. Nach Aussage von Léonce Rosenberg hatte sich Schoeller geweigert, Mitglieder seines Verbands als »kommissarische Verwalter« zu benennen, deren Aufgabe es nach den Vorstellungen des Generalkommissariats sein sollte, die Auflösung jüdischer Sammlungen und ihre Weitergabe an »arische« Sammler zu organisieren. Doch es gibt auch gewichtige Hinweise, daß er während der Besetzung dunkle Geschäfte mit den Deutschen machte. Im November 1943 wurde er mit der Schätzung eines geraubten Matisse-Gemäldes, *Frau auf gelbem Sessel*, und eines ebenfalls gestohlenen Bonnard-Bildes mit dem Titel *Tischecke* beauftragt. Das eine Bild stammte aus der Sammlung Rosenberg, das andere aus der Sammlung Kann, und beide wurden im Jeu de Paume aufbewahrt. Der ERR hatte vor, diese Bilder gegen ein Gemälde von Rudolf Alt zu tauschen, *Der Tempel der Faustina*, das für Hitler bestimmt war. Nachdem der Tausch vollzogen war, wurde der Matisse illegal in die Schweiz verbracht. Diese Transaktion wirft einige Fragen auf. Wer bezahlte Schoeller für die Schätzungen? Der ERR oder Max Stoecklin, der Besitzer des Gemäldes von Alt? Stoecklin war ein skrupelloser Händler, der sich in Paris niedergelassen hatte; Schoeller dürfte gewußt haben, mit wem er zu tun hatte.

Schoeller scheint 1943 auch mit dem Generalkommissariat für Judenfragen in enger Verbindung gestanden zu haben, als dieses die Sammlungen Schloss und Weil beschlagnahmte. Darquier de Pellepoix und das Generalkommissariat, die sich seit 1941 in den Besitz dieser Sammlungen zu bringen versuchten, wollten sie in Paris verkaufen und nur eine kleine Zahl unbedeutender Bilder für Hitler und Göring abzweigen. Als Darquier die Sammlungen aus der freien Zone herbeischaffte, trat Schoeller in Aktion. Er inspizierte die Beute und lagerte etwa vierhundert der geraubten Bilder in seinem eigenen Depot. Die Familie Schloss äußerte den Verdacht, daß Schoeller auch verraten habe, wo die beiden Sammlungen versteckt waren.

Die Kuratoren des Düsseldorfer Museums kauften allein in den ersten Monaten des Jahres 1941 mindestens achtundsechzig Gemälde. Diese relativ ruhige Zeit war für den Handel sehr günstig. Sofort nach der Besetzung Frankreichs traten die etablierten Aufkäufer und die amtlichen Beschlagnahmer in Aktion. Die Düsseldorfer gaben mindestens 6,5 Millionen Franc für manchmal recht kluge Käufe aus, unter anderem für das kostbare Tafelgemälde *Venus und Cupido* der Schule von Fontainebleau aus dem 16. Jahrhundert, für zwei Bilder von Fragonard, für ein Pastellporträt von Quentin de la Tour (das ganze 50000 Franc kostete), für zwei

Gemälde von Renoir, zwei von Hubert Robert, drei von Tiepolo, eins von Utrillo und zwei von Murillo und Rubens. Das Düsseldorfer und das Essener Museum gerieten auch an Bilder, die die Nazis geraubt und zum Verkauf freigegeben hatten. Darunter war ein schöner Chardin, den ein unbekannter Händler für 400 000 Franc verkaufte. Das Gemälde, auf der Transportliste *Stilleben* genannt, heißt in Wirklichkeit *Topf mit Schöpfkelle* und ist heute im Louvre zu besichtigen.

Wie sich leicht denken läßt, waren einige der Agenten, die den Museen Angebote machten, keine ehrenhaften Vertreter ihres Berufsstandes. Zum Beispiel Gustav Rochlitz, der eng mit den Nazis zusammenarbeitete und nach dem Krieg vom amerikanischen Geheimdienst OSS (dem Vorgänger der CIA) eingehend verhört wurde; seine Anklage lautete auf Handel mit gestohlenen Kunstgütern und auf Betrug. Bereits erwähnt wurde Alice Manteau, deren Name in den Schenker-Papieren auftaucht. Interessanter noch in diesem Zusammenhang sind aber Paul Cailleux, J.O. Leegenhoek und Schmit & Co., alle drei respektierte Kunsthändler, die heute noch im Geschäft sind.

Wie schon sein Vater George genoß auch Paul Cailleux einen hervorragenden Ruf; sein Spezialgebiet waren klassische Malerei, Zeichnungen und Antiquitäten. Die Galerie Cailleux mit ihrem nüchtern-harmonischen Dekor befindet sich noch immer in der Rue du Faubourg Saint-Honoré 136, im Herzen des »Kunstviertels« also, zu dem auch die Rue de la Boétie und die Avenue Matignon gehören. Fußend auf ihrer langen Tradition, vergibt die Galerie jährlich den »Cailleux-Preis« für den besten in Frankreich verlegten Kunstbildband.

Im Krieg machte Cailleux wie auch seine Kollegen weitreichende Geschäfte mit deutschen Käufern. Die dreiundsechzig Gemälde, Zeichnungen, Gobelins, Möbelstücke und anderen französischen Kunstgegenstände des 17. Und 18. Jahrhunderts, die er an deutsche Käufer vermittelte, stammten zumeist aus staatlichem Besitz. Zu seinen besten Kunden zählten das Düsseldorfer und das Krefelder Museum. Düsseldorf kaufte im Juni 1941 Fragonards *Mann mit Umhang* und die *Schluchten von Ollioules* von Hubert Robert, während das Krefelder Museum klassische Werke bevorzugte, zum Beispiel die *Frau mit Friseuse* von Aved, *Madame de la Martinière* von Alexis-Simon Belle und *Marquis de Marigny* von Jean-François de Troy.

Eine von Cailleux nach dem Krieg erstellte Liste von dreizehn deutschen Privatkunden, mit denen Cailleux Geschäfte machte,[10] beweist, in welch hohem Maße der deutsch-französische Markt in sich geschlossen und wettbewerbsorientiert war: Jeder wußte über den anderen Bescheid, und keiner konnte behaupten, daß die anderen eine Vorzugsbehandlung erfuhren. Auf der Kundenliste von Cailleux standen auch ein paar deutsche Großkunden, zum Beispiel Maria Dietrich, Hitlers persönliche Agentin, die Hunderte von Kunstwerken für das Linzer Museum kaufte und zu den aktivsten Kunden von Cailleux gehörte. Die Inkompetenz der Dietrich war allseits bekannt, wurde aber von Cailleux nicht ausgenutzt. Unter ihren Käufen waren keine Fälschungen, an der Echtheit der Gemälde von Heinsius, Teniers, Amberger und Hubert Robert, die sie sofort nach München weiterschickte, bestand kein Zweifel. Adolf Wüster, der umtriebige, auch auf dem grauen Kunstmarkt wohlbekannte Kunstexperte der deutschen Botschaft, kaufte ebenfalls mehrere Bilder bei Cailleux, darunter einen Heinsius für das Krefelder Museum.

Hohe Wehrmachtsoffiziere und Beamte aus Berlin kamen zu Cailleux, um ihre Büroräume mit edlem Interieur auszustatten: Doktor Wolff, hauptverantwortlicher Architekt und Gestalter des Berliner Reichsbank-Gebäudes, reiste mit acht Gobelins aus Paris ab, darunter vier kostbare spanische Stücke aus dem 18. Jahrhundert mit Szenen aus dem *Don Quixote*, die aus den königlichen Werkstätten von Madrid stammten und von den Brüdern van der Groten signiert waren. Paul Cailleux meldete die Summe, die er für diesen Handel kassierte, nicht dem DGER, doch nach Auskunft eines Sachkundigen von der Reichsbank wurden allein für die vier Gobelins 2,5 Millionen Franc bezahlt. Wolff kaufte außerdem mehrere Gemälde des 18. Jahrhunderts und antike Möbel, um die Atmosphäre in den Büros der Chefetage gediegen zu gestalten.

Für seine deutschen Kunden engagierte sich Cailleux beträchtlich. Er verkaufte der Reichsbank nicht einfach nur Kunstgüter, sondern stand auch als Berater zur Verfügung, wenn die Bank aus anderen Quellen kaufen wollte. In einem Brief an Margot Jansson, der Pariser Vertreterin der Reichsbank, schrieb er: »Auf die Bitte von Dr. Wolff waren Sie so liebenswürdig, mich zur Begutachtung von zwei bedeutenden Gemälden in Ihr Haus zu bitten, deren eines die Venus in der Unterwelt, deren anderes die Götter des Olymp darstellt, und mein Urteil zu diesen Werken zu erbitten. Ich war zutiefst geschmeichelt von diesem Beweis Ihrer Wertschätzung und Ihres Vertrauens und besuchte Ihr Haus am Samstag, dem 24. Mai [1941], worauf ich eine gründliche Analyse der zwei mir vorgelegten Gemälde durchführte.«[11] Dann leitete Cailleux aus seiner professionellen Expertise ab, daß die fraglichen Gemälde nicht Boucher zugeschrieben werden konnten, wie es andere Experten getan hatten, sondern wahrscheinlich Kopien von hoher Qualität waren, die sich bevorzugter Motive des Rokoko-Malers bedienten. Er kam zu dem Schluß, daß weitere Untersuchungen, »die vorzunehmen ich nicht in der Lage war«, möglicherweise Gewißheit schaffen würden, ob Boucher die fraglichen Themen behandelt haben könnte, und empfahl sich mit vorzüglicher Hochachtung und den besten Wünschen. Wahrscheinlich war es gerade diese ausgesprochen diskrete Beratertätigkeit, die den Pariser Experten bei den deutschen Großkunden so gefragt machte.

Andere prominente Kunden, wie der Salzburger Händler Friedrich Welz, hatten eine Vorliebe für Gobelins und kauften etliche bei Cailleux, der Welz auch eine Entwurfsskizze Tiepolos zu einem Fresko für die Decke des Thronsaals im Madrider Königsschloß verkaufte.

Der letzte Name auf der Liste von Cailleux war der des allgegenwärtigen Gustav Rochlitz. Cailleux verkaufte ihm ein kleines rechteckiges Tafelbild mit einer Darstellung von Christus im Leichentuch, das von einem unbekannten frühen Italiener stammte.

Aufgrund seiner zahlreichen Kunden genoß Cailleux uneingeschränkten Zugang zu Kreisen, in denen es hinsichtlich ihrer Handelstätigkeit keine moralischen Hemmnisse gab und in denen er wegen seiner Professionalität bewundert wurde. Ein französischer Händler und Bekannter von Cailleux, der mit deutschen Kunden keine Geschäfte machen wollte oder konnte, äußerte die Ansicht, daß Cailleux seinen Kunden weiter entgegenkam, als es normalerweise üblich war. Léonce Rosenberg, ein Kollege von Cailleux, nahm kein Blatt vor den Mund, als er dessen Tätigkeit während der Besetzung charakterisierte. Als Jude durfte Rosenberg seinen Beruf nicht ausüben und mußte die Beschlagnahme seiner Galerie über sich ergehen lassen. Dennoch blieb er den ganzen Krieg hindurch in Paris und verfolgte aufmerksam das Geschehen auf dem Kunstmarkt. In einem Brief vom 22. Februar 1945 erhob Rosenberg schwere Vorwürfe gegen Cailleux. Der Brief war an die Commission de Récupération Artistique (CRA) gerichtet, die von der französischen Regierung eingesetzt war, um nach gestohlenen Kunstwerken zu forschen und Schadenersatzforderungen zu bearbeiten. Rosenberg stellte fest, daß, nachdem André Schoeller und sein Verband es abgelehnt hatten, »kommissarische Verwalter« zur Auflösung der jüdischen Kunstgalerien zu benennen, sich das Generalkommissariat für Judenfragen »an Paul Cailleux wandte, einen Kunsthändler von der Rue du Faubourg Saint-Honoré, der bereit war, sich an dem schmutzigen Geschäft ... zu beteiligen, und fortan aber auch jedes Mitglied der Association Antiquaires, deren Präsident er selbstredend war, hinzuberief. Er ließ sie im Glauben, daß sie eine Provision aus dem Verkauf der Kunstwerke jener Galerien erhalten würden. Viele fanden sich dazu bereit, als – verzeihen Sie dieses grobe Wort, aber es bezeichnet genau ihre Rolle – Geier zu fungieren. Es entstand eine eigentümliche Situation: Sammlungen moderner Kunst wurden von Antiquitätenhändlern verkauft. Und Cailleux, dessen Aufgabe es war, kommissarische Verwalter zu benennen, bestimmte sich selbst zum Treuhänder der Galerien Josse Hessel, Bernheim-Jeune und Wildenstein! ... Seinerzeit druckte das *Journal officiel* die Namen der Treuhänder und der Galerien, die ihnen unterstanden. Wenn Sie in dieser Richtung weiterforschen, werden Sie eine Menge interessanter, wenn auch recht unerfreulicher Dinge erfahren.«[12]

Der Händler J.O. Leegenhoek unternahm gerade die ersten bescheidenen, doch eigenwilligen Schritte zum Aufbau seines Unternehmens in

Paris. Damals befand sich seine Galerie auf dem Boulevard Raspail. Er war Belgier wie Raphael Gérard und 1942 nach Paris gekommen. Seit 1941 verkaufte er flämische Meister, die es in seiner Heimat reichlich gab, vor allem an die Museen in Bonn, Düsseldorf, Karlsruhe und Krefeld. Mit seinem belgischen Kollegen Maurice Lagrand wurde er vom DGER auserwählt, Nachschub für Görings Sammlung zu liefen, und mit entsprechenden Privilegien ausgestattet. Lagrand nahm die Speditionsfirma Schenker in Anspruch, um kleinere Posten Möbel und Skulpturen von Paris nach Belgien zu versenden. Trotz der Reisebeschränkungen zwischen den verschiedenen deutschen Besatzungsgebieten reisten Leegenhoek und Lagrand häufig nach Brüssel.

Neben den etablierten Galeristen links und rechts der Seine, die seit jeher die Pariser Kundschaft belieferten, tauchten während der Besatzungsjahre auch Händler auf, die aus dem Nichts zu kommen schienen – angelockt von der gewaltigen Nachfrage und entschlossen, sie auf jede erdenkliche Weise zu befriedigen. Die Firma Schmit & Co begann als kleine Möbelfabrikation und ging dann dazu über, ältere Malerei an das Essener Folkwang-Museum zu verkaufen. Schmit offerierte seinen Kunden alle Arten von Kunst, neben Gobelins zum Beispiel auch wenig fundierte »Zuschreibungen«, die in Paris damals in großer Zahl kursierten. In diesem Fall handelte es sich um eine Serie von Skizzen, die dem bedeutenden italienischen Barockmaler Francesco Solimena zugeschrieben wurden, und um ein Gemälde mit dem Titel *Nymphen*, das angeblich von Watteau stammte.

Die ehrgeizige Möbelfirma suchte den Kontakt zu Deutschen, die Einfluß auf den Pariser Kunstmarkt hatten, aber am Ende verpaßte sie die einmalige Chance, sich nachhaltig zu etablieren. Der Vorfall zeigt zugleich, mit welcher Gier Reichsmarschall Göring auf Nachschub für seine Privatsammlung aus war und wie rücksichtslos die Deutschen untereinander konkurrierten – oft zum Vorteil ihrer französischen Partner. Die Firma Schmit war an einen Rubens gekommen, den sie in ihrem Geschäft in Kommission anbot. Bei einem seiner Paris-Besuche hörte Göring, der eine Schwäche für Rubens hatte, von dem Angebot und nahm das Bild in Augenschein. Er schien interessiert, machte aber kein Kaufangebot. Kaum hatte Göring das Geschäft verlassen, eilte der nimmermüde Kunsthändler Karl Haberstock, der immer auf gute Gelegenheiten lauerte, in die Rue Charonne und wollte den Rubens kaufen. Da Göring sich noch nicht entschieden hatte, gab Schmit das Bild nicht her. Haberstock verwandte mehrere Tage darauf, nach dem Besitzer zu suchen, und er fand ihn. Unter Umgehung von Schmit verhandelte er direkt mit dem Eigentümer, der schließlich bereit war, ihm das Bild zu verkaufen, und es aus dem Geschäft zurückholen ließ.

Als Göring wieder nach Paris kam, suchte er Schmit auf, diesmal entschlossen, den Rubens zu kaufen. Als ihm der Händler berichtete, was geschehen war, geriet Göring in Wut, fuhr zu Haberstock und überschüttete ihn mit Drohungen. Eingeschüchtert gab Haberstock das Bild heraus. Es blieb ihm wohl auch keine andere Wahl. Nach dem Krieg gab die Familie Schmit die Möbelfabrikation auf und eröffnete eine Galerie in der Rue du Faubourg Saint- Honoré, die sich auf die Kunst des 19. und 20. Jahrhunderts spezialisierte.

Das Düsseldorfer Museum war nicht das einzige, das Paris als riesiges Nachschublager für seinen Fundus nutzte. Bei einem ihrer Fischzüge kauften die Kuratoren eine enorme Zahl der unterschiedlichsten Gegenstände – Tische, Porzellan, Münzen, Nippes, Gobelins, Chronometer und drei- bis vierhundert Kunstbücher. Ganz Frankreich schien zum Verkauf zu stehen, und selbst mitten im Krieg fuhren einige Kuratoren nach Paris, um ihre Bestände aufzustocken, auch der Direktor des Krefelder Museums für Angewandte Kunst, das bei einem Luftangriff zerstört wurde und fast alle Bestände verlor.

Auch die Sammler antiker und orientalischer Kunst aus den Berliner Museen nutzten die Gunst der Stunde. Die Abteilungen für islamische und ägyptische Kunst erwarben Steinskulpturen, Stelen, Basreliefs, Marmorplaketten und Vasen, von denen es nur vage Beschreibungen gibt, und auf die auch in den Schenker-Papieren kaum Hinweise auftauchen.

Kein Museum des Dritten Reiches wollte die Chance verpassen, in Paris billig einzukaufen. Durch Vermittlung des österreichischen Agenten

Hans Herbst kaufte das Wiener Auktionshaus Dorotheum für insgesamt 15 Millionen Franc Gobelins und Möbel sowie fünfundzwanzig Gemälde, unter denen sich ein Werk von Pieter Bruegel d.Ä. befand, knapp als *Landschaft mit Tieren* bezeichnet, und eine Cranach zugeschriebene (höchstwahrscheinlich vorreformatorische) *Jungfrau mit Kind*. Das Kunsthistorische Museum Wien, dessen Kuratoren nicht bis zum Anschluß Österreichs im Jahre 1938 warteten, um mit Hilfe der Gestapo die Wiener Sammlung Rothschild zu konfiszieren, erwarb im November 1942 für 127 500 Franc ein von Pascal Taskin gebautes Klavichord vom Pariser Pianofabrikanten Labrousse. Den ganzen Krieg hindurch berichteten die Museen in der Lokalpresse stolz über jede Neuerwerbung.

Agenten und Händler jeder Couleur ließen sich in Paris nieder oder hielten sich häufig dort auf und logierten dann in Hotels im Umkreis der Galerien. Die deutsche Botschaft, unzufrieden mit ihrer Handlangerrolle beim Kunstraub, verwandelte sich in einen Umschlagplatz für Hehlerware. Botschafter Abetz und Außenminister Ribbentrop, beide gleichermaßen skrupellos, wußten, daß sich ihre Begehrlichkeiten nur durch systematische Zukäufe befriedigen ließen. Die Botschaft stellte ein kleines Team von Experten zusammen, die in den Rang von Handelsattachés erhoben wurden und die sich ausschließlich dem Kunstaufkauf widmen sollten. So kam es zu dem geschichtlich einzigartigen Vorgang, daß Diplomaten dazu eingesetzt wurden, nach Kunstwerken zu forschen, sie zu bewerten und aufzukaufen – alles zum Ruhme des Dritten Reiches.

Die Pariser Botschaft der Nazis mit Sitz in der Rue de Lille 78 lag ganz in der Nähe der berühmten Galerien des linken Seine-Ufers, und von diesem strategisch günstigen Punkt aus waren Kulturattaché Adolf Wüster und seine Helfer stets gut unterrichtet, was auf dem Pariser Kunstmarkt erhältlich war, und konnten alle Aufträge ausführen, die sie vom Außenministerium oder anderen Dienststellen erhielten. Wüster, der nebenbei auch private Sammler versorgte, besuchte häufig die Galerien und hielt festen Kontakt zu den französischen Händlern, damit ihm keine wichtige Information entging. Seine privilegierte Stellung erlaubte ihm, in aller Offenheit Geschäfte zu machen, und trotz seines diplomatischen Status verlangte er eine üppige Provision von zwanzig Prozent von seinen Kunden. Auch als Agent für die Museen Düsseldorf und Krefeld und für Maria Dietrich und Karl Haberstock arbeitete er mit Erfolg.

Wüster wußte genau, wann ein neuer Raubzug geplant war, und konnte auch den Wert der Beutestücke sehr gut beurteilen. Zweimal tauschte er Bilder aus seinem Besitz gegen beschlagnahmte Werke, die er in den Lagerhäusern des ERR entdeckte. Und er beteiligte sich auch auf subtilere Weise am Kunstraub: Wenn Göring in Paris nach neuen Stücken für seine Sammlung Ausschau hielt, wurde er von Wüster und anderen Experten begleitet, die ihr Urteil abgaben und dem Reichsmarschall bei der Auswahl halfen.

Die Feinheiten des Pariser Kunstmarkts zu verstehen, war für Außenseiter nicht leicht, besonders wenn sie Besatzer waren. Wüster war kein wirklicher Außenseiter mehr; er hatte seit 1928 in Paris gelebt und gehörte damit – wie Otto Abetz und Arno Breker – zur überraschend großen Gruppe von Deutschen, die schon länger in Pariser Künstlerkreisen verkehrten. Das nützte ihm nicht im geringsten, als er im Sommer 1944 von der deutschen Botschaft entlassen wurde. Er floh ins Elsaß, dann weiter nach Osten und wollte schließlich bei Salzburg ein Haus kaufen, für das er als Bezahlung kein Geld, sondern aus Frankreich mitgebrachte Gemälde anbot. Viele deutsche Händler packten ihre Beute und flohen Richtung Heimat. Andere, wie zum Beispiel Wilhelm Jakob Mohnen, ein deutscher Gestapo-Agent in Paris, suchten Unterschlupf in der Nähe ihrer Wirkungsstätte. Nach zweijähriger Tätigkeit in Paris wurde Mohnen an die Botschaft in Rom versetzt. Im Sommer 1944 verschaffte er sich Asyl im Vatikan, wo er von den Alliierten verhaftet wurde. Mohnen, der auch unter dem Namen Ernst von Mohnen auftrat und ein Kenner flämischer Kunst war, machte in Paris Geschäfte auf eigene Rechnung und unterhielt zu diesem Zweck enge Beziehungen zur Kunstabteilung der Botschaft. Er hatte lange genug in Paris gearbeitet, um den amerikanischen Geheimdienst OSS mit wertvollen Informationen über den Kunstmarkt versorgen zu können.

In Paris logierte Mohnen im Hotel Claridge auf den Champs-Élysées, ganz in der Nähe des Galerienviertels um die Rue du Faubourg Saint-Honoré. Aus den Geschäftsbüchern der Galerie Charpentier, die in dieser Straße gelegen war, geht hervor, daß Mohnen im August 1942 zwei Bilder zu günstigen Preisen kaufte. Mohnen hatte einen hervorragenden Überblick über den Markt und die Qualität der gehandelten Objekte, später berichtete er dem OSS über die Händler, die für Hitler, Göring, Goebbels und Ribbentrop gearbeitet hatten. Ribbentrop habe seiner Einschätzung nach den besten Geschmack besessen und als einziger Avantgarde-Kunst und Impressionisten erworben. Hitlers Kunstagenten seien besonders an »zweitklassiger Wiener Kunst« interessiert gewesen, und Göring versessen auf Werke von Cranach, Dürer und Holbein. Mohnens Aussage bestätigte, daß alle großen deutschen Museen Agenten in Paris hatten und daß der Kreis der Akteure sehr klein war, die den Markt unter sich aufteilten.[13] Deutsche Händler, so sagte Mohnen dem OSS, hätten sich gegenseitig nichts geschenkt, und die Konkurrenz unter den französischen Kunsthändlern sei erbittert gewesen.

Da gewaltige Geldmengen im Umlauf waren und der Markt überfloß, stießen die Aufkäufer kaum auf Schwierigkeiten. Der französische Besitzer eines Brouwer habe zum Beispiel sehr gut gewuß, welchen Wert das Bild für seine Sammlung hatte, aber er war eher geneigt, es zu einem guten Preis zu verkaufen, als auf einen Boucher zu verzichten, erklärte Mohnen. Normalerweise lief das Geschäft, ohne daß von deutscher Seite Druck ausgeübt wurde, nur eben oft heimlich hinter verschlossenen Türen. Mohnen zufolge bedienten sich die deutschen Neulinge auf dem Pariser Kunstmarkt gern exilierter Weißrussen als Agenten.

Mohnens Aussage gab einen ersten tieferen Einblick in das Treiben des ERR und auch darauf, wie andere auf dem Pariser Kunstmarkt tätige Deutsche diese Aktivitäten eingeschätzt hatten. Mohnen glaubte bezeichnenderweise, daß der ERR einfach die größte Gruppierung deutscher Kunsthändler in Frankreich war, deren etwa sechzig Leute sich unter Göring zum Terrorkommando formierten, mit oder direkt nach den Besatzungstruppen in die Städte einfielen und sich sofort auf die Suche nach Kunstsammlungen machten. Seelenruhig fügte er hinzu, der ERR habe sich nicht mit dem Kauf von Kunstwerken begnügt, sondern sie auch beschlagnahmt oder einfach gestohlen. Entweder hatte dieser deutsche »Diplomat« nie vom wirklichen Auftrag des ERR gehört, oder er zog es vor, sein Wissen für sich zu behalten.

Seine Auskünfte beschrieben erstmalig auch den Handel mit Beutekunst. Er berichtete, dieser Markt sei riesig gewesen und die überzogenen Preise für alle Arten »deutscher« Kunst hätten Schweizer Händler und Sammler dazu verlockt, ihre eigenen Bestände auf den Markt zu werfen, um sie gegen französische impressionistische Gemälde zu tauschen, die entweder beschlagnahmt oder geraubt worden waren. Immerhin konnte er sich an einen Verkauf derartiger impressionistischer Werke in Bern erinnern. Die Nachfrage war nicht sonderlich groß, weil jeder wußte, daß der Kauf hinfällig werden würde, wenn Deutschland den Krieg verlor. Mohnen fügte hinzu, daß die Schweiz und Spanien als neutrale Staaten geraubte Kunst in beträchtlichen Mengen die Grenzen passieren ließen, wo sie für den Fall einer deutschen Niederlage versteckt wurde.

Das Verhör fand im September 1944 im Vatikan statt, wohin Mohnen drei Monate zuvor geflohen war. Er bezeichnete sich als Nazigegner und schilderte seine Arbeit an der deutschen Botschaft in einer Unschuld, die glauben machen sollte, er wäre über jeden Vorwurf erhaben. Obwohl das Gegenteil erwiesen war, behauptete er, daß die offiziellen deutschen Kunstkäufe korrekt abgewickelt wurden und daß etliche deutsche Makler ins Gefängnis gekommen seien, weil sie versucht hätten, sich persönlich zu bereichern. Mohnen war überzeugt, daß deutsche Dienststellen nichts mit Plünderung und Kunstraub zu tun gehabt hatten. Obwohl alle Unterlagen und auch seine eigenen Ausführungen auf das Gegenteil verwiesen, beharrte er darauf, daß die deutschen Kunstaufkäufe nichts mit einem organisierten oder systematischen Prozeß zu tun hatten und daß es eine derartige politische Zielstellung der Nazis nicht gegeben habe.

Tatsächlich ist ein solcher Nachweis schwer zu führen, weil praktisch alle höher gestellten Personen, alle Dienststellen und Institutionen des Dritten Reiches ihre eigenen Interessen verfolgten. Dennoch einte sie alle das Bestreben, sich unter Ausnutzung ihres Besatzerstatus Kunstschätze anzueignen. Bestätigt wird dies durch den Kümmel-Bericht, durch die Einsetzung von Leuten wie Wüster und Mohnen, durch die Schaffung von Finanz- und Zollbehörden (die sogenannte Reichsdevisenstelle) und insbesondere durch die Aktivitäten des ERR. All diese Bestrebungen und Handlungen waren Ausdruck der Naziideologie und stützten sich ganz offenkundig auf die Gewalt der Wehrmacht im besetzten Frankreich. Aber Mohnen konnte, wie so viele seiner Landsleute, nicht zu der Einsicht gebracht werden, daß er, der sich für einen Nazigegner hielt, die Rechtfertigungsideologie der deutschen Eroberer und den Glauben an die Rechtschaffenheit ihres Tuns geteilt hatte. An diesem Glauben hielten auch diejenigen Deutschen fest, die am Ende des Krieges zu Hitlergegnern wurden, wie Hannah Arendt es eindrücklich dargestellt hat. Mohnens vorgebliche Naivität und Ahnungslosigkeit könnte ihre Erklärung jedoch auch darin finden, daß er seine Mitwisserschaft nicht preisgeben wollte – schließlich war bei seiner Vernehmung der Krieg noch nicht vorüber.

Die fleißige Schatzsuche der deutschen Museen und auch der Jagdeifer der deutschen Botschaftsmitarbeiter verblassen jedoch angesichts der systematischen Aufkaufpolitik der Deutschen Reichsbank. Als Zentral- und Staatsbank einer Eroberernation wurde sie ihrer Rolle in jeder Hinsicht gerecht und gehörte zu den Hauptakteuren auf dem französischen Kunstmarkt. Ohne jeden Zweifel war die Bank auf Sachwerte aus, und sie scheute sich nicht, ihre gewaltige Macht einzusetzen, die auf die für Frankreich erdrückenden wirtschaftlichen Bedingungen des Waffenstillstandsabkommens gründete. Der Krieg füllte die Tresore der Reichsbank – dafür sorgten Reparationszahlungen und Abgaben sowie die Ausplünderung der besetzten Länder.

Geld war im Überfluß vorhanden, doch das hielt die Reichsbank nicht davon ab, sich auf die makabersten Transaktionen einzulassen. Im Sommer 1942, als die »Endlösung der Judenfrage« bereits begonnen hatte, unterzeichnete Reichsbankpräsident Walther Funk einen Vertrag mit SS-Führer Himmler, demzufolge alles Geld und alle Wertgegenstände wie Schmuck und Zahngold, die sich Tag für Tag in den Konzentrations- und Vernichtungslagern aufhäuften, bei der Reichsbank deponiert werden sollten. Die tüchtigen Bankdirektoren würden alles in sauberes Kapital verwandeln.

Außer Vorstand und hohen Beamten, die regelmäßig zum »Einkaufsbummel« nach Paris fuhren, hatte die Bank auch zwei Vertreter nach Paris entsandt, die hauptamtlich nach guten Geschäften Ausschau hielten. Die Transaktionen spielten sich normalerweise hinter den Kulissen ab, für ausreichende Tarnung wurde gesorgt. Vonnöten waren dafür sorgfältig ausgewählte Zwischenhändler und unabhängige Experten wie Cailleux. Einige der Kunstobjekte, die bei solchen Gelegenheiten den Besitzer wechselten, stammten aus dem französischen Königshaus, was Funk und seinesgleichen in besonderem Maße faszinierte. Sie waren geradezu versessen auf Gegenstände, die das königliche Wappen trugen. Das *Porträt der Madame Dubarry* von François-Hubert Drouais war eine der geschätztesten Erwerbungen der Bank. Jetzt lächelte die Mätresse Ludwigs XV. von den Wänden der Reichsbank in Berlin herab, auf einem blauem Plüschsofa sitzend, in der einen Hand eine Lyra, in der anderen eine Blütenkrone. Das Wertgutachten des von der Bank bestellten Experten überschlug sich geradezu vor Begeisterung: »Dieses Gemälde ist so von Schönheit durchdrungen, so voller Grazie und einer außergewöhnlichen Natürlichkeit, daß es mit den schönsten Porträts der königlichen Familie in Versailles verglichen werden kann.« Nachdem er das Werk auf diese Weise in den königlichen Rang erhoben hatte, auf den die deutschen Bankiers soviel Wert legten, beschrieb der Gutachter die erlesenen, privilegierten Vorbesitzer: Madame Dubarry hatte es in ihrem klassizistischen Schloß von Louveciennes aufbewahrt, wo es während der Französischen Revolution gefunden und erbeutet wurde. Geblendet von soviel Glorie, bezahlten die Bankiers eine Million Franc und glaubten, ein glänzendes Geschäft gemacht zu haben.

Insgesamt gab die Reichsbank mindestens 40 Millionen Franc für Kunst und Antiquitäten in Frankreich aus. Woche für Woche wurden Kunstgüter per Lkw oder Bahn von Paris nach Berlin geschafft. Die Transportlisten erinnern an eine Schatzkarawane aus Tausendundeiner Nacht: Zu den Bildteppichen von Aubusson und den Stühlen Ludwigs XV. kamen Spiegel, Kaminaufsätze, Unmengen von Sesseln und Möbeln, Hunderte Servietten, zehn Tischtücher für feudale Festtafeln, ein Arzneischrank, Wolldecken, Seidenschals, Gardinen, Bücher und Luxusbekleidung der besten Couturiers und Schuhmacher, dazu ein erstaunliches Sortiment von Konserven: Fasan, Truthahn, Ente und, für besonders verwöhnte Gaumen, Kutteln, gedünstet in Madeira.

Den ganzen Krieg hindurch deckte sich die Chefetage der Reichsbank mit den Ingredienzien eines feudalen Lebensstils ein, zum Beispiel mit einem Sèvres-Gedeck für siebzig Personen, das einst Louis-Philippe gehört hatte und an dem zwanzig Kunsthandwerker drei volle Jahre gearbeitet hatten, mit den kostbaren Mahagonimöbeln der Hoftischler Riesener und Benemann aus dem 18. Jahrhundert, mit den vier rosafarbenen Servierschüsseln für Hors-d'-œuvres, die Napoleon für Bernadotte anfertigen ließ, den späteren König Karl XIV. von Schweden und Norwegen. In ihrem Hang zum Feudalen gingen die Bankiers sogar soweit, daß sie sich eine Brunnenfigur aus dem Park von Versailles kommen ließen: einen Affen, der auf einem Delphin reitet.

Das überreiche Angebot an Kunstobjekten, die dank dem günstigen Wechselkurs billig zu haben waren, regte in Berlin grandiose Pläne zur Umgestaltung des Reichsbank-Gebäudes an. Margot Jansson, die an vielen Käufen beteiligt war, konnte Paul Cailleux jederzeit in ihre Wohnung in der Nähe des Eiffelturms einladen und sich seine neuen Angebote vorlegen lassen.

Der kollaborierende französische Kunstexperte Albert Bourdariat wurde Zeuge, wie die Bankiers in dieser angenehmen Atmosphäre ihre Geschäfte abwickelten. Während des Diners in der Wohnung der Jansson, zu dem nur deutsche Prominente geladen waren, dachten ein Dr. Böttcher, Repräsentant der Reichsbank in Frankreich, und der

Reichsbank-Architekt Dr. Wolff gemeinsam darüber nach, wie man der Banque de France genug Gold und Silber abluchsen könne, um ein rotgoldenes Tafelservice für 150 Personen herstellen zu lassen, das die Berliner Reichsbank für exklusive Empfänge verwenden wollte. Es war nicht leicht, in Kriegszeiten Edelmetalle aufzutreiben, und praktisch unmöglich, sie legal über die Grenzen zu schaffen. Die zwei Spitzenmanager fanden eine Lösung: Sie kauften die Goldbarren bei der französischen Notenbank und deponierten sie bei dem bekannten Pariser Juwelier Puiforcat (dessen Arbeitslohn auf 5,5 Millionen Franc festgesetzt wurde). Bourdariat war überzeugt, daß es nie zuvor eine solche gewaltige Sammlung rotgoldenen Tafelgeschirrs gegeben hatte: Speiseteller, Schüsseln, Tee- und Kaffeegedecke und Tischdekorationen. Puiforcat, dessen Geschäft am Boulevard Haussmann gelegen war, stellte auch andere Tafelgeschirre und Schmuckgegenstände für die Reichsbank her, bei der er regelmäßig die benötigten Gold- und Silbervorräte orderte.

Das exklusive Pariser Dekorationshaus Jansen wurde beauftragt, einen angemessen eleganten Aufbewahrungsplatz für die Schätze zu entwerfen. Während Puiforcat sich an die Arbeit machte, gestaltete die Firma Jansen eine Schatzkammer im Keller der Reichsbank, die eines Königs würdig war: Die Einbauvitrinen bestanden aus massivem Rosenholz mit silbernen Griffen; die Einzelteile des Geschirrs wurden auf Samt und roter Seide gelagert. Die Firma Jansen war der Inbegriff des Perfektionismus; um die deutschen Kunden zufriedenzustellen, blieb nichts dem Zufall überlassen. Die besten Kunsthandwerker aus den Bastille-Werkstätten wurden nach Berlin geschickt. Der Auftrag brachte der Firma eine Million Franc ein.

Jansen brauchte keine Empfehlung in Deutschland. Vor dem Krieg schon hatte das Haus Weltgeltung erlangt. Es wurde von den Mächtigen aus ganz Europa frequentiert, Kundschaft kam auch aus den USA, aus Südamerika und aus Ägypten. Mit ihren Arbeiten aus den großen Werkstätten in der Rue Saint-Sabin, ausgeführt von hochqualifizierten Handwerkern, konnten auch die verwöhntesten Kunden zufriedengestellt werden. Als die Firma Jansen Anfang 1941 von Berliner Bankiers gefragt wurde, ob sie die Neugestaltung ihrer Firmenzentrale in Berlin übernehmen wolle, sagte man sofort zu, ging es doch dabei um ein gewaltiges Auftragsvolumen. Funk wollte die Räumlichkeiten der Bank völlig umgestalten – mit einem neuen Treppenaufgang, einem Bankettsaal, einem Rauchsalon, einem Damenzimmer und einem Wintergarten, kurz, er wollte ein Ambiente schaffen, das die Bedeutung der Reichsbank als mächtigstes Finanzinstitut Europas widerspiegelte. Jansen schickte ein Team von Handwerkern nach Berlin, darüber hinaus wurden französische Kriegsgefangene in Deutschland herangezogen. Die Schreiner der Firma Jansen bauten einen riesigen Bankett-Tisch, auf dem die 150 Goldgedecke ausgelegt werden sollten, sie fertigten Möbel, Täfelungen, Wandschmuck, Spitzentischtücher (mit eingesticktem Reichsadler und den Initialen DRB für Deutsche Reichsbank), Vorhänge und Lampen an. Allein den Bankettsaal ließ sich die Bank 5 Millionen Franc kosten.

Nach dem Krieg wollte die Firma Jansen möglichst vergessen machen, welche Dienste sie den Nazis erwiesen hatte. Schließlich zählten zu ihren Kunden vor und nach dem Krieg auch die Herzogin von Windsor, die Familie Rothschild und das französische Außenministerium, das sich eine Reihe von Botschaften in aller Welt von Jansen einrichten ließ. Die deutschen Kunden in ihrem Drang, sich mit feudalem Glanz zu umgeben, hatten der Firma mehr als 42 Millionen Franc eingebracht. Jansen hatte das Wallraff-Richartz-Museum in Köln, einige Naziminister und Berliner Kaufleute mit Gemälden und Teppichen versorgt.

Auch für Hans Frank, vor dem Krieg Hitlers juristischer Berater, dann Generalgouverneur Polens, wurde das Haus Jansen tätig. Frank überwachte den Raub polnischer Kunstschätze und eignete sich einen Leonardo da Vinci und einen Rembrandt aus der Beute an. Jansen schickte seine Dekorateure nach Polen, wo sie Franks Wohnhaus und Amtssitz ausstaffierten; Frank hatte Louis-quinze-Kronleuchter und Louis-seize-Stühle für sein Berliner Haus und den in Krakau bezogenen Palast bestellt. Die deutschen Machthaber in Polen kauften in Frankreich Möbel und Skulpturen für mehr als 1,5 Millionen Franc. Bei Kriegsende verhaftet, legte Frank Wert auf die Feststellung, daß er kein Dieb sei, sondern ein gebildeter Kunstliebhaber. Als er im Nürnberger Prozeß mit den Beweisen des von Göring organisierten Kunstraubs konfrontiert wurde, rief der ehemalige Generalgouverneur, er hätte nie dafür Zeit gehabt, während des Krieges Kunstschätze zu sammeln.[14] Er wurde als Kriegsverbrecher zum Tode verurteilt und hingerichtet.

Auch die deutsche Botschaft in Paris bediente sich der Firma Jansen, um sich mit Antiquitäten und Wandteppichen auszustatten, desgleichen der Bildhauer Arno Breker, der sich als Adoptiv-Pariser bezeichnete und oft im Hotel Ritz abstieg. Breker bestellte zwei Wandleuchter im Stil Ludwigs XV. und zwei elegante Kandelaber mit Marmorfüßen und ineinander verschlungenen Kerzenhaltern. Die Deutschen waren vernarrt in das französische Dekor, besonders begehrt war es in den Botschaften, wo es galt, Weltklasse zu demonstrieren. Die Pariser Residenz hatte ein Herr von Waldhausen gestaltet, und für die komplette Neuausstattung der Madrider Botschaft bestellte im Jahr 1942 eine Frau May, die von Ribbentrop protegiert wurde, in Frankreich Mobiliar und Kunstgegenstände.

Nach dem Krieg war die Firma Jansen um Erklärungen verlegen. Man habe den Nazis dienen müssen, beteuerte man, weil Jansen im Ersten Weltkrieg und auch 1939 und 1940 für die französische Luftwaffe tätig gewesen sei und dies vor den Deutschen habe verbergen wollen.

Es gab auch Agenten, die persönliche Kontakte nutzten, um ihre Privatkunden zu bedienen. Der Berliner Kunsthändler Werner Grote-Hasenbalg hatte sich auf Orientteppiche und Wandbehänge spezialisiert und reiste ab Dezember 1940 regelmäßig nach Paris, um interessante Stücke für die Amtsräume des preußischen Finanzministeriums zu finden. Nach zweiwöchigem Aufenthalt kehrte er mit fünf Beauvais-Teppichen und zwei Aubusson-Wandbehängen im Gesamtwert von 2 Millionen Franc nach Berlin zurück. Schließlich hatte er so häufig in Paris zu tun, daß er eine Wohnung in Neuilly anmietete. Grote-Hasenbalg wurde bald zu einer bekannten Figur in gewissen Pariser Kreisen.

Eigenen Angaben zufolge gab Grote-Hasenbalg mindestens 8 Millionen Franc in Paris aus, er erwarb für Hitler einen Gobelin mit dem Titel

Tanz der Satyrn nach einer Zeichnung von Vouet und verschiedene Wandteppiche aus dem 17. Jahrhundert für Albert Forster, den »Gauleiter und Reichsstatthalter« von Danzig-Westpreußen. Grote-Hasenbalg fand Freunde in Frankreich, zu diesen Freunden gehörte der Chef einer Gobelin-Firma, bei der er gekaufte Stücke restaurieren ließ. Zu seinen engsten Kontakten zählten auch namhafte Antiquitätenhändler wie Alexandre Popoff und Jean Nicolier.

Bestimmte französische Galerien veranstalteten Auktionen, die eigens auf deutsche Privatkunden ausgerichtet waren, so zum Beispiel die Galerie Charpentier in der Rue du Faubourg Saint-Honoré, die den ganzen Krieg hindurch geöffnet blieb. Als die Commission de Récupération Artistique (CRA, Kommission für die Rückführung von Kunstwerken) nach dem Krieg um entsprechende Erklärungen bat, gaben die Betreiber der Galerie zu, daß zwischen 1942 und 1944 dreiundzwanzig ihrer Geschäftspartner »dem Erscheinen nach deutscher Nationalität« gewesen seien, wie sie mit diplomatischer Finesse formulierten. Zu diesen Kunden gehörten auch Mohnen und Arno Breker, der 22 000 Franc für das Bild *Sitzender Jäger* ausgab, ein Jean-Baptiste Pater zugeschriebenes Gemälde aus dem 18. Jahrhundert. Überraschenderweise interessierten sich deutsche Kunden der Galerie Charpentier auch für moderne Maler wie van Dongen.

Einer der Käufer, der die ausweichenden Erklärungen der Betreiber über die Geschäfte mit den deutschen Besatzern zur blanken Heuchelei geraten ließ (und möglicherweise deshalb nicht namentlich in der Kundenliste geführt wurde), war Reichsmarschall Göring. Das Verhör Görings durch die Alliierten und auch die Aussagen Rose Vallands warfen ein gänzlich anderes Licht auf die Geschäfte der Galerie Charpentier in der Besatzungszeit. Noch vor der eigentlichen Eröffnung der Galerie im Jahr 1941 hatte der Geschäftsführer Raymond Nasenta im Zusammenwirken mit dem deutschen Kunsthändler Josef Mühlmann eigens für Göring eine Privatschau mit Werken des Mittelalters und der Renaissance veranstaltet. Die Galerie brauchte dringend Startkapital. Göring, damals als Kunde noch zu gewinnen, nahm die Bilder fünfundvierzig Minuten lang in Augenschein, dann beschloß er, wie es seine Gewohnheit war, alle zu kaufen.

Auch der umtriebige Berliner Händler Karl Haberstock taucht in den Schenker-Papieren auf, obwohl seine Abschlüsse meist auf einen kleinen Kreis von Kollegen und Freunden beschränkt blieben. Neben mehr als dreißig Bildern, Rahmen und Skulpturen erwarb er auch Veroneses *Leda mit dem Schwan*. Hitler mochte zwar den Maler nicht, aber der Sinnlichkeit des Sujets konnte er nicht widerstehen – ein Umstand, der den Preis des Bildes steil in die Höhe trieb. Alle möglichen Händler und Agenten durchstöberten den französischen Kunstmarkt, um irgendwelche besonderen Vorlieben Hitlers, Görings und anderer Nazigrößen zu bedienen. Der Münchener Händler Fritz Pössenbacher und sein Pariser Agent Paul Lindpainter zum Beispiel waren von Bormann ermächtigt, Möbel und Gegenstände aus Frankreich, Belgien und Holland zu beschaffen, die für die Einrichtung von Quartieren für den Führer und Reichsmarschall Göring geeignet waren. Mit Eifer machten sich die Beauftragten an die Arbeit und gaben 2,7 Millionen Franc für Möbel sowie 1,8 Millionen Franc für Gemälde aus.

In manchen Fällen ist es schwierig, zwischen privaten Sammlern und Aufkäufern mit dienstlichem Auftrag zu unterscheiden, in jedem Fall aber gerieten sie alle bei der Suche nach geeigneten Objekten früher oder später auch an Beutekunst. Philipp Frank, der Direktor der Mannheimer Reichsbankfiliale, fuhr im Februar und März 1941 nach Paris, um Kunst zu kaufen. Er hatte Geschmack und kam mit einer Anzahl hübscher Gemälde, Zeichnungen und einer holzgeschnitzten Madonna mit Kind aus dem 14. Jahrhundert zurück. Waren die Gegenstände für die Bank oder für die eigene Sammlung bestimmt? Frank erwarb auch zwei Landschaften von Cézanne und Courbet, einen Pissarro und die Farbstiftzeichnung einer Tänzerin von Degas.

Dem Verbleib dieser Degas-Zeichnung läßt sich kaum nachforschen, da eine nähere Beschreibung der Zeichnung fehlt und Degas viele Blätter dieser Art geschaffen hat. Über die verschollene Zeichnung ist nur bekannt, daß sie eine Tänzerin auf Zehenspitzen und mit ausgebreiteten

Armen zeigt und in der unteren linken Ecke signiert ist. Und es ist bekannt, daß das Blatt aus der Sammlung Paul Rosenberg stammte. Der Verdacht, daß es bei dem Verkauf an Philipp Frank nicht mit rechten Dingen zuging, erhärtet sich, wenn man bedenkt, daß der Verkäufer der Zeichnung Raphael Gérard hieß. Während der Besatzung hatte Gérard nicht davor zurückgeschreckt, eine Reihe von Werken aus der Sammlung Rosenberg in den Verkehr zu bringen. Nach dem Krieg gab er Rosenberg zurück, was er übrigbehalten hatte, um auf diese Weise einem Prozeß zu entgehen. In den Unterlagen des ERR ist die Degas-Zeichnung aufgeführt, mit der Bemerkung »zum Tausch« versehen. Es ist gut möglich, daß Gérard sie vom ERR erwarb und dann an Philipp Frank verkaufte. Wie auch immer, fest steht nur, daß die Degas-Zeichnung, die nach Mannheim verschwand, nie wieder aufgetaucht ist.

Ihren kapitalkräftigen deutschen Vettern folgten die österreichischen Agenten und Händler auf dem Fuße. Ein gewisser Karl Schwarzinger aus Wien kaufte Möbel für mehr als 200000 Franc, ein anderer Wiener Händler legte 86000 Franc in verschiedenen Kunstgegenständen an. Die Galerie Fellner aus Linz – der Stadt, in der Hitler sein gigantisches Museum einrichten wollte – schickte ebenfalls einen Vertreter, leider ist nichts Genaues über dessen Transaktionen bekannt. Weitaus mehr Spuren hat die namhafte Galerie Welz aus Salzburg hinterlassen: Friedrich Welz war von der Stadtverwaltung beauftragt worden, Exponate für die Einrichtung eines Museums im Schloß Klessheim bei Salzburg zu beschaffen. Er erwarb in Frankreich eine Reihe von Gemälden, darunter drei von Corot und sieben von Courbet, Werke von Daumier, Delacroix, Goya, Lépine, Monet, Pissarro, Poussin, Rodin, Rubens, Seurat, Signac und van Dyck. Auffällig daran mag sein, daß Welz auch Pissarro und andere Postimpressionisten auswählte.

Es dürfte kaum überraschen, daß gewisse Nazigrößen als Versender in Frankreich gekaufter Kunstgüter in den Schenker-Papieren immer wieder auftauchen. Ihre Vorlieben sagen auch einiges über ihren Charakter aus. Göring kommt, abgesehen von einer kurzen Erwähnung, nicht vor, was daran liegen kann, daß er seine Geschäfte über diskretere Kanäle abwickelte. Schließlich stand ihm der ganze ERR zu Diensten, und als Chef der Luftwaffe, der auch über vier Eisenbahnzüge nach Belieben verfügen konnte, war er auf eine Spedition wie Schenker nicht angewiesen. Ribbentrop wird nur einmal im Zusammenhang mit einem nicht näher bezeichneten Gemälde erwähnt, das er im Sommer 1941 kaufte, aber auch er zählt zu denen, die andere Transportmöglichkeiten nutzen konnten. Albert Speer nahm Schenkers Dienste in Anspruch, um zwischen Oktober 1941 und August 1942 Käufe nach Deutschland zu verschicken: Möbel, Plastiken und andere Gegenstände. Ebenfalls Kunde bei Schenker war Arno Breker. Er wies die Firma an, unter militärischem Schutz Skulpturen zu transportieren, zwanzig Tonnen Gips, Schallplatten, Wein, sogar Eau de Cologne. Alles war adressiert an das Staatliche Bildhaueratelier in Wriezen an der Oder.

Zu den vielen zwielichtigen Gestalten, die sich auf dem Pariser Kunstmarkt der Besatzungszeit tummelten, zählten auch etliche Schweizer Kunsthändler, die tief in den nationalsozialistischen Kunstraub verstrickt waren. In den Zeiten fieberhafter Aktivität wurde der Schweizer Kunstmarkt gar eine Art Satellit des französischen Markts. Das neutrale Land, in dem man »heiße Ware« diskret und sicher einlagern konnte, wurde zum idealen Versteck für Beutekunst.

11
Die Schweiz
oder
Die Vorzüge der Neutralität

Die Schweiz, das kleine, verschlafene Land im Herzen Europas, verschloß die Augen vor dem Zustrom von Kunstgütern aus den vom Krieg betroffenen Nachbarländern. Die Schweizer Gesetze, die das Eigentumsrecht im Hinblick auf gestohlene Güter regeln, sind voller Feinheiten. Zum Beispiel darf sich ein Besitzer, der einen gestohlenen Gegenstand »in gutem Glauben« erworben hat, nach fünf Jahren als rechtmäßiger Eigentümer betrachten. Der Bestohlene muß, wenn z. B. sein Gemälde bei einem Händler auftaucht oder auf einer Auktion versteigert wird, den Käufer entschädigen, bevor er sein Eigentum zurückbekommt. Solche Gesetze kamen den internationalen Kunstschiebern sehr gelegen, bot doch das Land auf diese Weise sowohl den Käufern als auch den Verkäufern ideale Bedingungen. Viele Schweizer waren in Paris tätig. Wenn die französische Hauptstadt eine Art Sammelbecken für Kunst darstellte, dann war die Schweiz der Abfluß.

Die Neutralität war ganz offensichtlich ein großer Segen für die Schweiz. Die Geldströme, die der Krieg freigesetzt hatte, besonders aber die Profite der deutschen Kriegsmaschinerie, waren dort im Umlauf. Die Schweizer Sammler hatten mehr Geld, als sie ausgeben konnten. Ihr Reichtum und ihre uneingeschränkte Bewegungsfreiheit machten die Schweizer Industriellen und Kunsthändler zur begehrtesten internationalen Kundschaft im kriegsgeschüttelten Europa. Da die Nazis unersättlich nach alten Bildern verlangten, vor allem nach deutschen und niederländischen Meistern, wurde die Schweiz zu einem Hauptexporteur alter Kunst, während moderne Kunst in riesigen Mengen eingeführt wurde.

Mehr noch, viele Schweizer Kunstgrößen standen auf vertrautem Fuß mit der Nazihierarchie. Die Galerie Fischer in Luzern wurde zum Verschiebebahnhof für Beutekunst. Seit 1939, als die Nazis nach der »Säuberung« der deutschen Museen mit dem Verkauf der »entarteten« Kunst begannen, unterhielt Fischer die besten Kontakte nach Deutschland. Für ein Dutzend großer deutscher Kunsthändler, darunter auch Karl Haberstock in Berlin, wurde die Galerie Fischer zum Partner ihrer Wahl. Fischer konnte während des Krieges Hunderte von Gemälden in die Schweiz einführen. Daneben sind noch die Galerie Neupert zu nennen, die Galerie Dreyfus und die Galerie Schmidtlin in Zürich.[1]

Wieder war es mit großer Sicherheit Göring, der über den ERR am meisten vom »Schweizer System« profitierte. Zwischen Februar 1941 und Ende 1943 organisierte der ERR mindestens achtundzwanzig Tauschgeschäfte mit Beutekunst, die in aller Offenheit über verschiedene Mittelsmänner abgewickelt wurden. Der gewaltige Vorrat an modernen Bildern, die für die Nazis nicht von Interesse waren, diente Göring und seinen Handlangern dabei als ideales Zahlungsmittel. Der Sammeleifer der Deutschen brachte nicht nur den französischen, sondern auch den kleinen, dynamischen Schweizer Kunstmarkt in Wallung.

In diesem Tauschmarkt kursierten einerseits die edlen Gemälde vergangener Zeiten – möglichst von deutschen Künstlern – und andererseits die »entartete« Malerei der modernen Welt. Ein altes Gemälde wog zehn moderne Bilder auf, ein Verhältnis, das die ästhetischen Maßstäbe der Nazis deutlich charakterisiert.

Das erste Schweizer Tauschgeschäft wurde zwischen Göring und der Luzerner Galerie Fischer abgewickelt, und zwar auf Vermittlung des Göring-Beraters Walter Andreas Hofer. Im Februar und März 1941, als der Kunstraub in Paris noch in vollem Gange war, fuhr Hofer nach Luzern und wählte für seinen Dienstherrn sechs Werke aus dem Angebot der Galerie Fischer aus. Vier stammten von Cranach, darunter eine *Maria mit Kind in Landschaft*, eine *Kreuzigung mit betendem Ritter* und ein Triptychon, dazu kamen eine Skulptur der Nürnberger Schule und ein Gemälde des Meisters von Frankfurt aus dem Besitz des Fürsten Schaumburg-Lippe. Die Werke waren für Karinhall bestimmt und wurden von der Speditionsfirma Brauner zunächst bis nach Basel transportiert. Anfangs hatte Göring in eine Bezahlung mit Schweizer Franken eingewilligt, doch dann änderte er seine Absicht und schlug statt dessen einen Tausch vor.

Ende Mai 1941 hielt sich Hofer erneut in der Schweiz auf. Im Juni schrieb er an Göring, Fischer stimme prinzipiell einem Tausch gegen französische Impressionisten zu, deren Fotos er ihm gezeigt habe. Er werde demnächst in Berlin sein und sich die Bilder ansehen kommen. Am 12. Juli 1941 wurden die fraglichen fünfundzwanzig Gemälde von Neuschwanstein abgeholt, wo der ERR sie nach dem Abtransport aus dem Jeu de Paume deponiert hatte. Wenige Tage später erschien Fischer in Berlin und ließ sich die Bilder von Görings Sekretär zeigen. Fischer stimmte dem Handel zu, er wußte nur zu gut, daß er in der Schweiz schnell Abnehmer für die Ware finden würde. Unter den fünfundzwanzig Bildern waren vier von Corot (eines davon *San Giorgio Maggiore* aus der Sammlung Lévy de Benzion), fünf von Degas (davon vier aus der Sammlung Alphonse Kann) und zwei Gemälde von van Gogh – ein Blumenbild aus der Sammlung Lindon und ein Männerporträt. Dazu kamen noch ein Manet, *Der Wald von Fontainebleau* von Renoir, die Tuschzeichnung eines Aktes von Rodin und drei Bilder von Sisley. Über seinen Agenten, den Darmstädter Buchhändler Brümming, erhielt Fischer mühelos eine Ausfuhrgenehmigung, und Görings Sekretär stellte ihm eine amtliche Bescheinigung aus, daß er die Kunstwerke mit Genehmigung des Reichsmarschalls in die Schweiz bringen dürfe. Am 22. Oktober 1941 gelangten sie über die Grenze, und neun von ihnen waren in kürzester Zeit verkauft.

Das zweite mir bekannt gewordene offizielle Tauschgeschäft fand zwischen Göring und dem in Genf lebenden deutschen Kunsthändler Hans Wendland statt. Wieder bediente sich Göring der Vermittlung Hofers, der im November 1941 nach Genf reiste. Wendland lieferte einen Rembrandt – *Bildnis eines bärtigen alten Mannes* –, den er im selben Jahr von einem französischen Sammler in Marseille gekauft hatte und der auf einen Wert von 400 000 Schweizer Franken geschätzt wurde, dazu zwei belgische Wandteppiche aus dem 16. Jahrhundert nach Motiven Lucas van Leydens, auf 120000 Franken geschätzt. Die Wandteppiche waren ein Geschenk der Prinzessin von Franceville an Napoleon gewesen, überreicht 1808 im Château Bezanos bei Pau, wo Wendland sie aufgestöbert und erworben hatte.

Wendland gelang es, die Hälfte des Wertes in Franken zu kassieren, die andere Hälfte erhielt er in Form von Gemälden. Er suchte sich bei Görings Sekretär in Berlin fünfundzwanzig impressionistische Werke aus, die bis auf eins sämtlich aus der Sammlung Rosenberg stammten. Für 260000 Franken erwarb er vier Werke von Corot (darunter *Ansicht von Toulon* und eine Zeichnung *Sitzendes Mädchen in Landschaft*) sowie vier Werke von Degas (drei Zeichnungen und das Bildnis eines Jockeys, die Rosenberg in der Bank von Libourne deponiert hatte). Alle trugen den ERR-Vermerk »zum Tausch vorgesehen«. Außerdem konnte Wendland noch zwei Werke von Ingres, vier von Renoir (darunter ein gezeichnetes Porträt vom Bruder des Malers) und drei von Seurat erwerben, *Seebild*, *Krankenschwester* und *Weißes Hemd*, zwei Bilder von Sisley, eins von Pissarro und Monets *Stilleben mit Melone*, und eine Landschaft von van Gogh, die nicht aus der Sammlung Rosenberg stammte. Das Bild hatte Myriam Rothschild gehört. Die Qualität der Werke spricht für die Fähigkeiten Wendlands, der seinen Kollegen Fischer als Kunstexperte deutlich überragte.

Auf Wendlands Vorschlag wurden die Bilder im April 1942 im Diplomatengepäck von Deutschland in die Schweiz befördert. Dies ersparte die Ausfuhrformalitäten und konnte zudem hinter dem Rücken der Schweizer Behörden geschehen. Göring stimmte dieser neuen Ausfuhrmethode zu. Die Verletzung der Zollbestimmungen war nicht gravierend, da die Schweiz zu jener Zeit die Einfuhren ohnehin nach Gewicht und nicht nach Wert verzollte. Hofer besorgte den Transfer der Bilder. Er begleitete einen Herrn Riekmann, der das diplomatische Frachtgut in die Berner Gesandschaft zu bringen hatte. Nach dem Grenzübertritt fuhr Hofer mit den fünfundzwanzig Bildern nach Luzern und lieferte sie dort bei Wendland ab.

In derselben Lieferung befanden sich auch *Das Mädchen in Rot* von

Corot, eine Seelandschaft von Monet und ein Sisley – alle aus der Sammlung Rosenberg –, die Wendland für Fischer ausgesucht hatte. Ebenfalls im Gepäck waren zwei Gemälde für den Schweizer Waffenfabrikanten Emil Bührle, dessen Sammlung heute in Zürich zu sehen ist. Bührle, einer der Hauptlieferanten der deutschen Wehrmacht, profitierte gewaltig von den Geschäften mit den Nazis. Er hatte die beiden Bilder kurz zuvor in der Pariser Galerie von Roger Dequoy, einem ehemaligen Angestellten der Galerie Wildenstein, gekauft.

In einen dritten Tauschhandel mit Schweizer Galeristen war Hofer ebenfalls verwickelt: Als Fischer drei belgische Wandteppiche aus dem 16. Jahrhundert mit Darstellungen aus dem Leben des Scipio gegen drei Gemälde eintauschte, war es Hofer, der die Teppiche, nachdem er sie in Luzern gesehen hatte, fotografierte und Göring die Fotos brachte.

Ein weiterer Tausch lief direkt über den ERR in Paris. Auf Anweisung des Göring-Sekretärs wurden elf beschlagnahmte Werke, die im Jeu de Paume lagerten, an Rochlitz und Wendland übergeben. Rochlitz war ins Jeu de Paume gekommen, um sich Bilder auszusuchen, Göring genehmigte seine Auswahl am 3. März 1941. Die beiden deutschen Geschäftspartner brachten auf diese Weise das *Stilleben mit Trauben und Pfirsichen* von Braque in ihren Besitz, das Gemälde *Sorgen* von Cézanne und *Madame Camus am Klavier* von Degas, die sämtlich aus der Sammlung Kann stammten. Auch diesmal kaprizierte sich Rochlitz aber vor allem auf Werke aus der Sammlung Rosenberg, darunter das bekannte Corot-Gemälde *Madame Stümph und ihre Tochter*, drei Bilder von Matisse – *Frau am Tisch*, *Blumen und Ananas* und *Frau mit aufgestütztem Ellbogen* – sowie das *Bildnis Madame Rosenberg mit Tochter*, das Picasso 1918 in Biarritz gemalt hatte und das in Floirac beschlagnahmt worden war. Zum Tausch übergaben Rochlitz und Wendland dem ERR das *Bildnis eines bärtigen Mannes* eines unbekannten norditalienischen Malers und ein *Jagdstilleben* von Jan Weenix. Wendland reiste schließlich mit einem Braque, einem Corot und einem Degas in die Schweiz ab.

In derartige umfängliche Tauschgeschäfte waren eine ganze Reihe von Schweizer Händlern und Galerien verwickelt. Dr. Alexander von Frey, ein in Luzern lebender Ungar, tauschte zwei Gemälde, darunter eine *Figurenstudie* von Makart, gegen drei moderne Gemälde – ein *Mädchenporträt* von Renoir, einen *Apfel* von Picasso und *Landstraße* von Pissarro –, alle aus der Sammlung Rosenberg. Göring bot den Makart Hitler an. Der Picasso wurde von der Zürcher Galerie Aktuaryus gekauft. Wenn die Kunstwerke erst einmal in die Schweiz gelangt waren, verschwanden sie schnell von der Bildfläche.

Eins der bekannt gewordenen deutsch-schweizerischen Tauschgeschäfte fand zwischen dem Pariser Händler André Schoeller und dem deutschen Händler Max Stöcklin statt. Schoeller tauschte den *Tempel der Faustina* von Rudolph von Alt gegen Werke von Matisse und Bonnard, die Stöcklin persönlich im Jeu de Paume ausgewählt hatte. Dann tauchte *Frau im gelben Sessel* von Matisse in der Zürcher Galerie Neupert auf. Es gibt heute keinen Anhaltspunkt dafür, wie das Bild über die Grenze gelangte. Eine Zollbescheinigung ist nicht erhalten.

Besagte Galerie Neupert war auch an einer weiteren Transaktion beteiligt. Sie hatte das Gemälde *Maler, auf einem Ast sitzend* von Ludwig Knaus im Angebot, das dem Frankfurter Händler Alfred Boedecker gehörte. Als Boedecker das Bild dem ERR zum Tausch anbot, entschieden Bormann und Hitler anhand eines Fotos, daß sie es erwerben wollten. Ohne Boedecker zu fragen oder ihm das Tauschobjekt vorher zu zeigen, boten sie ihm Renoirs *Mädchen mit Fischernetz* an, das aus der Sammlung Rosenberg stammte. Der eigentliche Tausch wurde unter sonderbaren Bedingungen vollzogen: Der ERR schickte einen Beauftragten mit dem Bild nach Basel, der sich am 7. April 1943 mit Boedecker und Neupert auf dem deutschen Bahnhof traf. Boedecker hatte beim ERR darum gebeten, daß auch eine Tuschzeichnung von Cézanne mitgebracht würde, für den Fall, daß ihm der Renoir mißfiele. Doch der Renoir wurde akzeptiert, und wieder bleibt im dunklen, wie er in die Schweiz gelangte. Neupert verkaufte das Bild an die Zürcher Galerie Tanner, die es an einen ungenannten Kunden weiterveräußerte. Zuvor hatte Neupert der Galerie Tanner versichern müssen, daß seine Bilder aus einer Schweizer Privatsammlung stammten und er sie bereits vor dem Krieg erworben hatte. Diese Absicherung war für den Besitzer der Galerie Tanner deshalb von Bedeutung, weil er Präsident des Verbandes der Schweizer Kunsthändler war und für den guten Ruf seines Berufsstandes einzustehen hatte.

Die Schweiz war geradezu überschwemmt von Beutekunst. Britische Ermittler entdeckten 1945, daß das Basler Kunstmuseum das Gemälde *Die Küste* von Dalí erworben hatte, das dem Engländer Peter Watson gehört hatte, als es 1941 vom ERR beschlagnahmt wurde. Das Museum hatte das Gemälde bei der Galerie Gasser gekauft, und in die Schweiz gebracht worden war es vom Genfer Verleger Albert Skira, der es in der Pariser Galerie Renou und Colle gekauft hatte. Skira hatte mehrere Gemälde aus Frankreich mitgebracht und als »Privatbesitz« deklariert. Die meisten wurden weiterverkauft. Nach Germain Bazins Erinnerung war Albert Skira während der Besatzung häufig in Paris. Er stattete Bazin, dem Verwalter des Bilderdepots in Sourches mehrere Besuche ab und traf sich auch mit René Huyghes. Diese Treffen zwischen Huyghes, Bazin und Skira fanden im Hinterzimmer eines Restaurants namens Lapérousse statt. Bazin erinnerte sich, daß es im Lapérousse Essen im Überfluß gab. Skira wollte für seinen Verlag einige Bücher mit Farbreproduktionen zusammenstellen und meinte, er könne die Tantiemen nicht aufbringen, weil die Produktionskosten so hoch seien. Durch das Überwachungsfahrzeug, das draußen auf der Straße warte, wurde dieser Tatsache zusätzlich Nachdruck verliehen.

Viele der Kunstwerke, die in die Schweiz gelangten, verschwanden in den Tresoren privater Sammler. Andere findet man in Schweizer Museen, wo sie zu besichtigen, aber für ihre rechtmäßigen Eigentümer nach wie vor unerreichbar sind. Doch eine große Zahl von Bildern ist verschollen.

VIERTER TEIL

Heimatlose Bilder

12
Die Verlorenen und die Wiedergefundenen

In Frankreich begann die Rückführung gestohlener Kunstwerke mit einem Zufall, der sich nur zwei Tage nach der Befreiung von Paris ereignete. Alexandre Rosenberg, ein junger Leutnant der Zweiten Division der Französischen Befreiungsarmee und der Sohn Paul Rosenbergs, hatte geradezu unglaubliches Glück. Am 27. August 1944 erhielt er den Befehl, einen Güterzug zu sichern, der nach Deutschland unterwegs gewesen war und auf dem Rangierbahnhof von Aulnay-sous-Bois stand. Die Zweite Division unter General Leclerc hatte inzwischen auch die Vororte von Paris besetzt und die Deutschen in Rückzugsgefechte verwickelt. Der Zug war mit französischen Kunstgütern beladen. Nachdem er gesichert und die Waggontüren geöffnet waren, fand Rosenberg unter Hunderten von Objekten auch Gemälde von Picasso, Braque und Marie Laurencin, die seinem Vater gehört hatten. Der Zug war der letzte von mehreren hastigen Abtransporten des ERR gewesen.

Im Februar 1944 befahl Hitler unter dem Eindruck des alliierten Vormarschs und der Bombenangriffe auf deutsche Städte, die wichtigsten Gemälde und andere Raubkunst, die in verschiedenen Depots lagerte, in die Steinberg-Salzstöcke bei Altaussee in Österreich bringen zu lassen. Tausende von Kunstobjekten wurden in größter Eile verpackt, und zwischen Februar 1944 und März 1945 transportierten insgesamt dreizehn Lkw-Kolonnen Kunstgüter aus den sechs deutschen Depots des ERR in das steirische Salzbergwerk.

Die Alliierten rückten unaufhaltsam vor. Anfang August 1944, kurz vor der Befreiung von Paris, wurden alle verfügbaren Soldaten und auch die besoldeten Helfer des ERR an die Front geworfen. Bis dahin hatten sie unbeirrt Beutekunst aus den Sammlungen Rothschild, David-Weill und

Lévy-Benzion inventarisiert. Zum Abschluß kam diese Arbeit nicht, denn auch die restlichen Mitarbeiter des ERR verließen die Pariser Büros und Lagerhäuser rechtzeitig vor dem Einzug der Zweiten Division der Befreiungsarmee und der US-Army.[1]

Die Phase des »Rette-sich-wer-kann« hatte begonnen. Eine Reihe von Offizieren war schon mit ihrem Teil der Beute verschwunden, als Botschafter Otto Abetz zwischen Juli und August 1944 die Amtsräume in der Rue de Lille räumen ließ. Abetz gab Befehl, die Gemälde von den Wänden zu nehmen und für den sofortigen Abtransport nach Deutschland vorzubereiten. Kulturattaché Wüster hatte schon einige der besseren Stücke für sich reserviert, bevor er seinen persönlichen Rückzug antrat. Unter den Beutestücken, die verschiedene Botschaftsmitarbeiter in den letzten Kriegstagen beiseite schafften, befanden sich Gemälde der Sammlung Rothschild, auch das *Porträt der Gabrielle Diot* (Abb. A3), eine Pastellzeichnung, die Degas 1890 für die Tochter eines Kunsthändlers aus der Rue Laffitte geschaffen hatte und die aus der Sammlung Rosenberg stammte. Tatsächlich hatte man in der Botschaft mehrere der in Floirac erbeuteten Bilder so reizvoll gefunden, daß man beschloß, sie zu behalten. Gefallen fanden die Nazi-Diplomaten auch an Renoirs *Bretonin* und sogar an einem Werk des jüdischen Malers Pissarro, *Frau an einer Straßenbiegung*. Ein großes Wandbild *Seerosen* von Monet, ein *Interieur mit Blumen* von Bonnard und *Zwei Tänzerinnen* von Degas, alle aus der Sammlung Rosenberg, waren nach Berlin geschickt worden, wo sie das Außenministerium oder Ribbentrops Privathaus zieren sollten.[2]

Nach dem überstürzten Abzug der Deutschen aus Paris suchte Abetz zusammen mit Pétain, Laval und anderen Führern der Vichy-Regierung Zuflucht im Schloß Sigmaringen auf der Schwäbischen Alb. Den Zusammenbruch vor Augen, wollte niemand mehr die Verantwortung für die geraubten Kunstgüter übernehmen. Ein großer Teil wurde nach Burg Wildenstein im oberen Donautal transportiert, vielleicht befand sich auch das *Porträt der Gabrielle Diot* darunter. Kurz vor dem Eintreffen der alliierten Truppen deponierte Abetz 196 graphische Blätter beim Kurator des Museums Sigmaringen, wo sie von den Alliierten sichergestellt wurden.[3]

Die Alliierten übten keine Nachsicht mit Naziführern, die sie für Kriegsverbrechen verantwortlich machten. Viele der Verurteilten hatten sich auch am Raub der französischen Kunstschätze beteiligt. Göring wurde am 9. Mai 1945 festgenommen und im Jahr darauf in Nürnberg zum Tode verurteilt. Zwei Stunden vor der geplanten Hinrichtung durch den Strang schluckte er Zyanidkapseln und setzte seinem Leben selbst ein Ende. Seine Asche wurde in den letzten verbliebenen Verbrennungsofen des Konzentrationslagers Dachau geworfen. Alfred Rosenberg, führender Ideologe der Nazis und Leiter des ERR, wurde wie Außenminister Ribbentrop am 16. Oktober 1946 als Kriegsverbrecher hingerichtet. Baron Kurt von Behr, der Leiter der Pariser Abteilung des ERR, flüchtete mit seiner Frau nach Schloß Banz bei Bamberg. Dort, umgeben von den Insignien seines Adels, entkorkte er eine Flasche 1928er Champagner, mischte Zyankali hinein und stieß mit seiner Gattin an. Amerikanische Soldaten fanden die Leichen wenig später.[4]

Botschafter Otto Abetz wurde in Deutschland festgenommen. Ein französisches Gericht verurteilte ihn 1949 zu zwanzig Jahren Gefängnis, von denen er zehn Jahre absaß.

Die für den Pariser ERR tätigen Kunsthistoriker Bruno Lohse und Gunther Schiedlausky wurden ebenfalls verhaftet und mußten sich in Deutschland verantworten. Ihnen kam sehr gelegen, daß von Behr sich umgebracht hatte, weil sie ihm nun die Schuld zuschieben konnten. Sie beharrten darauf, lediglich Befehle befolgt zu haben und gaben an, daß einzig von Behr die Beschlagnahmen veranlaßt habe. Der Kunsthändler Gustav Rochlitz wurde an Frankreich ausgeliefert, wo er zu Gefängnis verurteilt wurde und alle Besitztümer und Ehrenrechte verlor.

Kurz vor der Befreiung von Paris hatte Rochlitz etwa zwanzig Gemälde an seine bayerische Adresse abgesandt, die verbliebenen Bilder deponierte er bei Freunden. Vierzehn der abgeschickten Gemälde verschwanden irgendwo zwischen Paris und Baden-Baden. Rochlitz behauptete, der Chef der Speditionsfirma hätte sie noch auf französischem Boden gestohlen, er könne dies aber nicht beweisen, da er Paris eine Woche vor der Befreiung habe verlassen müssen.

Im April 1945 öffneten amerikanische Soldaten die Kisten, die Rochlitz an seine bayerische Adresse geschickt hatte, und fanden acht Gemälde. Vier von ihnen tauchten später auf, doch die anderen vier sind bis heute verschwunden. Von seinen Vernehmern wurde Rochlitz als schwächlich und feige bezeichnet, als notorischer Lügner und vor allem als kläglicher Opportunist. Keine seiner Aussagen halte der Überprüfung stand. Daher wurde des öfteren vermutet, daß alle seine Behauptungen falsch waren und sich die Bilder nach wie vor in seinem Besitz befanden.

Mehr als fünfzig Jahre danach bestätigte sich, daß die Ermittler mit ihrem Verdacht richtig gelegen hatten – Rochlitz hatte gelogen.

Bei einer Dinnerparty, die im August 1997 in den Catskills bei New York stattfand, blätterte der Enkel des kanadischen Holzindustriellen Prentice Bloedel in der amerikanischen Ausgabe des vorliegenden Buches, betrachtete die Abbildungen der geraubten Bilder und erkannte sofort einen Matisse, den er bei seinem Großvater oft gesehen hatte. Der hatte ihn 1954 erworben und später dem Seattle Art Museum gestiftet.

Bei dem Gemälde handelt es sich um die *Orientalin, auf dem Boden sitzend* oder *Odaliske* (Abb. A6). Am 5. September 1941 hatten die Nazis das Werk aus dem von Paul Rosenberg gemieteten Safe Nummer 7 der Bank von Libourne entfernt. Es war eins der 162 Bilder, die Paul Rosenberg bei seiner Flucht nach New York zurückgelassen hatte und die von den Nazis im Jeu de Paume deponiert wurden.

Am 24. Juli 1942 erwarb es Rochlitz dort für Göring – zusammen mit einem anderen Matisse und einer *Kreuzigung* von Gauguin – im Austausch gegen das Tafelgemälde *Die drei Grazien* aus der Schule von Fontainebleau. Beim Verhör erklärte Rochlitz, daß der fragliche Matisse bei Kriegsende auf dem Weg nach Baden-Baden verlorengegangen sei. Doch in Wirklichkeit wurde das Bild wohl nie nach Baden-Baden abgeschickt, sondern bald nach dem Tauschgeschäft im Jeu de Paume von Rochlitz in Paris verkauft.

1954 brachte die renommierte New Yorker Kunsthandelsfirma Knoedler & Company das Bild aus Paris mit und verkaufte es an Bloedel. Knoedler versicherte, es bei der Pariser Galerie Drouant-David erworben zu haben.

Bloedels Enkel berichtete Elisabeth Rosenberg-Clark, der Enkelin Paul Rosenbergs, von seiner Entdeckung. Die Rosenbergs fordern jetzt das Matisse-Gemälde vom Seattle Art Museum zurück.

Daß dieses verschollene Gemälde wiedergefunden wurde, ist nur dem Umstand zu verdanken, daß die Detailinformationen über den Kunstraub der Nazis einem größeren Publikum zugänglich geworden sind. In diesem Fall war die Auffindung dadurch erschwert, daß das Bild seit den fünfziger Jahren in Bloedels Haus an der nördlichen Pazifikküste gehangen hatte und nur wenigen Menschen zugänglich war.

Bei den französischen Händlern, die sich am Verkauf von Beutekunst beteiligten und mit den Deutschen Geschäfte machten, ergibt sich ein weitaus komplizierteres Bild. Der Kunstmarkt hatte während der Besetzung munter floriert, und zu viele Händler waren in die unsauberen Geschäfte verwickelt. Diejenigen, die sich am meisten hervorgetan hatten, etwa Lefranc und Fabiani, wurden vor Gericht gestellt. Doch der Verband der Kunsthändler berief eine Versammlung ein, auf der beschlossen wurde, daß keines der Mitglieder Informationen an die neue Regierung oder den DGER weitergeben dürfe, da man Repressalien und Schadenersatzforderungen befürchtete.[5] Viele der Verbandsmitglieder hatten mit dem Feind Geschäfte gemacht.

Die Bilder der Sammlung Rosenberg waren in alle Winde verstreut, obwohl viele von ihnen nicht außer Landes gebracht worden waren. Etwa dreißig der in Floirac beschlagnahmten Bilder lagerten bis Ende 1941 im Anbau des Botschaftsgebäudes, weil sie als Tauschware dienen sollten. Unter ihnen befand sich eine Picasso-Zeichnung *Stehender weiblicher Akt*, auch eine *Badende mit erhobenen Armen* und die *Austernplatte mit Serviettenring* von Braque. Angesichts ihres Abscheus vor dem »wüsten Expressionismus« wollten die Botschaftsangehörigen die Bilder kaum für sich, sondern mit ihrer Sammelleidenschaft lediglich dem ERR zuvorkommen, der sich anschickte, den Markt mit Hunderten von expressionistischen Gemälden zu überschwemmen. Viele dieser expressionistischen Werke verschwanden auf dem Pariser Kunstmarkt und wurden nicht mehr gesehen.

Doch wenn Tausende von Kunstwerken durch viele Hände gehen, kann es nicht ausbleiben, daß das eine oder andere wiederentdeckt wird. Ein solcher Fall ereignete sich 1970, als Alexandre Rosenberg, Erbe der New Yorker Galerie Rosenberg, einen Brief aus Frankfurt mit der Mitteilung erhielt, daß sich die Degas-Pastellzeichnung *Zwei Tänzerinnen* aus der Sammlung seines Vaters im Besitz zweier deutscher oder Schweizer Bürger befinde, die ihre Identität nicht preisgeben wollten. Diese Besitzer behaupteten, daß Rosenberg ihnen die Zeichnung im Sommer 1940 in Paris verkauft hätte, und sie wollten sie nun an Alexandre Rosenberg zurückverkaufen. Der hielt dagegen, daß das Werk ihm gehöre, weil es sich unter den in Floirac beschlagnahmten Bildern befunden hatte. Angesichts der komplizierten internationalen Rechtslage, die es schwierig machte, Anklage gegen die beiden Besitzer zu erheben, schlug Rosenberg ihnen vor, gegen eine noch zu vereinbarende Entschädigung auf alle Rechte an dem Bild zu verzichten. Die angeblich rechtmäßigen Eigentümer hatten mit diesem Angebot nicht gerechnet und willigten ein.

Ein paar Jahre später blätterte Alexandre Rosenberg in einem französischen Auktionskatalog[6]; im Versailler Hôtel Rameau sollten zweihundertsechs Gemälde des 19. und 20. Jahrhunderts ausgeboten werden, darunter Bilder von Braque, Calder, Chagall und de Chirico. Als Rosenberg das Bild mit der Auktionsnummer 76 sah, stutzte er. Es hieß *Tisch mit Tabaksbeutel*, war von Braque signiert und mit der Jahreszahl 1930 versehen. Als Herkunft gab der Katalog die »ehemalige Sammlung Paul Rosenberg« an. Verkauft wurde das Bild von Madame de Chambrun, der Tochter des Vichy-Regierungschefs Pierre Laval. Doch es stammte aus Floirac, war dort von der deutschen Botschaft geraubt und dann in Paris als Tauschobjekt verwendet worden.

Am nächsten Tag flog Rosenberg von New York nach Paris, und am 11. Juni 1974, dem Tag der Versteigerung, erschien er in Begleitung der Polizei in Versailles, um das Gemälde beschlagnahmen zu lassen. Einem Nervenzusammenbruch nahe, übergab ihm Madame de Chambrun das Bild. Es war bereits das zweite Mal, daß sie in diese peinliche Lage geriet. In den fünfziger Jahren hatte die Familie Schloss ein Bild aus ihrem

Besitz bei Madame de Chambrun aufgespürt. Der Weg, den diese Bilder zwischen 1939 und 1945 nahmen, läßt sich nicht mehr lückenlos rekonstruieren. Sicher ist nur, daß Botschafter Otto Abetz politisch und persönlich eng mit Pierre Laval verbunden war, und dies erklärt vermutlich, wie die fraglichen Bilder in die Sammlung der Tochter Lavals gelangten.[7]

1987 blätterte Elaine Rosenberg, die Witwe Alexandre Rosenbergs, in der Bibliothek der New Yorker Sammlung Frick in dem britischen Kunstmagazin *Apollo*. Auf Seite 25 fand sie eine ganzseitige Anzeige der Hamburger Galerie Mathias F. Hans, in der die Versteigerung von klassischen und modernen Gemälden und Zeichnungen angekündigt wurde. Im Angebot waren Bilder von Rembrandt, Tiepolo, Vallotton und Braque. Doch das Glanzstück der Auktion, in Farbe abgebildet, war das *Porträt der Gabrielle Diot* von Degas. Aus der Anzeige ging hervor, daß es aus der Sammlung Paul Rosenberg in Paris stammte, mehr erfuhr man merkwürdigerweise nicht. Ein Farbfoto dieser Degas-Zeichnung hatte nie existiert. Im selben Jahr war sie bereits dem Pariser Degas-Experten und Kunsthändler Paul Brame angeboten worden, der ablehnte, weil sie aus der Sammlung Rosenberg stammte, und sofort die Polizei benachrichtigte. Nachdem Mrs. Rosenberg sich mit ihrem Anwalt beraten hatte, rief sie in Hamburg an, erklärte, sie sei rechtmäßige Eigentümerin des Bildes, das ihrem Schwiegervater während der deutschen Besetzung geraubt worden war, und bat um Auskunft über den Anbieter. Der Galerist gab den Namen nicht preis, versprach aber, den Anbieter über den Vorgang zu informieren. Als Mrs. Rosenberg einige Tage später erneut anrief, erhielt sie die Auskunft, daß der Anbieter mitsamt seinem Bild verschwunden sei. Es ist seitdem nicht mehr gesehen worden; man nimmt an, daß es in die USA verkauft wurde.

Am Tag nach der Befreiung von Paris hatte Paul Rosenberg von New York aus mit der Suche nach seinen Bildern begonnen. Im Oktober 1944, nach einem längeren Briefwechsel mit seinem Bruder Edmond, der in Paris geblieben war, begann er allmählich zu begreifen, was geschehen war. Als erstes erfuhr er, daß sein Haus in der Rue de la Boétie ein »Institut zur Erforschung der Judenfrage« beherbergt hatte und daß die

Mitarbeiter dieses Instituts bei ihrem Auszug alles hatten mitgehen lassen, was nicht niet- und nagelfest war, sogar die Wandbehänge, Gardinen und Teppiche. Zu seiner großen Erleichterung erfuhr er auch, daß die in Tours versteckten Bilder dank der Findigkeit seines Chauffeurs le Gall der Beschlagnahme durch die Nazis entgangen waren. Am Ende hatte le Gall sogar die Lagergebühren aus eigener Tasche bezahlt, und er hatte auch ein Verzeichnis der in Floirac deponierten Werke angefertigt, das sich nun als sehr nützlich erwies. Auch die wenigen Bilder, die Rosenberg in Braques Bankfach in Libourne hinterlegt hatte, waren gerettet.

Rosenbergs Pariser Galerieangestelle Mademoiselle Roisneau hatte das Geld, das ihr Chef ihr überlassen hatte, in Bilder investiert, die sie in Rosenbergs Namen gekauft hatte, unter anderem auch einen Renoir. Mademoiselle Roisneau mußte aufs Land fliehen, da die Deutschen ihre Wohnung durchsucht, ihren Keller versiegelt und sie bedroht hatten. Edmond Rosenberg gab seinem Bruder Paul weitere Auskünfte: »Das einzige, was in den Kisten in der Rue de la Boétie blieb, waren ein großes Stilleben von Matisse, eine Landschaft und ein Akt von Picasso und eine große Marie Laurencin ... Die Concierge hat ein paar Sachen gerettet, die im Keller lagen ... alle Fotoalben, etwa anderthalb Kubikmeter, wurden gerettet.«[8]

Paul Rosenberg erfuhr schließlich, daß ein Teil der in Floirac und Libourne deponierten Gemälde nach Deutschland verschleppt und ein anderer Teil auf dem Pariser Kunstmarkt verkauft worden war. Sieben Bilder von Matisse waren in Paris gesehen worden, darunter das *Mädchen im rosa Rock mit Blumen auf dem Tisch* und *Odaliske mit Blumen*, die aus Floirac entführt und von Fabiani verkauft worden waren. Die Händler Renou und Colle hatten *Die Schlafende* an einen unbekannten Sammler verkauft. *Das Mahl* von Vuillard war am 18. Februar 1944 in Paris in die öffentliche Versteigerung gegangen. Anhand der Briefe seines Bruders bekam Paul Rosenberg allmählich eine Vorstellung davon, in welchem Ausmaß die von den Deutschen geraubten Werke auf dem Pariser Kunstmarkt verschleudert worden waren. Edmond Rosenberg berichtete ihm, er habe Raphael Gérard wegen des Picasso-Bildes *Schneelandschaft* aufgesucht, das aus Paul Rosenbergs Sammlung stammte. Gérard hatte es bereits an einen Kunden verkauft, doch durch die hartnäckigen Fragen Edmond Rosenbergs verunsichert, versprach er, sein Möglichstes zu tun, um das Bild zurückzuholen. Gérard riet Rosenberg dringend davon ab, sich selbst an den Käufer zu wenden und ihm damit Angst einzujagen, und gab schließlich zu, das Bild in der deutschen Botschaft gekauft zu haben. Edmond Rosenberg brachte auch in Erfahrung, daß Braque, als er eins seiner Bilder aus dem Rosenberg-Besitz, *Tisch mit Mandoline*, zum Verkauf angeboten sah, Louise Leiris darum bat, es zu kaufen und so vom Markt zu nehmen.

Am wichtigsten aber war für Paul Rosenberg die Mitteilung seines Bruders, daß die Kommission zur Rückführung von Kunstwerken CRA bereits Kenntnis über den Verbleib einiger seiner Bilder hatte. »Ihren Erkenntnissen zufolge«, schrieb ihm Edmond Rosenberg, »ist ein Teil deiner Sammlung, darunter van Goghs ›Mann mit kaputtem Ohr‹ [sic!] in der Schweiz.« Rosenberg machte sich daran, eine ausführliche Verlustliste für die CRA zusammenzustellen. Pariser Bekannte teilten ihm mit, daß auch das Matisse-Bild *Offenes Fenster* in der Schweiz gesehen worden sei.[9]

Rosenberg wußte nun, daß seine Bilder über ganz Frankreich, Deutschland und die Schweiz verstreut waren. In seiner New Yorker Galerie bereitete er die Rückkehr nach Frankreich und die Suche nach den verschwundenen Bildern vor. Schon 1944 wollte er nach Paris zurück, doch die Kriegslage ließ das nicht zu. Er traf erst im Sommer 1945 ein.

Die Bilder Paul Rosenbergs waren nur ein kleiner Teil der Tausenden Werke, die die CRA auf ihre Suchlisten gesetzt hatte. Die Kommission war nur wenige Wochen nach der Befreiung von Paris gegründet worden, an ihrer Spitze stand der Kurator Albert Henreaux. Es wurde ein *Verzeichnis des zwischen 1939 und 1945 entwendeten französischen Eigentums* erstellt, in dem die Titel und gegebenenfalls auch Abbildungen der gesuchten Gemälde, Skulpturen, Kunstobjekte und Bücher aufgeführt waren. Die Angaben stammten von den Geschädigten und waren seit dem Herbst

1944 zusammengetragen worden. Eine der erfolgreichsten Ermittlerinnen der Kommission war die Kuratorin Rose Valland. Sie war am genauesten über die im Jeu de Paume zwischengelagerte Beutekunst informiert, und dank ihrer Inventarlisten konnte eine beträchtliche Zahl von verschleppten Werken ermittelt werden. Hubert de Brie und Marcelle Minet, die Kuratorin der Sammlung David David-Weill, begannen aufgrund dieser Angaben, Beutekunst aus Deutschland zurückzuholen.

Angesichts der systematischen Plünderung Europas durch die Nazis setzten die amerikanischen und britischen Alliierten Dienststellen ein, die Kunstdenkmäler und Kunstgüter nicht nur schützen, sondern auch ihren rechtmäßigen Eigentümern zuführen sollten. Diese Behörde hieß MFAA (Monuments, Fine Arts and Archives). Auf amerikanischer Seite waren genaue Listen erstellt worden, in denen die Geschädigten in Frankreich und auch anderen Ländern verzeichnet waren. Das britische Büro war kleiner, hatte aber den Vorzug, daß es organisiert war wie ein Geheimdienst. Auf sowjetischer Seite zog man es vor, Reparationen in Gestalt von Sachleistungen als Entschädigung für deutsche Zerstörungen und Plünderungen zu verlangen. In dem von der Sowjetarmee besetzten Teil Deutschlands und in den osteuropäischen Ländern wurde Beutekunst, ob nun von den Nazis oder den Sowjettruppen verschleppt, in den seltensten Fällen zurückgegeben.

Die Westalliierten aber gingen davon aus, daß alles geraubte Gut den rechtmäßigen Eigentümern zugeführt werden mußte. Sie richteten in Deutschland mehrere Erfassungsstellen ein, wo beschlagnahmte Kunstsammlungen inventarisiert und auf ihre Herkunft überprüft wurden. Diese Erfassungsstellen waren durchaus mit dem Jeu de Paume zu vergleichen, nur daß sie dem entgegengesetzten Zweck dienten. Die Zentrale der Erfassungsstellen nannte sich »Sammelstelle« und war im ehemaligen Münchener Führerbau und im Verwaltungsbau der NSDAP untergebracht. Schon während des Krieges hatten diese zwei Gebäude als Zwischenlager für Hunderte von Kunstwerken gedient, die für das Linzer Museum bestimmt waren. Auch Teile der Sammlung Rothschild und etwa 110 Stücke aus der Sammlung Schloss lagerten dort.

Die 333 Gemälde der Sammlung Schloss, die aus ihrem Versteck in Corrèze nach Paris gebracht worden waren, waren an drei verschiedene Orte weitergeleitet worden: Bilder, die der Louvre beansprucht hatte, waren in Paris geblieben, die für das Linzer Museum bestimmten nach München geschickt worden und die restlichen zweiundzwanzig, die Lefranc als Provision erhalten hatte, waren auf den Pariser Kunstmarkt gelangt, wo Lefranc seine Beute an den niederländischen Händler Buittenweg verkauft hatte. Die modernen Gemälde der Sammlung Prosper-Émile Weil wurden an den äußerst geschäftstüchtigen Raphael Gérard verkauft. Lefranc behielt das Porträt Romain Coolus von Toulouse-Lautrec und verkaufte es im März 1944 für 35 000 Franc an den Louvre. Nach dem Krieg verschaffte sich der als Kollaborateur bloßgestellte Gérard Straffreiheit, indem er die von ihm weiterverkauften Bilder der Sammlung Prosper-Émile Weil zurückzuholen versuchte, wie er es auch schon im Fall des Picasso-Bildes aus der Sammlung Rosenberg getan hatte.

Die vom Louvre beanspruchten oder gekauften Bilder der Sammlung Schloss wurden der Familie in den Nachkriegsjahren zurückgegeben. Als Dank stiftete die Familie Schloss ihr Petrus-Christus-Gemälde dem Museum. Die Bilder, die in den Münchener Führerbau verschleppt worden waren, gingen zum großen Teil bei der Einnahme Münchens im April 1945 verloren. Nach Aussage von Lieutenant Craig H. Smyth, der Ende Mai 1945 als Leiter der Sammelstelle nach München kam, war das Depot von Anwohnern und deutschen Soldaten, aber auch von amerikanischen Soldaten geplündert worden.[10] Einige der gestohlenen Werke konnten in den nachfolgenden Monaten sichergestellt werden, weil sich zwei jugoslawische Offiziere aus eigenem Entschluß in München und Umgebung auf die Suche begeben hatten – mit beachtlichem Erfolg. Unter anderem spürten sie mehrere Gemälde aus der Sammlung David-Weill auf.[11]

Die Familie Schloss erhielt 149 ihrer ehemals 333 Gemälde zurück, alle anderen waren verschwunden. 1945 boten namentlich bekannte Offiziere der US-Army der Familie vier ihrer gestohlenen Gemälde zum

Rückkauf an, die diesen Handel natürlich ablehnte, aber die Bilder nie wiedersah. Lucien Schloss und seine Geschwister lösten die Restsammlung nach dem Krieg allmählich auf. In den Jahren 1949, 1951 und 1954 wurden die Bilder, die ihnen geblieben waren, versteigert. Gleichzeitig tauchten wiederholt Bilder aus dem Besitz der Familie Schloss in europäischen und amerikanischen Museen, Galerien und Auktionshäusern auf, selbst in so renommierten wie Sotheby's oder Christie's. So auch das *Bildnis des Pastors Adrianus Tegularius* von Frans Hals (Abb. C7), das nach einer 47jährigen Irrfahrt um die Welt nach Paris zurückkehrte. Die lange Schattenexistenz des Gemäldes wurde auch dadurch ermöglicht, daß viele Kunstexperten sich nicht um die Herkunft der von ihnen begutachteten Werke scherten.

Das Hals-Gemälde war 1943 für das Linzer Museum erworben und in München gelagert worden. 1945 war es verschwunden. 1952 erhielt Lucien Schloss einen Brief von einem Mr. A. R. Ball aus New York, der ihm mitteilte, ein Mann aus Frankfurt habe ihm das Bild verkaufen wollen. Ball bot seine Dienste als Vermittler an und fragte, ob er dem Verkäufer eine Offerte machen könne. Die Familie Schloss wollte sich nicht auf Geschäfte mit einem Unbekannten einlassen und plazierte in deutschen Zeitungen eine Annonce, erhielt aber nie ein Angebot. Fünfzehn Jahre später tauchte das Bild im New Yorker Auktionshaus Parke-Bernet auf, wo es als »Property of a Gentleman« ausgewiesen war und mit dem Nachlaß einer italienischen Prinzessin am 3. November 1967 in Versteigerung ging. Im Katalog endete die sehr knappe Beschreibung der Werkgeschichte mit dem Hinweis: »Sammlung Schloss, Paris«, aber nannte keine Daten. Das Bild wurde für 32000 Dollar an den norwegischen Sammler Ludvik Braathen verkauft und im März 1972 bei Christie's in London erneut ausgeboten. Wieder war die Beschreibung des Bildes sehr knapp gehalten; der Raub durch die Nazis blieb unerwähnt. Die Schloss-Erben in Frankreich ahnten nicht, daß ihr Gemälde quasi inkognito auf dem internationalen Kunstmarkt kursierte. Erst 1974 verkündete Seymour Slive, der Autor des Frans-Hals-Werkverzeichnisses, daß das fragliche Bild aus der Sammlung Schloss stammte und von den Nazis geraubt worden und dann verschollen war, er sprach von einer Lücke in seiner Geschichte, die bis zur Versteigerung des Nachlasses der Prinzessin Labia gedauert habe.

Als das Hals-Gemälde 1979 bei Sotheby's in London gezeigt wurde, hatte es dank der Veröffentlichung durch Slive einen Teil seiner historischen Identität wiedergewonnen: Der Versteigerungskatalog führte nun an, daß es zur Sammlung Schloss gehört hatte, und zwar »bis es um 1940/45 von den Nazis entwendet wurde, danach verschollen war und bei der Versteigerung des Nachlasses der Prinzessin Labia wieder auftauchte.« Der Sotheby-Katalog erwähnte sogar, daß das Bild im regierungsamtlichen *Verzeichnis des zwischen 1939 und 1945 entwendeten französischen Eigentums* aufgelistet war und gab an, daß das Werk »als gestohlen deklariert«[12] worden sei. Offenbar hatten die Sotheby-Experten ihre Nachforschungen ausgeweitet, aber sie unternahmen nichts, um den Verkauf zu stoppen oder sich mit den Schloss-Erben in Verbindung zu setzen. Also ging das Bild am 28. März 1979 erneut in die Versteigerung.

Es blieb in Privatbesitz, bis es im April 1989 wieder angeboten wurde, und zwar bei Christie's in London unter der Auktionsnummer 26. Diesmal fehlte der Hinweis, daß es sich um Raubgut handelte, den Sotheby's 1979 noch in den Katalog aufgenommen hatte. Im Christie's-Katalog hieß es schlicht, das Bild habe sich »bis zum Zweiten Weltkrieg in der Sammlung Schloss«[13] befunden, ohne weitere Einzelheiten zu nennen. Man mag sich fragen, ob die Christie's-Experten den Sotheby's-Katalog zu Rate gezogen hatten. Das Pastorenporträt wurde von der New Yorker Firma Newhouse Galleries Inc. für 203 501 Dollar ersteigert. Der New Yorker Galerist wußte nicht, daß er ein Bild von fragwürdigem Status erworben hatte, und glaubte, es in Europa gut verkaufen zu können. Also brachte er es auf die 15. Biennale Internationale des Antiquaires im Pariser Grand Palais, einer bedeutenden Antiquitätenmesse, die im September/Oktober 1990 stattfand. Damit hatte sich der Kreis geschlossen: Das 1943 aus Paris entführte Bild war an seinen Herkunftsort zurückgekehrt. Als Henri de Martini, einer der Schloss-Erben, davon erfuhr, ließ er das Gemälde von der Polizei beschlagnahmen. Die Newhouse-Galerie, die es in gutem Glauben gekauft hatte, forderte Schadenersatz von Christie's, worauf das britische Auktionshaus die volle Kaufsumme erstattete. Es folgte ein Rechtsstreit zwischen den Schloss-Erben und Christie's vor französischen Gerichten. Das Schicksal des Frans-Hals-Gemäldes steht hier für viele andere Fälle, in denen Beutekunst auf dem internationalen Kunstmarkt auftauchte, nachdem die Herkunft allmählich vertuscht oder vergessen war.[14]

Ein anderes Beispiel ist das Rembrandt zugeschriebene *Älterer Jude mit Pelzmütze* (Abb. C5) aus der Sammlung Schloss. Die Schloss-Erben erheben Anspruch auf das Bild, das heute im Carnegie Museum of Art in Pittsburgh hängt. Das Museum hält dagegen, daß Herkunft und Geschichte des Gemäldes nicht eindeutig zu klären seien. Doch was dem Bild in den dreihundert Jahren nach seiner Entstehung geschah, unterliegt keinem Zweifel. Fraglich ist nur, ob es tatsächlich von Rembrandt oder einem seiner Epigonen stammt.

Das in Corrèze geraubte Bild wurde zum Pariser Generalkommissariat für Judenfragen transportiert und erschien dann auf der Liste der zweiundzwanzig von Lefranc an Buittenweg verkauften Gemälde, die in Frankreich und anderswo weiterverkauft wurden. Das Bild gelangte wahrscheinlich nach dem Krieg in die USA, aber niemand weiß, auf welchem Wege. Dort kaufte es Charles J. Rosenbloom, ein namhafter Pittsburgher Sammler flämischer und niederländischer Malerei. Europäische Kunstwerke tauchten um diese Zeit in gewaltiger Zahl auf dem amerikanischen Kunstmarkt auf. 1946 stellte Rosenbloom seine Erwerbung im Carnegie Institute aus. 1975 vererbte er das Gemälde dem Carnegie-Museum. Sol J. Chaneles, ein Privatdetektiv im Dienst der Schloss-Erben, entdeckte es dort, aber weder das Museum noch die Nachkommen Rosenblooms konnten ihm zuverlässige Angaben über die Geschichte des Bildes vor dem März 1946 machen. Die Beweise hingegen, die Chaneles und die Schloss-Erben aufboten, sind schwer zu entkräften. Zum einen können sie das Inventarverzeichnis der zweiundzwanzig von Lefranc als Provision kassierten Bilder vorweisen, das von R. Cl. Catroux angefertigt wurde. Der Kollaborateur und Kunstexperte Catroux war der

Bruder des Generals und Résistance-Helden Georges Catroux. Zweitens gibt es das *Verzeichnis des zwischen 1939 und 1945 entwendeten französischen Eigentums*, in dem ein nicht näher benanntes Gemälde der Sammlung Schloss aufgeführt wird. Und die Fotos der Familie beweisen schließlich, daß es sich dabei um das fragliche Bild handelt.

Seit einigen Jahren ist *Älterer Jude mit Pelzmütze* nicht mehr im Carnegie-Museum zu besichtigen, auch Reproduktionen fehlen.[15] Die Kuratorin Louise Lippincott erklärte mir, das Gemälde sei abgenommen worden, »weil wir nicht wissen, von wem es stammt. Wir vermuten, es wurde von einem unbekannten holländischen Maler des 17. Jahrhunderts geschaffen.« Mrs. Lippincott, die jede schriftliche Stellungnahme zur Forderung der Schloss-Erben verweigerte, fügte hinzu: »Unser Gemälde ist nicht mit dem der Sammlung Schloss identisch.« Die Pariser Erben der Familie Schloss sind nach wie vor davon überzeugt, daß es sich um das von den Nazis geraubte Gemälde aus ihrem Besitz handelt.

Das Schicksal der nach Deutschland verschleppten Rothschild-Gemälde war weniger wechselhaft, was ohne Zweifel auf deren Wertschätzung durch die Nazis und deren Sorgfalt bei der Inventarisierung, Verpackung und Lagerung zurückzuführen ist. Die Bilder wurden nach Kriegsende fast unversehrt in den ERR-Depots Neuschwanstein und Altaussee aufgefunden und umgehend nach Frankreich überführt. Vermeers *Astronom* und alle anderen gestohlenen Meisterwerke aus der Sammlung wurden gerettet und der Familie zurückgegeben. Doch es gab auch einige Verluste. Ein Teil der Sammlung Robert de Rothschild mit Werken von Braque, Derain und Zak blieb verschollen. Sie war im Schloß La Versine geraubt und nach Deutschland geschickt worden. Gemälde und Bücher aus der Sammlung Alexandrine de Rothschild (der Schwester von Maurice Rothschild) waren im südmährischen Nikolsburg eingelagert worden und gelangten nach dem Krieg in sowjetischen Besitz. Ausgerechnet die Sammlung von Chardins, die Henri de Rothschild in der englischen Stadt Bath in Sicherheit gebracht hatte, fiel dort einem deutschen Bombenangriff zum Opfer.

Die in Frankreich verbliebenen Rothschild-Bilder, aufbewahrt zumeist in den Depots des Louvre, wurden sämtlich zurückgegeben. Das Schloß in Ferrières, das Édouard de Rothschild gehörte und den Deutschen als Garnison gedient hatte, erlitt keine großen Schäden. Um dem Louvre zu danken, schenkte die Familie Robert de Rothschild dem Museum das *Bildnis der Lady Alston* von Gainsborough und eine Elfenbeinstatue aus dem 12. Jahrhundert.[16]

Die Söhne von Josse Bernheim, Jean und Henri, die ihren während der Besetzung gewählten Decknamen Dauberville beibehielten, konnten einen Teil der väterlichen Sammlung retten. Obwohl die Wohn- und Geschäftsräume in der Rue Debordes-Valmore viele Plünderungen und Einquartierungen erlebt hatten, gelang es den Brüdern, einen guten Teil der verschwundenen Kunstwerke aufzuspüren. Manche fanden sie mit Hilfe der Kommission CRA in Deutschland, andere bei Pariser Nachbarn.

Begonnen hatten sie mit der Suche noch während des Krieges im Schweizer Exil. Sie hatten erfahren, daß ein Händler dem Basler Museum das Bonnard-Gemälde *Venus von Cyrène* angeboten hatte, ein Gemälde, das aus ihrem Haus in der Rue Debordes-Valmore verschwunden war. Als sie versuchten, es zurückzubekommen, wurden sie mit Ausweisung bedroht und mußten sich daher ruhig verhalten. Von Frankreich aus versuchte die Familie erneut, den Bonnard zurückzuholen, doch nun bezeichnete das Museum das Gemälde als sein Eigentum nach Schweizer Recht. Es wurde nie zurückgegeben. Neuerdings behauptet das Basler Kunstmuseum, es habe den fraglichen Bonnard nie besessen, doch die Familie Dauberville ist sich sicher, es noch 1995 dort gesehen zu haben.

Die Erben der Familie Bernheim-Jeune versuchten auch, ihre alte Galerie in der Rue du Faubourg Saint-Honoré zurückzubekommen. Der »arische« Nachbesitzer Borionne hatte das Gebäude an mehrere Nutzer vermietet. Es kostete die Brüder Dauberville mehrere Jahre und mehr als sechzig Zivilprozesse, bis sie ihr Haus wieder beziehen konnten. Borionne hatte es ausgeräumt und fünf- bis sechstausend wertvolle

Archivfotos der Galerie beiseite geschafft, die er als Erpressungsmittel benutzte. Er würde sie vernichten, drohte er den Brüdern Dauberville, wenn sie es wagen sollten, sein Tun während der Besetzung offenzulegen. Borionne hatte damit Erfolg, die Fotos kehrten unversehrt in die Galerie zurück.

Die meiste Energie verwandten die Brüder auf die Nachforschungen zum Brand des Schlosses von Rastignac, und sie kamen auf eine gänzlich andere Version des Geschehens. Jacques Lauwick blieb hartnäckig bei seiner Aussage, daß die Kunstwerke aus der Sammlung Bernheim-Jeune verbrannt wären. Die Daubervilles beauftragten einen Privatdetektiv, der bei seinen Ermittlungen in der Gegend von Périgueux auf neue Indizien stieß. Am Tag des Brandes hatte ein Arbeiter gesehen, daß Deutsche in braunes Packpapier gewickelte Gemälde auf einen Lkw verluden. Die Beschreibung paßte auf die Verpackung, in der die Gemälde zuvor von Paris ins Schloß transportiert worden waren. Eine andere Zeugin, ein junges Mädchen, hatte in seinem Tagebuch vermerkt, daß deutsche Soldaten Rollen aus Stoff auf einen Lastwagen geladen hätten. Aus Neugier hatte sie gefragt, was das für Rollen seien, und die Antwort erhalten, es handle sich um Gemälde. Ein Diebstahl von Gemälden aus einem Zugtransport nach Deutschland, der sich im März 1944 ereignete, galt eine Weile lang als plausible Erklärung für das Verschwinden der Bilder. Doch was immer wirklich geschah: Die *Moosrosen* von Renoir und van Goghs *Vase auf gelbem Grund* sind bis heute nicht aufgetaucht.[17]

Nach der Befreiung nahm David David-Weill sein Haus in Neuilly wieder in Besitz. Es war fast völlig ausgeräumt. Die Deutschen hatten so gut wie alle Antiquitäten, Gemälde, Skulpturen und Bücher mitgehen lassen. Auch die Fotos der Sammlung und die Korrespondenz waren verschwunden. Der ERR hatte das Haus bis Januar 1944 immer wieder geplündert, wahrscheinlich im Rahmen der »M-Aktion«, bei der Mobiliar aus Wohnungen und Häusern von jüdischen Familien in Paris und im gesamten besetzten Westen des Landes für Dienststellen in Deutschland und in den eroberten Ostgebieten beschlagnahmt wurden.

Die hundertdreißig Kisten, die im Depot der Staatlichen Museen in

Sourches eingelagert worden waren, auch die in Mareil-le-Guyon erbeuteten Gemälde, lagen wohlverwahrt in den deutschen Depots des ERR. Marcelle Minet beteiligte sich an den Bemühungen, sie zurückzuführen und nahm als Leiterin einer französischen Delegation an der Bergung der Bilder in der Münchener Sammelstelle teil. Sie konnte die verschiedenen Objekte der David-Weill-Sammlung vor Ort identifizieren und umgehend an den rechtmäßigen Eigentümer überstellen.

Vieles war verloren; besonders aus David-Weills Haus in Neuilly blieben mindestens fünfzig Gemälde vermißt, darunter *La Place Clichy* und *Akt in der Wanne* von Bonnard, *Der Strand* von Vuillard, *Ruinen* von Utrillo, eine Landschaft von Maillol, einige Bilder von Roussel und zwei Vallottons. Eine Serie von sechs Fragonard-Zeichnungen *Krieger, einen Mann im Bett erdolchend* (Abb. C1) und das *Bildnis des 43jährigen Châteaubriand* von Isabey waren am 10. August 1943 aus Neuilly geraubt worden, Dutzende von Zeichnungen des 18. und 19. Jahrhunderts ebenso verschwunden wie Stühle, Tische, Skulpturen, Bilderrahmen, Uhren und Porzellanfiguren. Von David-Weills Bibliothek blieben nur die Katalogschränke.

Einen Teil dieser Güter, darunter die sechs Fragonard-Zeichnungen und das Isabey-Gemälde, hatte der ERR im Schloß von Nikolsburg eingelagert, das heute zur Tschechischen Republik gehört und damals von der Sowjetarmee besetzt war.[18]

Der einzige Gegenstand von Wert, der im Haus in Neuilly verblieb, war eine einzelne Statue, die mit einer anderen ein Zwillingspaar gebildet hatte. Erstaunt darüber, fragte David-Weill einen Experten nach einer möglichen Erklärung. Der antwortete ihm, daß die Deutschen das Original mitgenommen und eine Kopie dagelassen hätten.[19]

Auch die Wohnung des David-Weill-Sohns Pierre, mit Werken von André Masson, Alberto Giacometti, Lipchitz und Lurçat geschmückt, war gründlich geplündert worden. Die Heizungsverkleidungen von Giacometti hatte man abgerissen und wahrscheinlich verkauft, das von Balthus gemalte Porträt der Frau von Pierre David-Weill war verschwunden und auch fast alle Wandteppiche von Lurçat. Nur die von Lipchitz entworfenen Kamine waren unversehrt. Der schmerzlichste Verlust betraf die Wandgemälde von Masson, *Tiere, einander verschlingend*, und *Metamorphose* (Abb. C3) die, vor dem Krieg im Speisezimmer und im Rauchsalon plaziert, einander gegenüber hingen. Pierre David-Weill erhielt sie nie zurück. Da er nahezu alle moderne Kunst verloren hatte, gab er dieses Sammelgebiet auf und erwarb nach dem Krieg fast ausnahmslos Kunst des 16. Jahrhunderts. Nachforschungen ergaben, daß das grüne Gemälde *Tiere, einander verschlingend* mit großer Wahrscheinlichkeit zerstört worden, das gelbe Gegenstück *Metamorphose* nur verschwunden war. Und die Geschichte dieses Bildes belegt, daß Beutekunst irgendwann wieder auftaucht. Im Jahr 1985 nämlich hing das Bild plötzlich in einer Ausstellung der Westberliner Galerie Brusberg. Der Katalogtext gab keine Auskunft, was mit dem Bild nach 1940, als Pierre David-Weill es in Paris zurückließ, geschehen war. Die Galerie Brusberg hatte es von der römischen Galerie Paolo Sprovieri als Leihgabe erhalten, und diese wiederum hatte es aus einer italienischen Privatsammlung erworben.

Nach ihrem Wiederauftauchen wurde die *Metamorphose* dann auch in Rom gezeigt, und ebenfalls 1985 gelangte das Bild nach Frankreich, wo es im Museum von Nîmes ausgestellt war. Am 11. November 1988 wurde es von Sotheby's in New York zum Verkauf angeboten. Auch die renommiertesten Auktionshäuser unternehmen nicht immer alles, um die Herkunft der von ihnen angebotenen Werke zu ermitteln, obwohl dies in vielen Fällen keine Schwierigkeiten bereiten würde. Massons Vorstudien zu beiden Gemälden befinden sich unter dem Namen *Tiere, einander verschlingend* im New Yorker Museum of Modern Art. Aber der einzige Herkunftshinweis, den der Auktionskatalog bot, war die Berliner Ausstellung von 1985. Jeder Hinweis auf den Verbleib des Bildes davor und danach fehlte.

Der kanadische Galerist Odermatt kaufte das Bild bei Sotheby's, und im Sommer 1995 wurde es vom Centro de Arte Contemporaneo Reina Sofia erworben. Dieses Madrider Museum restaurierte das Bild, und dort ist es gegenwärtig zu sehen. Keiner der Käufer und Verkäufer informierte sich ausreichend über die wahre Herkunft des Gemäldes.

Das Foto des Rauchsalons der David-Weill-Wohnung (Abb. C3) zeigt in aller Deutlichkeit, daß das Bild dort an der Wand hing. Es wurde während der Besetzung von den Deutschen geraubt und tauchte nach fünfundvierzigjähriger Abwesenheit in Berlin auf, wurde dann in Italien und Frankreich ausgestellt, in den USA an einen Kanadier verkauft und nach Spanien weiterverkauft.[20] Auch andere bedeutende Kunstwerke sind Jahrzehnte, nachdem sie geraubt wurden, andernorts wieder aufgetaucht.

Die von den Nazis erbeutete Sammlung Alphonse Kann erlitt im Krieg schwere Verluste. Unglücklicherweise hatte Kann kein Inventar seiner riesigen Bestände angefertigt, bevor er 1938 nach London floh. Er starb dort 1948, ohne noch einmal nach Paris zurückgekehrt zu sein. Neben hundert Gemälden und Zeichnungen verschwanden auch etwa dreißig Wandteppiche und einige illuminierte Handschriften. Zu den vermißten Gemälden zählen Werke von Degas, Manet, Bonnard und ein bedeutendes Matisse-Bild von 1917, *Die zwei Schwestern*, das auf dem Foto vom Lagerraum des Jeu de Paume (C12) in der linken oberen Ecke teilweise zu sehen ist.

Erst kürzlich fand sich ein sehr wichtiges Braque-Gemälde aus der Sammlung Kann im Musée National d'Art (im Pariser Centre Pompidou). Das Schicksal dieses Meisterwerks ist ein weiteres Beispiel dafür, auf welch krummen Pfaden bedeutende Werke in den Kunstmarkt zurückgeschleust werden – die lange Kette internationaler Transaktionen beginnt bei den obskuren Händlern und Schiebern der Kriegsjahre und endet in den Sammlungen der großen Museen, und nur wenige Anzeichen deuten darauf hin, daß es sich bei diesen Bildern um Beutekunst handelt.

Das fragliche Gemälde ist Braques *Gitarrenspieler* von 1914 (130 x 73 cm), ein Schlüsselwerk des Kubismus, das in der Sammlung des MNAM eine herausragende Stellung einnimmt.

Alphonse Kann hatte es 1924 bei Daniel-Henry Kahnweiler gekauft und in seiner Stadtvilla westlich von Paris aufgehängt, aus der es 1940 von den Nazis abtransportiert wurde. Im Jeu de Paume wurde es zusammen mit den anderen Beutestücken aus der Sammlung Kann inventarisiert und erhielt die Nummer »KA 1062« (»KA« steht für »Kann, Alphonse«). Als Titel wurde »Stilleben mit Gitarre« angegeben, und der daneben angebrachte Stempel »H. G.« verwies darauf, daß Göring sich das Gemälde für Tauschzwecke reserviert hatte. Der allgegenwärtige Kunsthändler Gustav Rochlitz spielte auch bei dieser Transaktion die Hauptrolle. Am 9. Februar 1942 erhielt er den Braque und ein anderes Kann-Gemälde, Matisses *Gelber Vorhang* (heute im New Yorker Museum of Modern Art) zusammen mit fünf anderen Gemälden im Austausch gegen die *Anbetung der Könige* eines unbekannten deutschen Meisters. Bei seiner Vernehmung durch die US-Army nach dem Krieg gab Rochlitz an, den Braque in Paris an Paul Pétrides, einen skrupellosen Pariser Händler, verkauft zu haben. Der *Gitarrenspieler* landete dann in der Pariser Sammlung von André Lefevre, eines bekannten und angesehenen Sammlers von Braque und Juan Gris. Nach Lefevres Tod im November 1965 wurde seine Sammlung versteigert; den *Gitarrenspieler* erwarb der deutsch-amerikanische Kunsthändler und Sammler Heinz Berggruen, dessen Privatsammlung seit kurzem in Berlin untergebracht ist. Im Jahr 1981 verkaufte Berggruen das Bild für die Summe von 9 Millionen Franc an das MNAM. Die 1997 von den Kann-Erben erhobene Rückforderung wurde vertraulich behandelt und erregte in der internationalen Kunstwelt einiges Aufsehen, als sie im Januar 1998 bekannt wurde. Die Forderung ist nach wie vor anhängig.

Ein anderes, nicht weniger wechselhaftes Schicksal traf die acht illuminierten Handschriften der Sammlung Kann, die von den Nazis unter den Nummern »ka 879« bis »ka 886« erfaßt wurden. Es handelt sich um fünf flämische Stundenbücher des späten 15. und frühen 16. Jahrhunderts, zwei italienische Gebetbücher aus dem 16. Jahrhundert und eine persische Handschrift. Viele der in diesen Handschriften enthaltenen Illustrationen sind im Nazi-Inventar detailliert beschrieben.

Bis vor kurzem wußten die Kann-Erben nichts vom Verbleib dieser Kunstwerke. 1949, ein Jahr nach dem Ableben von Alphonse Kann, waren drei der acht Handschriften als Beispiele herrenloser Raubkunst in der Pariser Nationalbibliothek ausgestellt worden. Einige Zeit später erhob Georges Wildenstein, Besitzer der Wildenstein Galerie Paris-London-New-York, Anspruch auf diese drei Handschriften. Obwohl die Fachleute der Nationalbibliothek damals offenbar noch nicht wußten, daß die Nazis ein ausführliches Verzeichnis der Sammlung Kann erstellt hatten, lehnten sie Wildensteins Begehren ab und zogen in einem internen Schreiben dessen Eigentumsnachweise in Zweifel. Doch als Wildenstein einen aufdringlichen Brief nach dem anderen folgen ließ, gaben sie nach und überließen ihm 1952 mindestens drei der acht Handschriften.

Nach dem Erscheinen dieses Buches in Frankreich erfuhren die Kann-Erben, daß sich viele Werke aus der Sammlung Kann, darunter auch die Handschriften, noch immer in unberufenen Händen befinden, und nahmen die Suche auf.

Die Galerie und Stiftung Wildenstein in London, New York und Paris existiert bis heute; geführt wird sie vom Sohn und den Enkeln Wildensteins – Daniel, Guy und Alec Wildenstein.

Zwischen November 1996 und Januar 1997 schrieb Francis Warin, ein Großneffe von Alphonse Kann, drei Briefe an die Wildenstein-Stiftung in Paris, in denen er Anspruch auf alle acht Handschriften erhob. Nachforschungen und entsprechende Auskünfte der französischen Regierung und der Pariser Nationalbibliothek hatten zu der Erkenntnis geführt, daß die acht aus der Kann-Villa geraubten Handschriften sich nach 45 Jahren noch immer im Besitz der Wildensteins befanden.

Diese lehnten die Forderung ab, und Guy Wildenstein erklärte in Antwort auf Warins ersten Brief, daß sein Großvater Georges Wildenstein die fraglichen Handschriften vor dem Zweiten Weltkrieg direkt von Alphonse Kann erworben habe. Sie seien darauf von den Nazis aus der Galerie Wildenstein in Paris entwendet und seinem Großvater nach dem Krieg zurückgegeben worden. Die Antwort auf die anderen beiden Briefe löste bei den Kann-Erben einige Verwirrung aus. Diesmal erklärte der Anwalt der Pariser Wildenstein-Stiftung, daß die Galerie drei der Handschriften schon 1909 von Édouard Kann, einem entfernten Cousin Alphonse Kanns, erworben habe. In seinem Brief bekräftigte der Anwalt erneut: »Diese Dokumente sind das ausschließliche Eigentum der Familie Wildenstein und wurden ihr nach der Plünderung zurückerstattet.«

Damit waren die diskreten Verhandlungen zwischen beiden Parteien an einem Totpunkt angelangt. Ein paar Monate später, Ende April 1997, meldete sich überraschend der Kunstprofessor und Experte für flämische Handschriften James H. Marrow von der Universität Princeton bei Francis Warin in Paris.

Marrow erläuterte den Grund seines Anrufs: Im Februar, einen Monat nach Warins letztem Brief an die Wildensteins, waren dem britischen Antiquar und Handschriftenspezialisten Sam Fogg in der New Yorker Wildenstein-Filiale East 64th Street einige Handschriften angeboten worden, und Fogg hatte Marrow um Prüfung und Schätzung dieser Stücke gebeten.

Bei seinem ersten Besuch wurde Marrow mit Daniel Wildenstein bekanntgemacht, der den Zweck seines Besuchs kannte. Bei zwei weiteren Besuchen im März fertigte Marrow ein Gutachten über das bedeutendste Stück der Sammlung an, ein äußerst wertvolles Stundenbuch aus dem späten 15. Jahrhundert, das unter dem Namen *Stundenbuch des Jean de Carpentin* bekannt ist und Illustrationen des unbekannten Meisters des Dresdner Gebetbuchs enthält. Daß dieses kostbare Werk nach so vielen Jahrzehnten wieder auftauchte, steigerte nur seinen Wert.

Marrow prüfte sieben weitere Handschriften und fertigte Farbdias von ihnen an. Er stellte fest, daß alle Stücke eine Signatur in Rotstift trugen, die jeweils mit »ka« begannen, gefolgt von den Zahlen 879 bis 886. Die Bedeutung dieser Signaturen war ihm nicht klar.

Als er die Wildensteins nach den Zertifikaten und Vorbesitzern fragte, wurde ihm erklärt, die Handschriften stammten aus der Sammlung Kann und gehörten den Wildensteins schon sehr lange. Einen Kaufvertrag konnte die Galerie nicht vorweisen, auch das genaue Datum der Transaktion war unbekannt.

Marrow berichtete Sam Fogg, daß die Herkunft der fraglichen Stücke lückenhaft sei. Fogg wollte den Kauf trotzdem abschließen, allerdings unter der Bedingung, daß die Galerie Wildenstein eine Entschädigungklausel für den Fall in den Vertrag aufnahm, daß ein anderer Eigentümer seine Ansprüche durchsetzte. Die Wildensteins lehnten ab, und Fogg ließ das Geschäft platzen.

Durch die unklare Herkunft der Handschriften stutzig gemacht und ohne schon von den Briefen der Kann-Erben zu wissen, wandte sich Marrow an Bodo Brinkmann vom Frankfurter Städel-Museum, der gegenwärtig an einem Werk über den Meister des Dresdner Gebetbuchs arbeitet. Brinkmann wurde schnell fündig – in der Bestandskartei der Münchner Sammelstelle der US-Army, die nach dem Krieg für die Erfassung und Rückführung von Beutekunst zuständig war. Jedes der acht Werke besaß dort eine Karteikarte, auf der die Inventarnummer der Nazis und auch der vermutliche Eigentümer verzeichnet war: Alponse Kann. Am 30. Oktober 1946 wurden die acht Handschriften von der Münchner Sammelstelle nach Paris abgeschickt.

Marrow machte sich nun auf die Suche nach den Erben und stieß auf Warin, der ihn wiederum über seine kürzlich erhobene Rückforderung informierte.

Es bestätigte sich, daß die Wildensteins die kostbaren Handschriften, die sie über 45 Jahre besessen hatten, verkaufen wollten, und das wenige Monate nach der Rückforderung durch die rechtmäßigen Erben. Die Kann-Erben bereiten gegenwärtig die rechtlichen Schritte vor.

Auf die Frage, warum die Handschriften ausgerechnet jetzt verkauft werden sollten, antwortete Daniel Wildenstein, dies sei reiner Zufall. Er lieferte auch eine weitere Version des Ankaufs der Handschriften, derzufolge sein Großvater Nathan diese zwischen 1903 und 1914 von Édouard Kann erworben haben soll. Danach seien sie von den Nazis aus einem Safe der Bank von Frankreich geraubt worden. Daniel Wildenstein fügte hinzu: »Ich verstehe diese Rückforderung nicht. Fünzig Jahre später? Ich bitte Sie! Wenn mir morgen ein Bild gestohlen wird, gehe ich zur Polizei und mache eine Anzeige. Aber nach dreißig Jahren gehört es dem Mann, der es gestohlen hat.«

Die Sammlung der Familie Gutmann bietet dafür weitere Beispiele.

Die Gutmanns, niederländische Staatsbürger, vertrauten Teile ihrer Sammlung von Gemälden, Skulpturen und Kunstgegenständen einer Pariser Kunstfirma an. Das Schicksal ihrer Sammlung, ob nun in ihrem Haus in Holland oder in Frankreich aufbewahrt, ist unauflöslich mit der tragischen Geschichte ihrer Eigentümer verknüpft.

In Holland war Fritz Gutmann nach dem Einmarsch der Nazis gezwungen worden, nicht nur Teile seiner Silber- und Bronzensammlung an die Besatzer zu verkaufen, sondern auch mehrere seiner Gemälde, darunter das *Jünglingsporträt* von Botticelli. Es gelang ihm jedoch, andere bedeutende Kunstwerke in seinem Haus vor Görings Zugriff zu retten.

Die nach Frankreich verschickten Werke wurden zu einem Teil in einer Kunsthandlung am Place Vendôme beschlagnahmt, zum anderen bei Wacker-Bondy, einer Spedition am Boulevard Raspail. Beide Male leitete Bruno Lohse vom ERR die Aktion. Doch der deutsche Kunsthändler Karl Haberstock war vor ihm auf dem Boulevard Raspail gewesen und hatte bereits acht Gemälde mitgehen lassen.

Die vom ERR geraubten Werke wurden unter dem Kürzel MUIR inventarisiert und in die ERR-Depots in Deutschland versandt. Aber die zwei Degas-Bilder *Landschaft mit Schornsteinen* und *Sich abtrocknende Frau* sowie Renoirs *Blühender Apfelbaum* wurden von den Nazis verkauft oder getauscht. Und das kleine Porträt von Dosso Dossi verleibte Göring seiner Privatsammlung ein.

Fritz und Louise Gutmann, die ihren Sohn Bernard in England und ihre Tochter Lili in Italien wußten, entschieden sich dafür, in Holland zu bleiben und auf ihr Glück zu vertrauen. Wie viele arglose Europäer konnten auch sie sich nicht vorstellen, daß man ihnen etwas antun würde. Gutmann baute auf seine hervorragenden Kontakte zu Politik und Hochfinanz und glaubte, daß sein italienischer Schwager, vormals italienischer Botschafter in Berlin, eine Sicherheitsgarantie darstellte.

Tatsächlich schrieb der italienische Botschafter aus seiner Berliner Residenz im Frühjahr 1942 einen Brief an den Reichsführer SS und Chef der deutschen Polizei, Heinrich Himmler, in dem er sich nach dem Wohlergehen der Gutmanns in den besetzten Niederlanden erkundigte. Aus

Himmlers beruhigend höflicher Antwort vom Juni 1942 ging hervor, daß keinerlei Maßnahmen gegen den Juden und holländischen Staatsbürger Gutmann verfügt worden seien. Die Dienststelle in Den Haag sei angewiesen, Gutmann in seinem Haus zu belassen und ihn und seine Frau von Sicherheitsmaßnahmen jeglicher Art auszunehmen.

Wenige Monate später vergewisserte sich das italienische Konsulat in Den Haag, ob Himmlers Anordnungen befolgt wurden. Denn nicht nur waren Göring und die deutschen Besatzer nach wie vor auf die Reste des Gutmannschen Familienbesitzes aus, auch Hitlers »Endlösung« wurde unausweichlich, Schritt für Schritt, in die Tat umgesetzt. Im Frühjahr 1943 erschien überraschend ein deutscher Offizier im Haus der Gutmanns und sicherte ihnen freies Geleit für die Reise nach Florenz zu, wo sie von ihrer Tochter Lili in Empfang genommen werden sollten. Der SS-Offizier überreichte ihnen die Fahrkarten erster Klasse. Das Ehepaar machte sich reisefertig und packte die Koffer mit der Garderobe und den wichtigsten Familienandenken. Die lange Zugfahrt nach Italien führte über Berlin.

Ihre Tochter Lili erwartete sie am Bahnhof von Florenz, doch die Gutmanns kamen nicht an. In der Vermutung, ihre Eltern hätten den Zug verpaßt oder es wäre zu Verspätungen und Fahrplanirrtümern gekommen, ging sie tagelang zu jedem Zug, der von Norden in Florenz eintraf. Aber vergebens.

In Berlin wurde das Ehepaar aus dem Zug geholt und dann mit einem anderen Zug nach Theresienstadt transportiert, dem Konzentrationslager bei Prag, das als Durchgangsstation zu den weiter östlich gelegenen Vernichtungslagern diente.

Als Lili erfuhr, daß sich ihre Eltern in Theresienstadt befanden, wandte sie sich an das deutsche Außenministerium in Rom, in der Hoffnung, daß sie ihre guten Beziehungen für die Befreiung der Eltern nutzen könnte. Aber die Erfahrung, daß es für diejenigen, die einmal in die Vernichtungsmaschinerie der Nazis hineingeraten waren, kaum eine Rettung gab, bestätigte sich auch hier. Lilis Bemühungen blieben fruchtlos.

Die Gutmanns überlebten den Winter im Lager, doch im Frühjahr

1944 wurde Fritz Gutmann erschlagen. Er hatte die Unterschrift unter ein Dokument verweigert, in dem er dem Deutschen Reich allen Besitz mitsamt seiner Kunstsammlung »legal« überschrieb. Ende Juni oder Anfang Juli 1944 wurde Louise Gutmann von Theresienstadt nach Auschwitz transportiert, wo sie etwa vierzehn Tage später in der Gaskammer umkam. Nun konnten die Nazis sich alles aneignen, was vom Besitz der Gutmanns noch übrig war.

Nach dem Krieg spürten Bernard und Lili Gutmann jahrelang den verschleppten Besitztümern ihrer Eltern nach. Das Haus in Holland war von den Deutschen ausgeräumt worden. Die endlosen Feststellungsverfahren in den Niederlanden, in Deutschland und Frankreich wurden für Bernard Gutmann zu einer Hauptbeschäftigung. Jahrelang hielten die Gutmann-Kinder Kontakt zu Kunsthistorikern, Kunsthändlern und zu Interpol; stets auf der Suche nach Spuren der geraubten Sammlung, verfolgten sie das Geschehen auf dem internationalen Kunstmarkt. Zwischen 1946 und 1958 tauchten immer wieder einzelne Gemälde und andere Gegenstände aus dem Besitz ihrer Eltern auf. 1964 wandten sie sich mit der Nachfrage an die Schweizer Regierung, ob Fritz und Louise Gutmann in Schweizer Banken Teile ihres Besitzes deponiert hätten. Im Jahr darauf erhielten sie einen Bescheid der Schweizer Regierung, aus dem hervorging, daß eine Antwort längere Zeit beanspruchen würde.

Viele Stücke der Sammlung schienen spurlos verschwunden, darunter zwei Pastellzeichnungen von Degas, der Renoir, der Dosso Dossi, alle in Frankreich geraubt, dann der Botticelli, der in Holland verlorenging. Da in Westeuropa keins der Bilder auftauchte, waren die Gutmann-Kinder überzeugt, daß sie nach Osteuropa oder in die Sowjetunion gelangt waren.

Wie alle geschädigten Familien erhielten sie von der Bundesrepublik Deutschland mehr als zwanzig Jahre nach Kriegsbeginn eine sehr magere Entschädigung, deren Höhe nach der Hälfte des Marktwerts von 1940 bemessen war. Doch Bernard und Louise Gutmann wollten ungeachtet dessen die Gemälde und Kunstgegenstände zurückhaben, die ihren Eltern geraubt worden waren.

Bernard Goodman – er hatte seinen Namen anglisiert – gab die Suche nicht auf, aber sprach selten mit seiner Familie darüber. Als er 1994 starb, setzten seine Söhne Simon und Nick Goodman gemeinsam mit ihrer Tante Lili die Suche nach den verschollenen Gemälden fort. Als die Ermitage in Sankt Petersburg 1995 Kunstwerke ausstellte, die von der Sowjetarmee nach der deutschen Niederlage erbeutet worden waren, stiegen ihre Hoffnungen. Aber die Aussteller wußten nichts über einen möglichen Verbleib der Bilder in der ehemaligen Sowjetunion.

Die in Los Angeles lebenden Söhne Bernard Goodmans wandten sich darauf an Willi Korte, einen deutschen Rechtsanwalt, der auf Beutegut aus dem Zweiten Weltkrieg spezialisiert ist. Und wenig später fand ein Freund Nick Goodmans die Spur des *Blühenden Apfelbaums* von Renoir. Den Brüdern und ihrer Tante wurde klar, daß die impressionistischen Gemälde in den USA zu suchen waren, während sie viele Jahre lang nach Osteuropa geblickt hatten.

Der geraubte Renoir war erstmals auch im Katalog des New Yorker Auktionshauses Parke-Bernet aufgetaucht. Am 17. April 1969 wurden dort »bedeutende moderne und impressionistische Gemälde« verschiedener Besitzer öffentlich versteigert. Der Renoir trug die Nummer 105 und wurde als Eigentum der verstorbenen Madame Lucienne Fribourg und der Fribourg Foundation ausgewiesen. Für 85 000 Dollar wechselte er den Besitzer.

Die Fribourg Foundation mit Sitz in New York versicherte den Goodmans, daß sie über die Herkunft des verkauften Renoirs nichts Näheres wisse. Als der Autor selbst bei der Foundation anfragte, verweigerte sie jede Auskunft mit dem Hinweis, sie sei eine private Gesellschaft und gebe grundsätzlich keine Informationen an Journalisten. Es kam hinzu, daß Sotheby's in New York (inzwischen mit Parke-Bernet zusammengeschlossen) den Namen des Käufers verheimlichte. Die Goodmans bemühten sich ein Jahr lang zu erfahren, wer das Renoir-Gemälde erworben hatte, und sicherten dem Auktionshaus Vertraulichkeit zu, doch alles blieb vergebens.

Immerhin wußte die Familie jetzt, wo sie ihre Suche nach den Gemälden fortsetzen mußte. 1994 hatten das New Yorker Metropolitan Museum of Art und das Houstoner Museum of Fine Arts eine gemeinsame Wanderausstellung mit dem Titel *Degas Landscapes* organisiert, wovon die Goodmans jedoch nichts wußten. Als Simon Goodman 1995 in einem Buch des britischen Kunsthistorikers Richard Kendall blätterte, das parallel zu der Wanderausstellung erschienen war, stieß er auf die Degas-Pastellzeichnung *Landschaft mit Schornsteinen* (Abb. C8) aus dem Besitz seiner Großeltern. Sie war abgedruckt als Abbildung Nummer 130 und als Leihgabe von Mrs. und Mr. Daniel Searle deklariert.

Lili Gutmann und ihre Neffen waren hocherfreut über diese Entdeckung; die Freude der Searles hielt sich in Grenzen. Mr. Daniel Searle, ehemaliger Vorstandsvorsitzender der bekannten Pharmafirma G.D. Searle, gehört auch zum Beirat des Art Institute of Chicago. Die Goodmans setzten sich mit den Anwälten Searles in Verbindung und erfuhren, welchen Weg das Degas-Bild seit seinem Verschwinden genommen hatte.

1987 hatte es Searle auf Anraten seines Museumsexperten bei dem New Yorker Kunstmakler Margo Pollins Schab für 850000 Dollar erworben. Pollins Schab hatte es ebenfalls 1987 von dem New Yorker Sammler Emile Wolf übernommen, der das Bild viele Jahre lang besessen und zweimal für Ausstellungen ausgeliehen hatte; eine fand 1965 im New Yorker Finch College Museum statt, die andere 1968 im Fogg Museum of Art an der Harvard-Universität. Gekauft hatte er das Bild 1951 von dem Kunstsammler Hans Fankhauser, einem Schweizer Textilkaufmann aus Basel. Und Fankhauser wiederum hatte die *Landschaft mit Schornsteinen* zu einem unbekannten Zeitpunkt bei dem Kunsthändler Hans Wendland erworben. Der Kreis war geschlossen und der Beweis erbracht.

Wendland war, wie bereits geschildert, die treibende Kraft und der Hauptorganisator des Kunstschmuggels von Frankreich in die Schweiz. Er arbeitete eng mit Bruno Lohse vom ERR zusammen, war ein häufiger Gast im Je de Paume und zudem der Partner des Luzerner Kunsthändlers Theodor Fischer. Von Wendland stammte auch der Vorschlag an

Göring und Hofer, die Kunstgüter im Diplomatengepäck zu versenden und auf diese Weise den Schweizer Zoll und andere Hindernisse zu umgehen. Einem britischen Geheimdienstbericht zufolge war er mit Madame Wacker-Bondy von der Speditionsfirma auf dem Boulevard Raspail befreundet, wo der Degas gelagert und dann geraubt worden war. Aus demselben Bericht geht hervor, daß Wendland in den Räumen der Firma ein Zimmer angemietet hatte, in dem er viele Gemälde hortete.

Mit diesen Beweismitteln und einem ausführlichen Schriftwechsel mit den Searle-Anwälten gingen die Goodmans vor Gericht. Wahrscheinlich werden sie das Degas-Bild zurückerhalten, und früher oder später werden sie auch herausfinden, wer der Käufer ihres Renoir-Gemäldes ist und ob andere Gemälde aus dem Familienbesitz, wie etwa das Degas-Pastell *Sich abtrocknende Frau*, die Nazi-Plünderungen überdauert haben. Irgendwann wird auch das *Jünglingsporträt* von Botticelli auftauchen, das aus dem Haus der Gutmanns in Holland verschwand und sich wahrscheinlich in den USA befindet.

Die in diesem Kapitel erwähnten Kunstwerke sind Teil eines gewaltigen Kunstschatzes, der von den Nazis geraubt, in alle Winde verstreut und zerstört wurde. Indem die Geschädigten und ihre Nachkommen sich um die Aufspürung und die Rückführung der geraubten Kunstgüter bemühen, stellen sie Stück für Stück die unterbrochene Verbindung zur Vergangenheit wieder her. Das könnte ihnen helfen, die Schrecken der Vergangenheit, die sie in all den Jahren nicht abschütteln konnten, ein wenig zu mildern. Abgesehen davon fordern sie mit der Rückführung gestohlenen Eigentums ein elementares Grundrecht ein. Wenigstens das müßte ihnen zugestanden werden.

Andere Beutekunst wurde nicht in entfernte Verstecke gebracht, sondern nur aus Paris fortgeschafft und in der Schweiz deponiert, wo sie all die Jahre verblieb – gut geschützt vor dem Zugriff der rechtmäßigen Eigentümer.

13
Ein unumgänglicher Nachtrag: Hehlerware in Schweizer Tresoren

Nach dem Zusammenbruch des Hitlerreiches versuchten die drei siegreichen westlichen Verbündeten USA, Großbritannien und Frankreich der in die Schweiz geflohenen Nazis möglichst schnell habhaft zu werden. Sie bemühten sich um möglichst genaue Informationen über verborgene Aktivitäten, Konten und Geschäfte deutscher Staatsbürger in der Schweiz und interessierten sich für die Beziehungen, die Schweizer Bürger zum Dritten Reich unterhalten hatten.

Die Schweiz hatte während des Zweiten Weltkriegs ihren neutralen Status genutzt, um sowohl mit Deutschland und den Achsenmächten als auch mit den Alliierten einträgliche Geschäfte zu machen. Nach dem Krieg befand sich das Land daher in einer eigentümlichen Lage. Da sich die Schweiz an keinerlei Kriegshandlungen beteiligt hatte, galt sie weder als Angreifer noch als Angegriffener, und folglich konnten die Alliierten keinen wirksamen Einfluß auf die Innenpolitik des Landes nehmen. Vor allem dieser Umstand erschwerte es, in die Schweiz verschleppte Beutekunst aufzuspüren und zurückzuführen. Vom Handlungsraum, den sich die Schweiz damit schuf, profitiert das Land bis heute. Es sonderte sich vom übrigen Europa ab und zwang den Alliierten bei ihren Recherchen das eigene Tempo und manchmal auch den eigenen Willen auf.

Die Schweiz sicherte den Alliierten zu, ihre Nachforschungen zu unterstützen, aber sehr bald stießen die Ermittler auf bürokratische und juristische Hürden. Die Schweiz war sehr darum bemüht, ihre Bürger und ihre Banken, ihre Geschäfte und Geheimnisse vor neugierigen Einblicken zu schützen. Das Schweizer Bankgeheimnis war in den dreißiger Jahren eingeführt worden, als in ganz Europa die Diktaturen aufblühten und das Verlangen nach anonymen Konten beständig stieg. Das Schweizer Bankgeheimnis und die Schweizer Diskretion wurden während des Krieges sogar nachdrücklich angepriesen, was alle Arten von dunklen Geschäften begünstigte.

Der britische Konsul in Zürich und die britische und amerikanische Vertretung in Bern hatten den ganzen Krieg hindurch aufmerksam die Tätigkeit bestimmter Schweizer Händler verfolgt. Besonders interessierten sie sich für die Geschäfte der Galeristen Theodor Fischer und Hans Wendland, die beide mit Gustav Rochlitz verbunden waren, dem überaus regsamen Geschäftspartner des Jeu de Paume in Paris. Alle drei hatten mit dem Tausch und dem Verkauf von französischer Beutekunst in der Schweiz enorme Gewinne gemacht. Die Alliierten vermuteten, daß die Nachfrage anderer Händler, insbesondere in den nicht deutschsprachigen Kantonen, die Bedenkenlosigkeit einiger Sammler und die Laissez-faire-Politik der Schweizer Regierung diese Geschäfte zusätzlich begünstigt hatten.

Die Schweizer Bürokratie erstickte nach dem Krieg die Bemühungen der Alliierten durch Passivität und Untätigkeit. Im März 1945 kündigten die Schweizer Behörden an, daß sie bereit seien, alles deutsche Eigentum in der Schweiz zu registrieren, doch letztlich legten sie den Ermittlern immer neue Steine in den Weg. Die Alliierten beklagten sich über die Behinderung ihrer Arbeit und sahen ihren Verdacht bestätigt, daß die Schweizer nichts getan hatten, um den Verkauf oder das Bunkern von Beutekunst zu verhindern. Im August desselben Jahren reagierten die Schweizer Behörden auf den anhaltenden Druck der Alliierten mit der Erklärung, die Schaffung gesonderter Gesetze für die Rückführung von Beutekunst sei nicht notwendig, da die bereits bestehenden Diebstahlparagraphen ausreichten, um Ausländern zu ihrem Eigentum und Recht zu verhelfen.

Die Alliierten machten deutlich, daß sie die automatische Annullierung aller unsauberen, während des Krieges getätigten Abschlüsse erwarteten, wie es in ganz Westeuropa üblich war. Die geltende Schweizer Rechtspraxis war für sie unakzeptabel, denn ihr zufolge konnte der geschädigte Eigentümer seine Bilder nur dann von einem Käufer, der sie in gutem Glauben erworben hatte, zurückverlangen, wenn der Raub oder Diebstahl der fraglichen Gegenstände nicht länger als fünf Jahre zurücklag. Da ein großer Teil der Beschlagnahmen der Nazis in Westeuropa im Jahr 1940 stattgefunden hatten, hatten die meisten Geschädigten bei den Schweizer Gerichten keine Chance.

Die Alliierten bemängelten zudem, daß jeder ausländische Geschädigte gegen jeden Käufer einzeln klagen mußte, als handelte es sich lediglich um Diebstahl oder Raub, nicht aber um die Folgen eines Krieges. Und als unerträglich wurde empfunden, daß nach Schweizer Recht die Geschädigten nicht nur für ihre Anwalts- und Gerichtskosten aufkommen, sondern auch den Käufern der gestohlenen Werke Schadenersatz leisten mußten.

Mit ihrer arroganten Haltung legten die Schweizer Gesetzgeber den Geschädigten unendliche Schwierigkeiten in den Weg, und zudem behandelten sie die Kriegsverbrechen der Nazis wie gewöhnliche Verstöße gegen das bürgerliche Recht. Die Alliierten forderten daher von den Schweizern die Einrichtung einer Behörde auf Bundesebene oder eines Sondertribunals nach dem Vorbild der Wiedergutmachungsausschüsse, die in allen europäischen Ländern, auch im neutralen Schweden, gegründet worden waren und die weltweit nach Beutekunst forschten.

Da die Schweizer Regierung untätig blieb, entsandten die Alliierten Ende September 1945 einen Bevollmächtigten ins Land, einen Kunstexperten, der nicht nur mit den Schweizer Behörden verhandeln, sondern auch nach versteckter Beutekunst fahnden sollte. Den Auftrag erhielt der britische Major Douglas Cooper, der bereits die aufschlußreichen Schenker-Papiere in Paris ausgewertet hatte und gerade ehemalige Kunstdepots der Nazis in Österreich besucht hatte.

Coopers Nachforschungen brachten Erstaunliches zutage, Enthüllungen, die denen von Paris in nichts nachstanden.[1] Nach mehreren Wochen Arbeit hatte er eine detaillierte Liste von fünfundsiebzig geraubten Kunstwerken erstellt, die sich in der Schweiz befanden. Später wurden noch Hunderte weiterer Beutestücke aufgespürt, doch Coopers Liste war die entscheidende Grundlage. Die von ihm gemachten Funde umfaßten Werke aus dem Besitz von acht verschiedenen Sammlern britischer, französischer und niederländischer Nationalität. Er nahm die Spur bedeutender Gemälde aus den Sammlungen von Alphonse Kann, Lévy de Benzion und Paul Rosenberg auf, die sich seit ihrer Anlieferung im Jeu de Paume im Ungewissen verloren hatte. Bei ihnen handelte es sich um Gemälde, die Göring oder sein Privatkurator Hofer zu Tauschzwecken ausgesucht hatten. Coopers Ermittlungen deckten auf, daß viele Schweizer Bürger in den äußerst schwunghaften Handel mit Beutekunst verwickelt waren. Die fünfundsiebzig Gemälde befanden sich im Besitz von mindestens neunzehn Schweizer Händlern und Sammlern.

Die Hauptakteure waren Theodor Fischer – der mindestens achtunddreißig gestohlene Kunstwerke besaß – und Hans Wendland. Vor dem Krieg hatte Fischer mit klassischen Gemälden und Antiquitäten gehandelt, aber dank der einträglichen Kollaboration mit den Deutschen hatte er sich in einen »Experten« für moderne Malerei verwandelt, nämlich für die Bilder, die die Nazis nicht haben wollten.

Mindestens sechzehn Schweizer Händler (eine für das kleine Land beträchtliche Zahl) waren des Handels mit Beutekunst verdächtig, Cooper ging davon aus, daß Hunderte geraubte Bilder unbemerkt in die Schweiz gelangt und dort in anonymen Banksafes verschwunden waren. Als die Alliierten Coopers Bericht erhielten, verlangten sie von der Schweiz, daß die benannten Kunstwerke unter behördliche Aufsicht gestellt und den verdächtigten Kunsthändlern bis zur Klärung der gegen sie erhobenen Vorwürfe die Konzession entzogen werden sollte. Die Schweiz ließ sich lediglich dazu bewegen, einige der fraglichen Bilder zu beschlagnahmen und im Berner Museum einzulagern. Ihre Konzession durften die Händler behalten.

Die eigentliche Sensation in Coopers Bericht war die Entlarvung des Waffenproduzenten Emil G. Bührle als eifrigsten Aufkäufer von Beutekunst. Man mag ihm zugute halten, daß er im Cooper-Bericht auftaucht, weil er als passionierter Kunstsammler wenig mißtrauisch war und unwissentlich gestohlene Werke erwarb. Doch bei näherer Betrachtung fällt es schwer, dem gewieften Geschäftsmann und Industriellen mildernde Umstände zuzubilligen.

Bührle war nicht nur Waffenproduzent und Kunstsammler, sondern auch ein großzügiger Förderer des Zürcher Kunsthauses. Der gebürtige Deutsche hatte sich in den zwanziger Jahren in der Schweiz etabliert und mit seiner Werkzeugmaschinenfabrik Oerlikon Bührle und Co. ein Vermögen gemacht. Bald kam er mit Flug- und Panzerabwehrwaffen auf den Markt, die bei den europäischen Militärmächten hochbegehrt waren. Mit dem Schutz der Schweizer Neutralität setzte er seine Geschäfte mit Nazideutschland und der Wehrmacht den ganzen Krieg hindurch fort, was ihm atemberaubende Profite und ein hohes Ansehen bei den Naziobereren einbrachte. In den dreißiger Jahren, während Deutschland zum Weltkrieg rüstete, begann Bührle mit dem Aufbau seiner Kunstsammlung.

Coopers Bericht zufolge hatte Bührle innerhalb kurzer Zeit dreizehn gestohlene Gemälde gekauft, fast alle bei Theodor Fischer in Luzern. Viele dieser Bilder sind noch immer in der hervorragenden Sammlung der Zürcher Bührle-Stiftung zu sehen.

Bührles Erwerbungen versinnbildlichen bis ins kleinste Detail die Ambivalenzen der Schweizer Rechtsposition nach dem Krieg. Zu den Käufen zählten Glanzstücke wie das große Ölgemälde *Madame Camus am Klavier* des jungen Degas (Abb. C10), dessen Ölskizze *Tänzerinnen im Foyer* und der Akt *Morgentoilette* von Manet. Alle drei stammten aus der geplünderten Sammlung Alphonse Kann. Weitere Erwerbungen Bührles waren *Seine-Ufer* (oder *Sommer in Bougival*) von Sisley und ein *Lesender Mönch* aus der Serie der Mönchsbilder von Corot, beide geraubt aus der Sammlung Lévy de Benzion. Und natürlich hatte Bührle auch einige außergewöhnliche Werke aus der Privatsammlung und der Galerie Paul Rosenbergs in seinen Besitz gebracht, darunter das Corot-Bild *Lesendes Mädchen in rotem Tricot*, eine Zeichnung mit zwei Akten und ein Gemälde mit dem Titel *Die Jockeys* oder *Vor dem Rennen* von Degas sowie ein spätes Manet-Bild *Blumen in einer Vase* oder *Rosen und Tulpen in einer Vase*, und schließlich einen Pissarro: *Der Hafen von Rouen nach dem Gewitter*.

Soviel ist sicher, Bührle hatte einige der besten Stücke aus der Nazibeute ergattert, und er besaß einen ausgepägten Kunstsinn. Aber es konnte ihm nicht entgangen sein, daß diese Bilder das Eigentum französischer Sammler waren und daß sie auf dunklen Wegen in die Schweiz gelangt waren. Ohnehin war allgemein bekannt, daß Fischer und Wendland eng mit den Nazis zusammenarbeiteten. Im Juni 1939 versteigerte die Luzerner Galerie Fischer erstmals »entartete Kunst« aus deutschen Museen, die den Säuberungen der Nazis zum Opfer gefallen war, und sie organisierte weitere derartige Verkäufe.

Im Verlauf seiner Nachforschungen suchte Cooper auch Emil Bührle in Zürich auf, um Aufschluß über die Beziehungen zwischen dem Industriellen und den verdächtigten Kunsthändlern zu erhalten. Bührle nutzte diese Gelegenheit, dem jungen britischen Offizier seine Version des Geschehens nahezubringen. Er hielt an der – sehr unglaubwürdigen – Behauptung fest, von den Aktivitäten Fischers und Wendlands nichts gewußt zu haben, lieferte aber selbst den Gegenbeweis, als er seine zwielichtigen Kunstgeschäfte während des Krieges beschrieb.

Bührle erklärte Cooper, daß er tatsächlich fruchtbare Geschäftsbeziehungen zu Fischer unterhalten hatte. 1941 hatten sie gemeinsam eine deutsche Sammlung ersteigert und dann unter sich aufgeteilt, wobei Fischer ihm eine beträchtliche Summe schuldig blieb. Bührle fuhr darauf mehrfach nach Luzern, um französische Gemälde zu kaufen, die Fischer ihm anbot. Über ihre Herkunft habe er sich keine Gedanken gemacht, so Bührle, da Fischer ihm versichert hatte, daß sie aus deutschen Museen stammten. Doch einer seiner Berater hatte ihn darüber aufgeklärt, daß Fischer gelogen hatte und daß es sich bei den Bildern um Beutegut handelte. Bührle hatte seinen Anwalt konsultiert, der ihm die Schweizer Rechtslage erläuterte: Wenn sich ein in gutem Glauben gekauftes Kunstwerk als gestohlen erweist, muß es lediglich an den Verkäufer zurückgegeben werden, der verpflichtet ist, den Kaufpreis zu erstatten. Bührle gab an, daß er daraufhin beschlossen hatte abzuwarten, ob die rechtmäßigen Eigentümer ihre Bilder zurückfordern würden. Das Schweizer Recht garantierte, daß er dabei nichts verlieren konnte, also kaufte er weiter die von Fischer angebotene Beutekunst.

Bührle beschrieb auch den in Kapitel 11 erwähnten Bilderkauf in Paris: Bei einer Geschäftsreise nach Frankreich im September 1941 (die er ohne ein deutsches Visum nicht hätte antreten können) traf er sich mit dem in Paris lebenden Schweizer Charles Montag. Vor dem Krieg war Montag Winston Churchills Zeichenlehrer gewesen. Während der Besetzung war er an der Auflösung der Bernheim-Jeune-Sammlung beteiligt und handelte mit geraubter Kunst. Montag führte Bührle in die Galerie Dequoy und Co. (vormals Galerie Wildenstein) in der Rue du Faubourg Saint-Honoré. Dort kaufte Bührle fünf Gemälde, darunter einen David und zwei Renoirs, über deren Herkunft er angeblich nichts wußte. Dann, so Bührle, kam zufällig der Kunsthändler Hans Wendland herein. Montag und Dequoy stellten ihm Wendland vor, den Bührle, wie er Cooper gegenüber versicherte, nicht kannte, obwohl beide in der Schweiz lebende Deutsche waren. Und es ist schwer nachzuvollziehen, daß der clevere Geschäftsmann Bührle ausgerechnet eine Pariser Galerie aufsuchte, die eng mit den Nazis zusammenarbeitete, ohne zu ahnen, welche Art von Geschäften dort gemacht wurden.

Bührle berichtete weiter, er hätte die gekauften Bilder in Paris zurücklassen müssen, als er nach Zürich heimfuhr. Eines Tages meldete sich Wendland bei ihm und schlug ihm vor, weitere Bilder bei Fischer zu kaufen. Bührle erwähnte, daß er seine in Paris gekauften Bilder dort hatte zurücklassen müssen. Wendland sagte ihm darauf, er wisse einen Weg, sie in die Schweiz zu befördern. Und siehe da, eines Tages lieferte ein Unbekannter (Bührle war angeblich nicht in der Stadt und erwartete nichts dergleichen) zwei der Bilder bei ihm zu Hause ab. Cooper, der Bührle mit Spannung zugehört hatte, wußte bereits aus anderen Kanälen, wer dieser Unbekannte war. Es handelte sich um Walter Andreas Hofer, Görings Privatkurator, der den Transport der Bilder im November 1941 übernommen hatte. Wieder fällt es schwer zu glauben, daß Bührle weder die Bilder erwartet hatte noch den Mann kannte, der sie bei ihm ablieferte.

Am Ende des langen Gesprächs teilte Cooper Bührle mit, daß die Alliierten im Begriff seien, alle nötigen Beweise den Raub der Bilder betreffend an die Schweizer Regierung zu übergeben. Und er legte Bührle nahe, die fraglichen Gemälde zum Zeichen seines guten Willens bei den Behörden zu hinterlegen. Bührle stimmte zu und versprach, die Angelegenheit in der folgenden Woche zu regeln.

Auf den Sinneswandel des Industriellen vertrauend, reichte Cooper mehrere Tage später den Antrag bei der Schweizer Regierung ein, den Namen Bührles von der Liste der zur Vernehmung bestellten Verdächtigen zu streichen. Das erwies sich als Fehler. Bührle dachte nicht daran, die Gemälde abzuliefern, sondern argumentierte, er habe sie in gutem Glauben erworben. Cooper wußte nicht, daß Bührle schon vor ihrem Gespräch Schritte unternommen hatte, um den Besitz der Gemälde rechtlich abzusichern. Mehrere Wochen vor Coopers Besuch bei Bührle war Paul Rosenberg in die Schweiz gereist. Vom ersten Moment seiner Begegnung mit Bührle an wußte der erfahrene Kunsthändler, mit wem er es zu tun hatte. Verärgert über die militärisch bedingte Einreisesperre nach Frankreich, die bis zum Sommer 1945 dauerte, dann über die Langsamkeit der Schweizer Behörden, hatte Rosenberg beschlossen, die Dinge selbst in die Hand zu nehmen. Er hatte seine Archivfotos und seine Bestandslisten eingepackt und war in die Schweiz gereist.

Dort frischte Rosenberg seine Vorkriegskontakte auf und machte die Runde bei den Zürcher Kunsthändlern. Einen Besuch bei Fischer in Luzern lehnte er ab, aber er sprach mit Wendland, den er als intelligent und verschlagen beschrieb. In der Zürcher Galerie Neupert wurde ihm das Matisse-Gemälde *Frau im gelben Sessel* angeboten, das aus seinem Bankfach in Libourne stammte. Der Preis betrug 8000 Schweizer Franken. Ein Zertifikat besagte, daß es einem Schweizer Privatsammler gehört hatte. In derselben Galerie sah Rosenberg Fotos von impressionistischen Gemälden, die er aus Frankreich kannte. Er wußte, daß sich die Galerie Neupert früher kaum mit französischer Malerei befaßt hatte, und ihm kam sofort der Verdacht, daß der Inhaber mit deutscher Beutekunst handelte. Und er erfuhr, daß van Goghs berühmtes *Selbstbildnis mit verbundenem Ohr* sowie vier Cézannes, die alle aus geplünderten französischen Sammlungen stammten, im Tresor der Société des Banques Suisses in Zürich lagerten.

In der Aktuaryus-Galerie eröffnete man ihm, daß sein in Libourne gestohlenes Bild *Odaliske auf blauem Grund* von Matisse an Bührle verkauft worden sei. Jetzt erst begriff Rosenberg, worum es bei dem Geschäft mit der Beutekunst vor allem ging: Der Schweizer Waffenfabrikant hatte von den willkürlich festgesetzten Preisen der Nazis profitiert. Vor dem Krieg hatte Rosenberg 20000 Schweizer Franken für das Bild bezahlt, Bührle aber hatte es 1942 für 14000 Franken erworben.

Zum Höhepunkt seiner Schweizreise wurde der Besuch bei Bührle. Rosenberg berichtete, daß Bührle sehr überrascht gewesen sei, ihn zu sehen, weil man ihm gesagt hatte, Rosenberg sei tot. Rosenberg erklärte, er habe nicht vor, mit Bührle zu verhandeln, und schon gar nicht, sich die gestohlenen Gemälde von ihm auszahlen zu lassen. Er hätte sich beim Kauf der Bilder nach der Herkunft erkundigen müssen, erklärte er dem Industriellen. Alle Bilder trugen den von den Nazis angebrachten Stempel »Rosenberg Bordeaux« auf der Rückseite. Irrtümer, was die Herkunft betreffe, seien auszuschließen, da viele der von Bührle gekauften Bilder in Rosenbergs Katalogen abgebildet seien.

Bührle reagierte mit der Ankündigung, er sei bereit, die Gemälde an Fischer zurückzugeben, wenn der bereit sei, ihm den Kaufpreis zu erstatten. Rosenberg war freudig überrascht.

Er wußte sehr gut, daß er mit seinem Besuch bei Bührle und der Ankündigung, er werde nicht mit sich handeln lassen, einen harten Konfrontationskurs fuhr. Dennoch ging er davon aus, daß Bührle, Fischer und Wendland versuchen würden, mit ihm zu feilschen. Etliche Tage später schickten sie einen Vermittler, der einen Vergleich anbot. Rosenberg lehnte ab. Er war überzeugt, daß die Regierung die drei Komplizen drängen würde, ihre Differenzen außergerichtlich beizulegen. Es vergingen wieder mehrere Tage, bis der Vermittler mit einem neuen Vorschlag erschien. Rosenberg sollte achtzig Prozent seiner Gemälde zurückbekommen und auf zwanzig Prozent verzichten, das würde allen Beteiligten einen langwierigen Prozeß ersparen. Rosenberg lehnte kategorisch ab. Er wollte, daß der Fall auf Regierungsebene verhandelt wurde.

Die Schweizer Regierung jedoch zeigte keinerlei Bereitschaft dazu. Um seine Gemälde zurückzubekommen, mußte Rosenberg gegen Fischer, Bührle und andere Beteiligte einen Prozeß anstrengen. Die wiederum klammerten sich an die Buchstaben des Schweizer Gesetzes und an die fadenscheinige Behauptung, die Käufe seien in »gutem Glauben« erfolgt. Von New York aus verfolgte Rosenberg die langwierigen Prozeßvorbereitungen mit ausdauernder Geduld, bis im Juni 1948 endlich die erste Verhandlung stattfand.

Der Anwalt von Fischer, Bührle und den anderen Beklagten bestritt nicht, daß die fraglichen Gemälde aus dem Eigentum Rosenbergs stammten. Aber mit beeindruckender Kaltschnäuzigkeit argumentierte er, daß die Enteignung Rosenbergs nicht rechtswidrig gewesen sei, und zog damit den Tatbestand der Plünderung in Zweifel. Rosenberg habe gegen die Verordnungen der Besatzungsmacht verstoßen, indem er seine Gemälde in Floirac und Libourne versteckte. Diese Verordnungen untersagten das Verstecken von Kunstgegenständen, und indem Rosenberg gegen sie verstieß, habe er automatisch alle Rechte an seinen Gemälden verloren und könne daher die Rückgabe nicht einklagen. Darüber hinaus sei die Verordnung der Vichy-Regierung von 1940, die allen geflohenen Franzosen die Staatsbürgerschaft absprach, geltendes Recht gewesen. Wenn Fischer, Bührle und die anderen Beklagten die Gemälde zu einem Zeitpunkt gekauft hatten, als Rosenberg nach dem Recht der Besatzer und der Vichy-Regierung nicht mehr der rechtmäßige Eigentümer war, sei der Kauf auch nicht als rechtswidrig zu betrachten.

Diese unverfrorene Argumentation überzeugte die Schweizer Richter nicht. Rosenberg gewann den Prozeß und erhielt alle seine Gemälde zurück. Nach dem Prozeß verkaufte Rosenberg Bührle die unrechtmäßig erworbenen und vor Gericht verlorenen Gemälde. Am Ende also behielt Bührle die Bilder. Sie sind heute in seiner Stiftung zu sehen. Es darf nicht vergessen werden, daß Bührle noch viele andere geraubte Kunstwerke gekauft hatte. Weist der Katalog der Stiftung Emil G. Bührle auf die wahre Herkunft der gezeigten Gemälde hin? Eine Antwort darauf geben die drei bereits erwähnten Gemälde aus der Sammlung Kann. Inzwischen läßt sich rekonstruieren, wie sie von Paris nach Zürich gelangt sind. Nachdem die Nazis die Sammlung aus dem Haus Alphonse Kanns abtransportiert hatten, erstellte Bruno Lohse beim ERR ein Inventarverzeichnis für die 1202 beschlagnahmten und im Jeu de Paume deponierten Kunstwerke. Der ERR kennzeichnete sie mit dem Kürzel »ka« für »Kann, Alphonse«. Cooper fand einige der Kann-Gemälde bei Bührle wieder, darunter *Madame Camus am Klavier* (Abb. C10) von Degas mit der Kennzeichnung »ka 989«, *Tänzerinnen im Foyer* (ka 15) sowie *Morgentoilette* von Manet (ka 20). Die methodischen und sorgfältigen Inventarverzeichnisse des ERR sind nach wie vor ein idealer Ausgangspunkt für die Spurensuche. Die Zürcher Bührle-Stiftung verzeichnet in ihrem sorgfältig edierten Katalog 321 Werke. Die Gemälde aus der Sammlung Kann sind darin erfaßt, ihre wahre Geschichte jedoch nicht.

Unter der Nummer 43 erscheint zum Beispiel *Madame Camus am Klavier* mit dem Vermerk, daß das Gemälde 1951 »aus französischem Privatbesitz« erworben wurde. Diese Eintragung läßt nicht vermuten, daß es sich um das oben erwähnte Beutestück aus der Sammlung Kann handelt. Aber das ist nicht zu bezweifeln. Das Bild wird im Degas-Werkverzeichnis von Lemoisne unter der Nummer 207 aufgeführt, in *Portraits by Degas* von Jean Sutherland Boggs als Abbildung 65.

Eine weitere offizielle Quelle ist der Ausstellungskatalog *The Passionate Eye. Impressionist and Other Master Paintings from the Collection of Emil G. Bührle, Zurich*. Aus Anlaß des hundertsten Geburtstags von Bührle zeigte diese Ausstellung fünfundachtzig Spitzenwerke seiner Sammlung, von Mai bis Juli 1990 in der National Art Gallery Washington, danach im Montreal Museum of Fine Arts und im Yokohama Museum of Art, schließlich in der Royal Academy of Arts in London.

Der Katalog, in dem ausführlich das Leben Bührles und sein »unersättlicher« Hunger nach Kunst geschildert werden, zeigt ihn auf einem Foto umgeben von seinen Lieblingsbildern. An der Wand hinter ihm hängt *Madame Camus am Klavier* (Abb. C10). Der Katalog betont, daß der beispielhafte Unternehmer und Ästhet seine Stiftung am Vorbild der Frick Gallery in New York und der Barnes Collection in Pennsylvania orientiert habe. Beide Sammlungen sind, wie auch die von Bührle, in den ehemaligen Privaträumen der Stifter untergebracht.

Über das Degas-Gemälde weiß der Katalog Neues zu berichten, aber die genannten Fakten stimmen nicht mit meinen Erkenntnissen überein. Im Katalog heißt es, daß Alphonse Kann »seit etwa 1924 ... bis mindestens 1937« Eigentümer des Gemäldes gewesen sei. Das ist verwunderlich, da die *Madame Camus am Klavier* noch 1940/41 im Inventarverzeichnis des ERR als Bestandteil der Sammlung Kann aufgeführt wurde. Es folgt die bekannte Behauptung, Bührle habe das Gemälde 1951 »aus einer französischem Privatsammlung« erworben.

Die Behauptung macht deshalb stutzig, weil die Stiftung Bührle mit ihr unterstellt, daß Kann während des Krieges möglicherweise nicht mehr der Eigentümer des Gemäldes war und, mehr noch, daß Bührle das Bild im Jahr 1951 erwarb. Da Kann 1948 starb, hätte Bührle es demnach drei Jahre nach dem Tod des Inhabers der »französischen Privatsammlung« gekauft.

Doch die Fakten sprechen eine andere Sprache: Alphonse Kann war der Eigentümer des Gemäldes, als die Nazis seine Sammlung beschlagnahmten. Dies kann als gesichert gelten, auch wenn man der Behauptung Coopers keinen Glauben schenkt, daß Fischer und/oder Wendland das Gemälde während des Krieges an Bührle verkauften – lange vor dem Jahr 1951. Bührle leugnete bei seinem Gespräch mit Cooper nicht, daß er die fraglichen Gemälde gekauft hatte und daß sie sich in seinem Besitz befanden. Er hatte nur eingewandt, daß er nichts über ihre Herkunft gewußt habe.

Unzufrieden mit den wolkigen Angaben in den Katalogen, wandte ich mich direkt an die Zürcher Bührle-Stiftung und erbat nähere Informationen über das Degas-Gemälde *Madame Camus am Klavier*. Ich erhielt die Auskunft, daß anhand der internen Unterlagen das Gemälde zusammen mit zwei anderen aus der Sammlung Kann im Jahr 1951 aus einer »französischen Privatsammlung« erworben worden sei. Diese Angabe war bereits aus dem Stiftungskatalog bekannt. Nach weiterem Aktenstudium teilte mir die Archivarin mit, daß sie auf Widersprüche in den ihr vorliegenden Dokumenten gestoßen sei. Einerseits war in ihnen das fragwürdige Kaufdatum 1951 verzeichnet, andererseits, so fügte die

Archivarin hinzu, belegten sie, daß die Bilder »1942 von der Galerie Fischer« erworben worden waren.

Meine Vermutung hatte sich bestätigt. Alphonse Kann war der rechtmäßige Eigentümer der drei Bilder in der Bührle-Sammlung. Die Diskrepanz zwischen meinen Ergebnissen und den fehlerhaften Angaben in den zwei Bührle-Katalogen ist wahrscheinlich auf die Tatsache zurückzuführen, daß diejeniegen, die bei der Bührle-Stiftung für die Katalogisierung zuständig waren, die wahre Herkunft der Bilder gar nicht kannten und auch nichts wußten über die Art und Weise, wie Bührle sie erworben hatte.

Ich erbat dieselben Auskünfte über das Degas-Gemälde *Die Jockeys*, das aus der Sammlung Rosenberg stammte. Bührle hatte die fraglichen Gemälde nach dem Prozeß ein zweites Mal und diesmal direkt von Rosenberg erworben. In den Akten der Stiftung fand sich auch hier Merkwürdiges. Die Unterlagen verzeichneten lediglich den direkten Handel zwischen Rosenberg und Bührle von 1950. Alle Angaben über das wahre Schicksal der Gemälde fehlten.

Ist es möglich, daß Bührle mit den Kann-Erben nach dem Tod des Sammlers im Jahr 1948 eine finanzielle Übereinkunft traf? Ich befragte in Frankreich den Anwalt der Erben, André Moquet. Moquet teilte mir mit, die Erben hätten erst kürzlich erfahren, daß die Nachlaßverwalter in Frankreich und England in den frühen fünfziger Jahren eine Einigung mit Bührle über die in seiner Sammlung befindlichen Werke erzielten.

Wie so oft waren auch die Erben der Sammlung Kann nicht ausreichend über die Hintergründe des Kunstraubs und den Verbleib der Werke informiert. Das änderte sich, als ich ihnen die Ergebnisse meiner Recherchen vorlegte.

Die Bestände der Bührle-Stiftung enthalten noch mehr Stücke, die aus Kriegsbeute stammen und deren Geschichte in den Katalogen charakteristische Lücken aufweist.

Die Sammlung der Bührle-Stiftung ist ein gutes Beispiel dafür, auf welche Weise Schweizer Sammler und Händler von der Neutralität des Landes und vom Krieg profitierten. Auch die Schweizer Banken und Finanzinstitute haben sich an den Ersparnissen der Naziflüchtlinge bereichert, genauso wie an den gewaltigen Geld- und Goldtransaktionen mit dem Dritten Reich.

So wie im Katalog der Bührle-Stiftung scheinbar zufällige Gedächtnislücken auftreten, hat anscheinend die gesamte Schweiz ihre Rolle während des Zweiten Weltkriegs vergessen oder den Mantel des Schweigens darüber gebreitet. Bis heute wird in der Schweiz so getan, als hätte das Land mit dem Kriegsgeschehen nicht das geringste zu tun gehabt. Das ist in gewisser Hinsicht verständlich. Denn stellte sich das Land seiner Vergangenheit und versuchte, die Bestände seiner Kunstsammlungen zu durchleuchten, würde es auf zu viele Beweise für dunkle Geschäfte stoßen, auf Hehlerware, doppelt gekaufte Kunstwerke und viele unbeantwortete Fragen.

14
Neuigkeiten aus dem Osten

Im Jahr 1950 las Madame Katiana Ossorguine, geb. Bakunin, in Paris zufällig den Jahresbericht der Moskauer Lenin-Bibliothek. In einem der vielen Beiträge wurde der akute Personalmangel der Bibliothek beklagt. Zu viele Angestellte, so der Autor, seien mit der Bearbeitung und Katalogisierung der Turgenjew-Bibliothek befaßt.[1] Diese von russischen Emigranten gegründete Bibliothek hatte sich vor dem Krieg in der Pariser Rue de la Boucherie im 6. Arrondissement befunden und enthielt über 100000 Bücher, darunter viele Originalausgaben und vollständige Jahrgänge russischer Zeitschriften, außerdem literarische Nachlässe und Manuskripte. Die Bibliothek war ein kulturelles Zentrum der französischen Exilrussen und über zweihundert Jahre ein Stützpunkt der Opposition gegen das Zarenreich, später gegen die stalinistische Diktatur gewesen.

Madame Ossorguine, die Großnichte des russischen Anarchisten Michail Bakunin, war seit 1929 bei der Bibliothek beschäftigt und mußte, als Emigrantin und linke Stalingegnerin von den Nazis bedroht, 1940 mit ihrem Mann, dem Schriftsteller Michel Ossorguine, Paris verlassen und Zuflucht auf dem Land suchen. Bei ihrer Rückkehr stellte sie fest, daß nicht nur die Turgenjew-Bibliothek, sondern auch die private Bibliothek ihres Mannes geplündert war. Nach Auskunft der Nachbarn hatte der ERR kurz nach dem Einmarsch der Deutschen alles abtransportiert. Acht deutsche Soldaten und ein russisch sprechender Zivilist waren in ihre Wohnung am Port Royal 11 eingedrungen und hatten zwei- bis dreitausend Bücher beschlagnahmt. Der Besitz vieler Emigranten, Ex-Revolutionäre und Menschewiki erlitt dasselbe Schicksal.

Im Oktober 1940 erschienen die ERR-Agenten in der Turgenjew-Bibliothek, verlangten die Schlüssel und räumten die Regale aus. Die

100 000 Bücher wurden am Gare de l'Est auf Waggons verladen und nach Berlin versandt, von wo sie offensichtlich nach Ratibor bei Krakau weiterrollten, denn dort wollten die Nazis ein »Institut für Deutsche Ostarbeit in Krakau« einrichten, ähnlich dem bereits bestehenden »Institut zur Erforschung der Judenfrage«.

Nach dem Krieg machten sich Madame Ossorguine und andere Bibliotheksmitarbeiter daran, die geplünderte Bibliothek neu aufzubauen. Sie hatten Kontakt zur CRA aufgenommen, die bereits mehrere andere Bibliotheken aufgespürt und rückübereignet hatte. Doch in diesem Fall war die Kommission machtlos. Die amerikanischen, britischen und sowjetischen Armeebehörden erklärten einhellig, keine Spur von der Turgenjew-Bibliothek gefunden zu haben. Madame Ossorguine und ihre Kollegen mußten sich mit der schmerzlichen Gewißheit abfinden, daß die Bibliothek entweder zerstört oder in alle Winde zerstreut war.

1950 dann sorgte der Bericht aus der Moskauer Lenin-Bibliothek für große Überraschung, besagte er doch, daß die Turgenjew-Bibliothek von der Roten Armee erbeutet worden war und daß die Russen gelogen hatten. Die mittlerweile verwitwete Madame Ossorguine hoffte, wenigstens die Privatbibliothek ihres Mannes zurückzubekommen, aber der Kalte Krieg ließ es noch unwahrscheinlicher erscheinen, daß die notorisch unkooperativen Sowjetbehörden irgendwelche Informationen herausgeben würden, als es bisher schon gewesen war.

Im Folgejahr berichteten Zeugen, daß man in der Lenin-Bibliothek Bücher mit dem Stempel der Turgenjew-Bibliothek finden könne. Erst 1968 konnte Katiana Ossorguine bei einer Reise in die Sowjetunion ein Bestandsverzeichnis der Bibliothek ihres Mannes einsehen. 1970 bekam sie Zugang zu einem zweibändigen Inventarverzeichnis der Staatlichen Bibliothek, in dem die Archivbestände der Turgenjew-Bibliothek erfaßt waren. Damit war sie fast am Ziel ihrer Suche. Bis zum Ende der Sowjetunion aber fand sich kein vollständiges Verzeichnis des in die Sowjetunion und nach Osteuropa verschleppten französischen Kulturguts. Möglicherweise hat es ein solches Verzeichnis nie gegeben.

François Rognon und Philippe Morbach, der eine der Bibliothekar, der andere der Direktor des Museums der Freimaurer-Loge Paris, berichteten mir, daß sich große Bestände geraubter Bibliotheken in Würzburg, an der Universität Poznan (wo etwa 80000 Bücher und 40 Gemälde lagern) und in den russischen Lagerhäusern des KGB gefunden hätten, auch Bücher beschlagnahmter Freimaurer-Bibliotheken seien darunter gewesen.

Klaus Goldmann, der Leiter des Berliner Museums für Vor- und Frühgeschichte und ein Fachmann für sowjetische Kriegsbeute, bestätigt, daß während der in jüngster Zeit stattgefundenen deutsch-russischen Verhandlungen über die Restaurierung bestimmter, im Krieg beschlagnahmter Kunstgüter die deutschen Vertreter ein Verzeichnis von 2 Millionen Büchern überreichten, die ihren Mutmaßungen zufolge von der Roten Armee abtransportiert wurden. Die russische Seite zeigte sich überrascht und präsentierte ihr eigenes Verzeichnis von Büchern, die aus Deutschland nach Rußland gelangt waren. Dieses umfaßte 12 Millionen Bücher. Goldmann nimmt daher an, daß die Differenz von 10 Millionen Büchern zurückzuführen ist auf ganze Bibliotheken, die von den Nazis aus Frankreich und anderen Ländern nach Deutschland verschleppt worden sind.

Die französische Regierung hat, fußend auf diesen Listen, bis vor kurzem Rückgabeverhandlungen mit Rußland geführt, bei denen auch die Turgenjew-Bibliothek, der handschriftliche Nachlaß des französischen Komponisten Darius Milhaud und vor allem verschleppte Gemälde eine Rolle spielten.

Die russische Duma beriet in den letzten Jahren des öfteren über das Schicksal der in die Sowjetunion verbrachten Beutekunst aus Deutschland. Das Parlament deklarierte die Beutekunst schließlich als Reparationsleistung und damit zum Eigentum des russischen Staates. Präsident Jelzin legte dagegen sein Veto ein. Alle internationalen Verhandlungen zu diesem Thema sind jedoch zum Stillstand gekommen.

Drei Journalisten der französischen Wochenzeitschrift *L'Express*, Éric Conan, Jean-Marc Gonin und Yves Stavridès, gehörten zu den ersten, die nach dem Fall der Berliner Mauer über Kunstschätze jenseits des Eisernen Vorhangs berichteten. 1990 brachten sie in Erfahrung, daß in den Depots der Ostberliner Nationalgalerie 28 Gemälde aus der Kriegsbeute der Nazis lagerten.

Im August 1995 meldeten Conan und Stavridès, daß unter den vielen Gemälden, die die Rote Armee in Deutschland erbeutet hatte, ein Bild aus dem Besitz eines französischen Privatsammlers, ein Stilleben des Malers François Desportes aus dem 18. Jahrhundert, im Moskauer Puschkin-Museum zu finden sei.

Im *Verzeichnis des zwischen 1939 und 1945 entwendeten französischen Eigentums* wird dieses Gemälde neben dem Namen Paul de Cayeux de Sénarpont aufgeführt, ein Pseudonym des Pariser Kunsthändlers Paul Cailleux. Die Schenker-Papiere legen den Verdacht nahe, daß Cailleux das Gemälde von Desportes am 16. Juli 1941 für 60000 Franc an das Düsseldorfer Museum verkaufte. Nach Kriegsende meldete er es als geraubt.

Alle Anzeichen sprechen dafür, daß ein beträchtlicher Teil der französischen Beutekunst im damaligen Machtbereich der Sowjetunion verschwand. Im ERR-Depot Nikolsburg lagerten bei Kriegsende viele Werke der Sammlungen Paul Rosenberg, Alphonse Kann, Rothschild und David-Weill. Von Rosenberg stammten drei Delacroix-Zeichnungen, darunter das *Porträt Henri Hugues* und *Sultan von Marokko*, beide aus dem Bankfach in Libourne, Courbets Skizze der Chorsänger für *Ein Begräbnis in Ornans*, der *Pierrot mit Maske* und *Obstkorb auf dem Tisch* von Picasso, *Der Heumacher* von Berthe Morisot, zwei Bilder – *Interieur mit sitzender Frau* und *Sommermorgen* – von Bonnard, Braques *Stilleben mit Weintrauben* und schließlich *Interieur mit Frau* von Vuillard. Diese Werke wurden mit anderen im November 1943 und im August 1944 nach Nikolsburg gebracht.

Auch ein großer Teil der im August 1943 aus dem Besitz David David-Weills in Neuilly beschlagnahmten Werke, zu denen die Zeichnungen von Fragonard und das *Bildnis des 43jährigen Châteaubriand* von Isabey gehörten, gelangte nach Nikolsburg. Das Schloß war ein eher unwichtiges und erst spät eingerichtetes Depot des ERR. Beim Vormarsch der Roten Armee brannte ein Teil des Bauwerks ab. In den fünfziger und sechziger Jahren, als der CRA seine Verzeichnisse der vermißten Kunst-

Jean-Honoré Fragonard,
Krieger, einen Mann im Bett erdolchend,
sechs lavierte Federzeichnungen

Salon im Haus von Pierre David-Weill, Avenue Émile-Accolas, Ende der zwanziger Jahre; Wandteppiche von André Lurçat, Kamin von Jacques Lipchitz

Rauchzimmer im Haus von Pierre David-Weill;
an der Wand: André Masson, *Metamorphose*

Die Sammlung Schloss vor dem Krieg: Lange Galerie im Haus von Adolphe Schloss, Avenue Henri-Martin 28

Unbekannter niederländischer Maler des 17. Jahrhunderts,
Älterer Jude mit Pelzmütze, vormals Rembrandt zugeschrieben

Die Sammlung Schloss vor dem Krieg: Salon am Ende der Galerie

Die Sammlung Schloss vor dem Krieg: Salon

Frans Hals, *Bildnis des Pastors Adrianus Tegularius*

Edgar Degas, *Landschaft mit Schornsteinen*

Friedrich (Fritz) Gutmann und sein Sohn Bernard in den Niederlanden, Anfang der zwanziger Jahre

Hubert de Brie, Marcelle Minet und H. von Wilfinger nach der Entdekkung des *Porträt der Marquise de Pompadour* von Boucher in der Münchener Sammelstelle, 1945

Marcelle Minet, US-Lieutenant Craig H. Smyth (Leiter der Münchener Sammelstelle), M. de Risom und Alfons Vorenkamp nach der Entdeckung von Bruegels *Heuernte* aus der Prager Sammlung Lobkowitz und einer Landschaft von van Gogh aus der Sammlung Alexandrine de Rothschild in der Münchener Sammelstelle, 1945

Edgar Degas,
Madame Camus am Klavier

Hermann Göring bei einem Besuch im Jeu de Paume während der deutschen Besetzung. Während Göring ein geraubtes Bild bewundert, wird Champagner ausgeschenkt. (Musée d'Orsay, Galeries Jeu de Paume)

Pablo Picasso, *Frauenkopf*

Der »Saal der Märtyrer« im Jeu de Paume, etwa 1942. Hier wurde die »entartete Kunst« gelagert. An der Schmalwand ist ein Picasso zu erkennen, rechts zwei Gemälde von Léger: *Odaliske* (1920), geraubt aus der Sammlung Alphonse Kann, und *Frau in Grün und Rot* (1914) aus dem Besitz von Léonce Rosenberg (siehe nächste Abb.)

Fernand Léger, *Frau in Grün und Rot*
Dieses nicht zurückverlangte Gemälde hängt heute im Musée National d'Art Moderne Centre Georges Pompidou. Geraubt vom ERR aus der Sammlung des Kunsthändlers Léonce Rosenberg.

François Boucher,
Der Wald oder *Waldszene mit zwei römischen Soldaten*

Gustave Courbet, *Der Felsen von Étretat nach dem Sturm*

Paul Cézanne, *Selbstbildnis*

Albert Gleizes, *Landschaft*
Dieses nicht zurückverlangte Gemälde wurde im Centre Pompidou, Paris, gefunden. Geraubt vom ERR aus der Sammlung Alphonse Kann. Im Juli 1997, nach der Veröffentlichung dieses Buches in den USA, wurde das Bild den rechtmäßigen Erben ausgehändigt.

werke vorlegte, antworteten die sowjetischen und die tschechoslowakischen Behörden mit der Auskunft, daß das Schloß Nikolsburg im April 1945 vollständig niedergebrannt sei.

1961 jedoch erhielt eine französische Kommission Zugang zum Schloß und sprach mit Augenzeugen.[2] Dabei stellte sich heraus, daß weder der ganze Bau noch alles Inventar verbrannt war. Zudem erfuhr die Kommission, daß kurz vor der Einnahme von Nikolsburg ein Teil der Kunstwerke nach Österreich gebracht worden war, für die Erstellung eines vollständigen Transportverzeichnisses aber keine Zeit mehr gewesen sei. Diese Enthüllungen, denen meines Wissens nicht weiter nachgegangen wurde, werfen ein neues Licht auf die Sachlage. Erstens ist es möglich, daß ein Teil der Gemälde von der Sowjetarmee gefunden wurde und sich heute in Rußland oder in der Tschechischen Republik befindet, zweitens ist es möglich, daß Werke, die von Nikolsburg nach Österreich verschickt wurden und nicht auf den Transportlisten standen, gestohlen wurden oder von Regierungen oder Privatpersonen fälschlich als ihr Eigentum beansprucht werden. Mehr als vierzig Jahre lang wurden zum Beispiel im Kloster Mauerbach um die dreitausend herrenlose Kunstwerke eifersüchtig von der österreichischen Regierung bewacht. Niemand erhielt Zugang zu den Beständen, die ein Mantel des Schweigens umgab. Es ist möglich, daß auch Bilder aus französischen Sammlungen über Nikolsburg in das Kloster gelangten, wo niemand sie vermutete und folglich nicht zurückforderte.

Die Bestände des Klosters Mauerbach wurden im Oktober 1996 im Auftrag der österreichischen Regierung versteigert. Der größte Teil der Einnahmen aus der von Christie's veranstalteten Auktion floß jüdischen Organisationen und Opfern des Nationalsozialismus zu. Der zweitägige Verkauf war in der Presse angekündigt, und er erfuhr internationale Zustimmung. Weniger bekannt ist, daß Christie's bereits zehn Jahre zuvor eine Inventur des Bestands vorgenommen hatte und daß zehn Jahre lang niemand daran dachte, ernsthaft nach den rechtmäßigen Eigentümern der Kunstwerke zu forschen, zu einer Zeit, als wahrscheinlich viele der Geschädigten noch am Leben waren.

Andere Entdeckungen in Osteuropa lassen auf weitere Überraschungen hoffen. In einem Moskauer Archiv fanden sich der Führerschein von Alain de Rothschild und die Schulzeugnisse seines Bruders Élie. Diese Dokumente, für sich genommen wertlos, stammen wahrscheinlich aus der Wohnung von Robert de Rothschild in der Avenue de Marigny, die von den Nazis geplündert wurde. Sie dürften in einem deutschen ERR-Depot gelandet sein, das später von der Roten Armee eingenommen wurde. Daß viele Kunstwerke denselben Weg gegangen sein könnten, ist eine naheliegende Vermutung.

Ebenfalls in Moskau tauchten vor wenigen Jahren 159 Dokumente aus der Galerie Rosenberg auf: Akten, Kontorbücher, Ausstellungskataloge von Werken Cézannes und Renoirs, der Katalog einer Picasso-Ausstellung von 1921, Fotos und Briefe, die in den Jahren 1940 und 1941 vom ERR beschlagnahmt wurden.[3] Und wie im Falle der Turgenjew-Bibliothek wurde auch der Besitz dieses Kulturguts nach seiner Inventarisierung in den sechziger Jahren von der Sowjetunion geheimgehalten. So erhebt sich die Frage, ob die neueren Funde nur die Spitze des Eisbergs sind und eines Tages auch das Deputat aus Schloß Nikolsburg und andere französische Beutekunst in Rußland auftauchen werden.

Natürlich ist ebenso zu vermuten, daß viele Kunstwerke bei den Rückzugsgefechten der Wehrmacht 1944 und 1945 vernichtet wurden. Der Abtransport der Kriegsbeute durch die Rote Armee war eine Antwort auf den Angriffs- und Vernichtungskrieg der Nazis, dennoch darf nicht vergessen werden, daß auch die Schäden, die durch die sowjetische Offensive entstanden, beträchtlich waren. Die kürzlich in der Sankt Petersburger Eremitage und im Moskauer Puschkin-Museum ausgestellte Beutekunst erscheint heute als das letzte Glied jener Kette von Kulturzerstörung und Kunstraub, an deren Anfang der Kümmel-Bericht steht, das Dokument eines von den Nazis ersonnenen Rachefeldzugs gegen die Geschichte.

15
Die Säuberung

Im Musée National d'Art Moderne (MNAM), das sich im Pariser Centre Pompidou befindet, hängt ein eindrucksvolles Gemälde von Fernand Léger mit dem Titel *Frau in Rot und Grün* (Abb. C13). Es entstand im Jahr 1914 und gehört zu den kubistischen Gemälden, mit denen sich der Maler allmählich von der Abstraktion wegbewegte. Das Bild zeigt die Züge und Umrisse einer Frau, zugleich erinnern die geometrisch geformten Körperpartien an eine Ritterrüstung. Links unten ist deutlich eine Treppe zu erkennen.

In der Geschichte des bekannten Gemäldes (Nummer 91 im Band 1 des *Léger-Werkverzeichnisses 1903-19*), das in mindestens zwanzig Ausstellungen in London, Brüssel, Wien, Tokio und andernorts gezeigt wurde, gibt es eine kurze, aber bedeutsame Episode, die mit dem Kunstraub der Nazis zu tun hat und nähere Betrachtung verdient.

Kein äußerliches Merkmal unterscheidet das Bild von den vielen anderen, die im selben Museum hängen, wenn man von der Kennzeichnung »R 2 P« absieht. Nur wenige Fachleute wissen, was dieses harmlose Kürzel zu bedeuten hat. Nach dem Klassifizierungssystem des Centre Pompidou steht das R für *récupération* – Rückgabe –, die 2 für die Eingangsnummer des Objekts im Museum, und das P – »peinture« – bedeutet, daß es sich um ein Gemälde handelt, so wie ein D für »dessin« – Zeichnung – und ein S für »sculpture« steht.

Die Kennzeichnung besagt also, daß das Gemälde eines der Tausende ist, die von den Nazis geraubt wurden, und daß es dem Museum nach dem Krieg (im Jahr 1949) als zweites von mehreren Gemälden zur Verwahrung übergeben wurde. Vor allem aber besagt die Kennzeichnung, daß es weder dem Museum noch dem französischen Staat gehört. Auch keine private Leihgabe verbirgt sich dahinter. Wer ist der Eigentümer? Warum hängt das Bild seit einem halben Jahrhundert in einem staatlichen Museum?

So seltsam es anmuten mag: Es hat dort all die Jahre auf seinen Eigentümer gewartet. Nach Auskunft des Museums ist es nie gelungen, das Geheimnis des Bildes zu lüften und seinen wirklichen Besitzer ausfindig zu machen. Die Frage ist nur, wie gründlich dies versucht wurde.

Die *Frau in Rot und Grün* gehört zu den etwa zweitausend Kunstobjekten (wozu auch seltene Bücher und Handschriften zählen), die noch immer herrenlos sind und von den Staatlichen Museen Frankreichs verwahrt werden, darunter fast tausend Gemälde, viele von modernen Malern wie Picasso, Matisse, Vlaminck, Derain, Ernst und Picabia, von Künstlern des 19. Jahrhunderts wie Cézanne, Degas, Manet, Courbet, Delacroix und Ingres sowie von Boucher und Chardin aus dem 18. Jahrhundert. Dazu kommen Hunderte von Zeichnungen, Skulpturen und anderen Kunstgegenständen, oftmals sehr bekannt. In den meisten staatlichen Museen, Bibliotheken und Kultureinrichtungen von Rang werden solche Stücke verwahrt.

Nach meinen Schätzungen – ein vollständiges Verzeichnis der herrenlosen Kunstgüter ist weder von der Direktion der Staatlichen Museen noch vom Kulturministerium erstellt worden – befinden sich mindestens fünfhundert dieser Objekte im Louvre, mindestens einhundertzehn im Musée d'Orsay, achtunddreißig im Centre Pompidou, dreizehn im Rodin-Museum und die übrigen entweder in Depots oder anderen französischen Museen. Da man ihre Herkunft nicht kennt, sind sie faktisch ins Eigentum der Museen übergegangen. Manche werden auch zur Dekoration von Amts- und Repräsentationsräumen der Regierung benutzt, wo sie der Öffentlichkeit unzugänglich sind. So befindet sich die Büste einer jungen Frau, angeblich ein Porträt der Madame Pompadour aus der Werkstatt des Bildhauers Jean-Baptiste Pigalle, im Pompadour-Salon des Élysée-Palasts, und die Rodin-Bronze *Der Kuß* ziert das Hôtel de Matignon, den Amtssitz des Premierministers. Ein Utrillo-Gemälde ungeklärter Herkunft, *Rue de Mont-Cenis*, ging als Leihgabe ans Vorstandsbüro der

Bank Crédit Lyonnais. Da diese Werke nicht öffentlich zugänglich sind, haben die rechtmäßigen Eigentümer und ihre Erben kaum eine Chance, sie wiederzuentdecken.

In den fünfzig Jahren, die seit dem Zweiten Weltkrieg vergangen sind, wurden diese Kunstgüter zu Opfern einer zweiten, »kalten« Enteignung, und die Museen haben nicht allzu viel unternommen, um diese beschämende Situation zu beenden.

Hubert Landais, von 1977 bis 1987 Chef der französischen Museumsverwaltung, gestand mir freimütig, daß in dieser Hinsicht wenig geschah: »Das ist eine sehr bizarre Geschichte. Wir haben nie nach den Eigentümern gesucht. Ich verstehe, daß das überraschen muß. Der Schwachpunkt in den Rechtfertigungen der Museumsverantwortlichen ist der, daß in den letzten fünfzig Jahren niemand die Initiative ergriffen hat.« Die herrenlose Beutekunst unter Obhut der französischen Museen, die unter dem Kürzel MNR (»Musées Nationaux Récupération«) zusammengefaßt wird, ist in jedem Museum unter anderen Kriterien archiviert, und das macht die Nachforschungen nicht leichter.

Wer sich auf die Suche begibt, wird mit einer verwirrenden Situation konfrontiert, die die Dinge auf den Kopf zu stellen scheint: Es ist offenkundig schwerer, die MNR-Gemälde in den französischen Museen aufzuspüren, als ihre rechtmäßigen Eigentümer oder deren Erben zu finden. Es hat nur den Anschein, als wären zwar alle Kunstwerke vorhanden, aber ihre Eigentümer nicht auffindbar.

In den Nachkriegsjahren spürten die Alliierten und verschiedene Organisationen Tausende von den Nazis geraubte Kunstwerke auf und gaben sie den rechtmäßigen Eigentümern zurück – Gemälde, Plastiken, Kunstgegenstände, Möbel und Bücher. Albert Henraux, der Direktor des CRA, und Rose Valland, die im Jeu de Paume Inventarlisten erstellte, leisteten Vorbildliches. Nach den Angaben des Kulturministeriums wurden mehr als 61 000 Objekte gefunden und an Frankreich zurückgegeben. Davon gingen mehr als 45 000, also etwa 80 Prozent, wieder an ihre rechtmäßigen Eigentümer. Diese Zahl liegt weit über der im Abschlußbericht des ERR registrierten Menge von 21 903 beschlagnahmten Kunstwerken, denn sie umfaßt alle auf französischem Boden vorgenommenen Plünderungen und unrechtmäßigen Verkäufe.

Das siebenbändige *Verzeichnis des zwischen 1939 und 1945 entwendeten französischen Eigentums* erfaßt die meisten wichtigen Kunstgegenstände aller Art. Von Juni bis August 1946 fand die erste Ausstellung *Aus Deutschland zurückgeholte Meisterwerke französischer Sammlungen* im Pariser Orangerie-Museum statt. Für die neue französische Regierung besaß diese Schau im Nachbarmuseum des Jeu de Paume Symbolcharakter, denn hier hatte Arno Breker, der Lieblingsbildhauer Hitlers, im Jahr 1942 eine vielbeachtete Ausstellung gehabt. Selbst Jean Cocteau hatte die fragwürdige Kunst Arno Brekers gepriesen. Die Ausstellung mit Funden der CRA und alliierter Organisationen war aber nicht nur ein symbolischer Akt, der die Behebung des Schadens, den die deutschen Besatzer der französischen Kultur zugefügt hatten, demonstrieren sollte. Die Besucher konnten 283 verschiedenste Kunstwerke bewundern, und sie konnten erstmals das Ausmaß der Plünderungen durch die deutschen Besatzer erfassen. Auf einer Landkarte in der Ausstellung waren die wichtigsten Depots vermerkt, in denen man die geraubten Kunstwerke gefunden hatte.

Die bedeutendsten Objekte stammten aus den Sammlungen Rothschild und David-Weill, und sie waren für Hitlers Linzer Museum vorgesehen worden. Zu ihnen gehörten *Der Astronom* von Vermeer, *Maria mit dem Kinde* von Memling, das *Bildnis Isabella Coymans* von Frans Hals, die zwei Bildnisse der Soria-Kinder von Goya, die *Marquise de Pompadour* von Boucher (Abb. C9), das *Bildnis der Baronesse Betty de Rothschild* von Ingres. Alle waren unbeschädigt zu ihren Eigentümern zurückgelangt. Die Ausstellung zeigte auch die *Seifenblase* von Chardin und die *Lesende* von Fragonard, außerdem *Die Badenden* von Cézanne, die *Zugbrücke in Arles* von van Gogh und Pissarros *Hafen von Le Havre* – die letzten drei Bilder waren von Göring zu Tauschobjekten degradiert worden.

Nach Kriegsende wurden die Geschädigten des Kunstraubs in der Presse über neue Funde informiert. Das Leben normalisierte sich, und viele Franzosen erhielten ihr gestohlenes Eigentum zurück. Doch viele Familien – nicht nur jüdische – waren im Krieg auseinandergerissen worden, und wenn es Erben gab, hatten diese oft dringlichere Probleme zu lösen, oder sie wußten nicht, welche Gemälde zum Eigentum der Familie gehörten, oder sie hatten das Land verlassen. Andere bekennen heute, sie seien vor allem erleichtert gewesen, daß sie den Krieg überlebt hatten, an die Rückforderung ihres materiellen Besitzes hätten sie damals nicht gedacht.

Wenn Kunstwerke nicht zurückgefordert wurden, legte das den Gedanken nahe, ihre Eigentümer könnten sie aus freien Stücken an die Besatzer verkauft haben und würden nun befürchten, der Kollaboration bezichtigt zu werden, wenn sie die betreffenden Werke für sich reklamierten. Denn sowohl die verkaufte als auch die geraubte Kunst wurde an Frankreich zurückgegeben. Im Jahr 1943 hatten die Alliierten in London eine Verfügung erlassen, die alle Enteignungen in von Deutschland besetzten oder kontrollierten Ländern Europas für ungültig erklärte. Die Verfügung annullierte nicht nur Beschlagnahmen und Zwangsverkäufe, sondern auch alle »scheinbar rechtmäßigen« Geschäftsabschlüsse mit Nazideutschland im besetzten Europa.

Dennoch: 15000 der geretteten Kunstwerke wurden von ihren ehemaligen Besitzern nicht zurückgefordert.

Als die Commission de Récupération Artistique (CRA) im Jahr 1949 aufgelöst wurde, wählte man annähernd 2000 der bedeutendsten verbliebenen Werke aus und verteilte sie zur Aufbewahrung auf mehrere staatliche Museen. Die restlichen 13000 wurden als künstlerisch zweitrangig eingestuft und ohne großes Aufsehen zur Versteigerung freigegeben.

Die Museen waren gehalten, die ihnen anvertrauten MNR-Werke auszustellen, gleichzeitig war gesetzlich geregelt, daß sie nicht ins Eigentum des Museums übergehen durften. Ein Regierungserlaß vom 30. September 1949 bezeichnete die Museen eindeutig als *détenteurs précaires* – Treuhänder auf Widerruf – und übertrug ihnen die Pflege der anvertrauten Kunstgüter. Die Museen mußten die MNR-Werke umgehend für die Öffentlichkeit zugänglich machen und sie in einem Verzeichnis erfassen. Diesen Verpflichtungen sind sie bis heute nicht nachgekommen. Zudem sollten sie geschädigten Sammlern bereitwillig Auskunft erteilen. Die Museen haben jedoch nie ernsthaft nach der Herkunft der ihnen anvertrauten MNR-Werke geforscht.

Es ist nicht leicht, von der französischen Museumsverwaltung Informationen über diese Werke zu erhalten. Vier Jahre lang bemühte ich mich darum, ein Gesamtverzeichnis der MNR-Werke einsehen zu dürfen. Ich wurde mit Ausreden und absurden Begründungen abgewiesen. Anfangs erklärte mir der Referent für Öffentlichkeitsarbeit, daß ein solches Verzeichnis noch nicht fertiggestellt, aber in Arbeit sei. Als ich mich über die schleppende Arbeitsweise wunderte, die fünfzig Jahre nach Kriegsende noch immer kein Ergebnis zeige, erwiderte derselbe Referent, daß die Erstellung eines solchen Verzeichnisses, wenn es korrekt sein wolle, ein kompliziertes und heikles Unterfangen sei. Einen Termin der voraussichtlichen Fertigstellung und auch die Namen der damit befaßten Mitarbeiter könne er mir nicht nennen. Gleichzeitig verwehrte mir das Archiv des französischen Außenministeriums den Zugang zu den Akten über den Kunstraub der Nazis im besetzten Frankreich. Begründet wurde dies mit den strengen Bestimmungen zum Persönlichkeitsrecht. Die kostbaren Dokumente hatten bis 1991 bei der Staatlichen Museumsverwaltung gelegen und waren dann ans Außenministerium gegangen.

Etliche Monate und viele Anträge später gelang es mir, einen Gesprächstermin bei der Rechtsabteilung der Museumsverwaltung zu erwirken. Dort erhielt ich dieselben Antworten, und man verwies mich auf die Hausmitteilung eines ehemaligen Verwaltungsdirektors, die sich mit den MNR-Kunstwerken befaßte. Aber das Verzeichnis, um das es mir ging, bekam ich nicht zu sehen, nicht einmal Teile davon.

Mir wurde geraten, mich an die umfangreichen Gesamtkataloge des Louvre, des Musée d'Orsay und anderer großer Museen zu halten. Sie alle verzeichnen Tausende von Werken und benutzen dazu ihre internen Kodierungen. Aus all den Einträgen sollte ich mir jedes Werk, das einen MNR-Vermerk trug, einzeln heraussuchen und mir dann auf irgendeine

Weise Informationen über die Geschichte des Objekts beschaffen. Bis zum Erscheinungstermin dieses Buches versuchte ich immer wieder, ein MNR-Verzeichnis zu bekommen, doch jedesmal scheiterte ich an denselben Barrieren.

Die Suche in den Gesamtkatalogen der großen Museen war zwar langwierig und kompliziert, aber nicht erfolglos. Natürlich nutzte ich auch andere Quellen, die ich mir vor allem im Washingtoner Nationalarchiv erschlossen hatte. Die Ergebnisse dieser Recherche sind im folgenden Kapitel zusammengefaßt.

Kehren wir zurück zum Léger-Gemälde *Frau in Rot und Grün*, um zu überprüfen, ob sich die Spur eines MNR-Gemäldes aus dem Centre Pompidou durch die Kriegsjahre bis zum ursprünglichen Eigentümer zurückverfolgen läßt. Manchmal brauchte ich nicht länger als einen Nachmittag, um den Eigentümer eines Bildes zu ermitteln oder entscheidende Hinweise zusammenzutragen.

Dem Léger-Werkverzeichnis und Ausstellungskatalogen ist zu entnehmen, daß der Kunsthändler Daniel-Henry Kahnweiler das Gemälde im Atelier des Künstlers erwarb, bevor er im Juli 1914 seinen Sommerurlaub antrat und Léger in die französische Armee einrückte.

Während Kahnweiler in der Grenzregion zwischen Italien und der Schweiz Ferien machte, wurde er vom Ausbruch des Ersten Weltkriegs überrascht. Die Rückkehr nach Frankreich war unmöglich. Das Gemälde befand sich mit etwa hundert weiteren Bildern in seiner kleinen Galerie in der Rue Vignon hinter der Madeleine. Es fiel wie alles Eigentum deutscher Staatsbürger nach Ausbruch des Krieges unter Beschlagnahme.

Die öffentliche Versteigerung der legendären Bestände Kahnweilers mit Hunderten Gemälden von Picasso, Braque, Gris, Vlaminck und Léger fand etliche Jahre später statt. Die *Frau in Rot und Grün* wurde unter der Nummer 155 am 17. und 18. November 1921 im Hôtel Drouot versteigert. Léonce Rosenberg, der Bruder Paul Rosenbergs, erwarb das Bild für lächerliche 235 Franc.

An dieser Stelle sei eine kleine Abschweifung gestattet, die die Absurditäten der deutschen Plünderungspolitik beleuchtet: Der Léger und Hunderte andere Werke der »entarteten Kunst«, die im Ersten Weltkrieg bei dem deutsch-jüdischen Kunsthändler Kahnweiler beschlagnahmt wurden, tauchten später im Kümmel-Bericht als »deutsches Eigentum« auf. Dieselben Nazis, die Kahnweiler als Juden verfolgten, beanspruchten seinen Besitz als Teil des deutschen Kulturerbes.

Léonce Rosenberg lieh das Gemälde im Jahr 1932 für eine Ausstellung in Amsterdam aus. 1935 erschien es unter der Nummer 93 in der Pariser Ausstellung *Die Schöpfer des Kubismus*. Mit dem Zweiten Weltkrieg verlor sich die Spur des Gemäldes. Nach Auskunft des zuständigen Kurators im Centre Pompidou fehlt bis zum Jahr 1949, als es dem Museum zur Verwahrung übergeben wurde, jeder Hinweis auf das Gemälde. Auch in den Akten und in Katalogen fand sich nichts.

Näheren Aufschluß bringt aber bereits ein Léger-Katalog, wie er sich in jeder besseren Kunstbibliothek findet und in dessen Bibliographie auf ein Buch verwiesen wird, dem wir einiges über das Schicksal des Bildes in den Jahren der Besetzung entnehmen können.

Der Literaturverweis bezieht sich auf eine Illustration im Anhang der Memoiren von Rose Valland mit dem Titel *Le Front de l'Art* (»Die Kunstfront«). Es handelt sich um eins von vielen Fotos, die die Mitarbeiter des ERR von den Präsentationen im Jeu de Paume anfertigten. Zu sehen ist einer der hinteren Räume, in denen »entartete Kunst« gelagert wurde. Dieser Teil war mit einem Vorhang von den anderen Räumlichkeiten abgetrennt, Rose Valland nannte ihn ironisch den »Saal der Märtyrer« (Abb. C12). Die modernen Gemälde, die hier dicht an dicht gehängt waren, galten den Nazis als zweite Wahl und sollten als Tauschobjekte dienen.

Der Versuch, die von den ERR-Spezialisten geschmähten Bilder auf dem Foto zu identifizieren, lohnt sich. Links an der Wand kann man deutlich einen Picasso erkennen. Darunter hängt ein Werk des französischen Surrealisten Yves Tanguy. Ganz rechts erblickt man Légers *Odalisken*, ein Werk, das 1920 entstand und aus der Sammlung Kann geraubt wurde (nach dem Krieg bekam Kann das Gemälde zurück). Links darüber, im oberen Viertel des Fotos, ist das Gemälde zu sehen, dem unser Interesse gilt: *Frau in Rot und Grün*. Der von den Nazis selbst gelieferte Beweis bestätigt die Vermutung: Das Bild wurde bei einem privaten Sammler in der besetzten Zone beschlagnahmt, und der ERR benutzte es entweder für Tauschzwecke oder verkaufte es auf dem Pariser Kunstmarkt. Mit anderen Worten, es hatte einen Eigentümer, und der verlangte es nach dem Krieg nicht zurück.

Als logische Schlußfolgerung ergab sich, daß das Gemälde, von den Nazis fotografiert, auch im Inventarverzeichnis der ERR auftauchen mußte – mitsamt dem Namen des Vorbesitzers. Das Verzeichnis des ERR, das Sammlung für Sammlung auflistet, enthält konkrete Angaben über die beschlagnahmten Werke und kann somit als Beweismittel dienen. Doch werden die ERR-Verzeichnisse von der französischen Museumsverwaltung und dem Außenministerium unter Verschluß gehalten. Aber es gibt Kopien und Auszüge dieser Verzeichnisse im Washingtoner Nationalarchiv.

Unter diesen befindet sich auch ein Verzeichnis vom 10. März 1942. Es handelt sich um eine Auflistung moderner Gemälde im Jeu de Paume, die zu dem genannten Datum schon überwiegend nach Deutschland verschickt waren. Die Liste umfaßte Werke aus fünfzehn Sammlungen, die man zum Verkauf oder Tausch bestimmt hatte, weil sie für Hitler, Göring oder andere Nazigrößen nicht von Interesse waren. Die Aufstellung weist jeweils den Namen des Malers aus, den Titel des Bildes und das Format sowie die Herkunft, nämlich die Sammlungen Alexandrine de Rothschild, Lévy de Benzion, Paul Rosenberg, Alphonse Kann und neben weiteren die des Briten Peter Watson.

Unter der Rubrik »Rosenberg, Paris« werden fünf Gemälde aufgeführt – sie stammen aus der Wohnung und der Galerie von Léonce Rosenberg. Das dritte auf der Liste ist Légers *Frau in Rot und Grün*, das Format von 100 x 81 cm stimmt mit dem des Bildes im Centre Pompidou überein. Damit hatte sich mein Verdacht bestätigt. Das Foto und die Verzeichnisse des ERR führten direkt zum ursprünglichen Besitzer Léonce Rosenberg.

Höchstwahrscheinlich ist das Bild identisch mit dem Léger-Gemälde, das in anderen Verzeichnissen der Nazis unter der plumpen Fehlbezeichnung »Ritter mit Rüstung« (105 x 82 cm) aufgeführt wird und auch aus der Rosenberg-Sammlung stammt. In Kapitel 9 ist beschrieben, wie es bei einem Tauschgeschäft im Februar 1942 an den Händler Rochlitz gelangte. Die ERR-Liste entstand einen Monat später, was wahrscheinlich auf die angespannte Arbeitssituation im Jeu de Paume zurückzuführen ist.

Zwei ausgewiesene Léger-Kenner haben bestätigt, daß der Maler nie einem Werk den Titel »Ritter in Rüstung« gegeben und auch nichts gemalt hat, was dem Titel annähernd entsprochen hätte.[1] Ergänzend fügten sie hinzu, daß das angegebene Format nie von Léger verwendet wurde. Er habe sich bei größeren Bildern wie auch bei der *Frau in Rot und Grün* stets an die Standardmaße gehalten – 100 x 81 cm. Eine Erklärung für die Diskrepanz ist meiner Meinung nach leicht gefunden: Das technische Personal beim ERR bestand zum Teil aus angelernten Soldaten, die in der gebotenen Eile nicht genau arbeiteten oder den Rahmen in die Messung einbezogen.

Warum forderte Léonce Rosenberg sein Bild nach dem Krieg nicht zurück? Léonce Rosenberg starb 1947. Das Bild wurde 1949 der Obhut der Staatlichen Museen übergeben. Seine Witwe und die drei Töchter erlangten nie einen vollständigen Überblick über seine Hinterlassenschaften und vermißten daher die geraubten Bilder nicht. Das ist wahrscheinlich der Grund, weshalb sie die *Frau in Rot und Grün* nie für sich reklamierten.

Viele herrenlose Kunstwerke wurden nach dem Krieg an Museen außerhalb von Paris vergeben, was die Nachforschungen und ihre Auffindung erschwert. Ein solches Gemälde, der *Frauenkopf* von Picasso (Abb. C11), signiert und datiert 1921 (registriert als »R 16 P« im Musée Nationale d'Art Moderne und bei Zervos als IV, 341), wurde an das Musée des Beaux-Arts in Rennes verliehen. In den Museumsakten ist vermerkt, daß das Datum und die Signatur des Gemäldes bei der Übernahme im Jahr 1950 unter einer dünnen Farbschicht verborgen waren.

Auf dem Bildrücken befindet sich ein Etikett mit der Aufschrift »Galerie Simon Nr. 1782 1924«.

Ich war neugierig, was dieses Etikett bedeutete, und hoffte, neue Hinweise zu erhalten. Seltsam war nur, daß die Fachleute des Museums diese Neugier nicht teilten. In der Pariser Kunstszene wußte jeder, daß die Galerie Simon eine Gründung des Kunsthändlers Kahnweiler aus den zwanziger Jahren war. Wie ich schnell herausfand, mußte die Inventarnummer auf dem Etikett nicht 1782, sondern 7782 lauten. Wichtiger aber war der Nachweis, daß die Galerie Simon den Picasso im Dezember 1924 an Alphonse Kann verkauft hatte. Möglicherweise also hatte dieses Bild zu den fünfunddreißig geraubten Picassos aus der Sammlung Kann gehört – wenn Kann es nicht schon vor der Beschlagnahme anderweitig verkauft hatte. Das Studium der ERR-Verzeichnisse ergab, daß dieses Picasso-Bild von Göring für Tauschzwecke bestimmt worden war. Zudem hatten die Mitarbeiter des ERR nichts über die Herkunft des Bildes gewußt oder sie nicht erfaßt und daher »unbekannt« in die entsprechende Spalte eingetragen. Diese Umstände hätten ausreichen müssen, um das Museum zu gründlicheren Nachforschungen zu veranlassen. Doch die sind bis heute nicht erfolgt.

Der Sammler Alphonse Kann verlor durch die Plünderungen eine bedeutende Zahl von Kunstwerken. Eins seiner Bilder mit dem Titel *Landschaft* (Abb. C16), das der Kubist Albert Gleizes in der Gegend von Meudon gemalt hatte, fand sich unter den herrenlosen Werken des Musée Nationale d'Art Moderne.

Der junge Gleizes hatte zusammen mit Robert Delaunay und Jean Metzinger die Nachfolge der Kubisten Picasso und Braque angetreten und sich der kubistischen Section d'Or angeschlossen. Beim Vergleich der ERR-Verzeichnisse entdeckte ich, daß das Ölgemälde vom Format 146 x 115 cm, das 1911 entstanden, aus dem Haus von Alphonse Kann in Saint-Germain-en-Laye geraubt und mit der ERR-Nummer KA 1149 versehen worden war, offenkundig mit der *Landschaft* identisch war.

Um alle Zweifel auszuräumen, wandte ich mich an einen Gleizes-Spezialisten, der ein Werkverzeichnis des Malers erstellt. Er bestätigte mir, daß Gleizes im Jahr 1911 nur ein einziges Landschaftsgemälde dieses Formats geschaffen hat, und dieses trägt den Titel *Landschaft* oder *Landschaft bei Meudon*. Warum mußte es fünfzig Jahre dauern, bis diese Tatsachen ans Licht kamen?

Es gibt noch viele andere bekannte Gemälde, die bis heute ihren Eigentümer nicht wiedergefunden haben. Jedes hat seine eigene Geschichte. Zum Beispiel die *Rosa Mauer* von Matisse, ein kleines Gemälde von 1898, daß im Centre Pompidou mit dem Kode »R 5 P« versehen ist. Mit diesem Bild hat es eine besondere Bewandtnis. Bei der rosa Mauer handelt es sich um die Mauer des Krankenhauses von Ajaccio auf Korsika. Matisse war 1898 frisch verheiratet, zum ersten Mal auf Korsika und erlebte erstmals das mediterrane Licht. Die *Rosa Mauer* war eins von 145 Gemälden, die 1914 auf der unter dem Namen »Peau de l'Ours« berühmt gewordenen Auktion moderner Kunst im Hôtel Drouot versteigert wurden. Danach verloren sich die Spuren des Bildes, bis es 1949 wieder auftauchte und als MNR-Gemälde der Obhut des Musée Nationale d'Art Moderne übergeben wurde.

Rund 2000 Kunstwerke, darunter 1000 Gemälde, werden so in den Museen aufbewahrt und nicht nur moderne Bilder. Im Louvre und im Musée d'Orsay warten auch ältere MNR-Gemälde. Niemand hat offenbar bis heute nach ihren wahren Eigentümern geforscht.

Der Wald oder *Waldszene mit römischen Soldaten* (Abb. C14) von François Boucher zeigt eine Landschaft, die links von zwei Pinien begrenzt ist, rechts von hohen Tannen. Das rote und grüne Laubwerk des dichten Waldes in der Mitte leuchtet hier und da im Licht der untergehenden Sonne. Im Vordergrund ist eine Lichtung mit einem Bach zu sehen, an dessen Ufer zwei römische Soldaten lagern. Das Hellrot des Helms und des Umhangs eines der Soldaten bildet einen lebhaften Kontrast zum dominierenden Dunkelgrün und Blau der Szenerie. Im Hintergrund der Lichtung erkennt man zwei weitere Gestalten, eine sitzende und eine stehende, in ihrer Nähe einen Hund.

Die Echtheit dieses Boucher-Gemäldes wurde nie in Zweifel gezogen.

Das große Gemälde auf Leinwand (131 x 163 cm) wurde 1740 vom Maler selbst im Pariser Kunstsalon ausgestellt und gehörte zu einer Serie von Landschaften, die er in jener Zeit fertigstellte. Die Signatur auf dem Felsen in der rechten unteren Ecke lautet »F. Boucher 1740«. In der Ausstellung wurde auch das Boucher-Gemälde *Landschaft mit Mühle und Tempel* gezeigt, das sich heute im Nelson Atkins Museum in Kansas City befindet. Beide haben eine lange, sorgfältig dokumentierte Geschichte, was bei ihrer Bedeutung nicht verwunderlich ist. *Der Wald* trägt die Nummer 1750 im Werkverzeichnis von Soullié und Masson, die Nummer 176 im Werkverzeichnis von Ananoff und Wildenstein. Die erste Beschreibung der Bilder geht auf das Jahr 1778 zurück, als sie mit dem Nachlaß der Generalswitwe Madame de la Haye verkauft wurden. Im Katalog liest man: »Diese zwei Gemälde ... sind reich und interessant in ihrer Komposition, mit klaren Farben und von reifer Hand, aber gefällig und gut. François Boucher schuf sie 1740 in leichter Manier.«[2]

In der zweiten Hälfte des 19. Jahrhunderts trennten sich die Wege der beiden Gemälde. *Der Wald* ging in die Sammlung von Jacques de Chefdebien ein, und im Februar 1941, als der Dubois-Chefdebien-Nachlaß im Auktionshaus Drouot versteigert wurde, schätzte der bekannte Pariser Auktionator Étienne Ader den Wert des Gemäldes auf 260000 Franc.

An diesem Punkt bricht die Werkgeschichte des über zwei Jahrhunderte vielbeachteten und hochgeschätzten Gemäldes jäh ab. Auch der Katalog der Boucher-Ausstellung, die der Louvre 1986 im Grand Palais veranstaltete, schweigt sich aus. Doch die Geschichte des Gemäldes läßt sich rekonstruieren.

Der Name des Käufers von 1941 ist durch das französische Persönlichkeitsrecht geschützt. In den Akten des Auktionators Ader ist er jedoch dokumentiert. War der Käufer Franzose oder Deutscher? Hatten die Nazis das Gemälde bei diesem Käufer beschlagnahmt? Hatten Deutsche es rechtmäßig erworben? Ich machte mich auf die Suche nach den Geschäftsbüchern Aders, die er, wie ich erfuhr, einem öffentlichen Archiv überlassen hatte. Ich fand die Unterlagen der Versteigerung des Chefdebien-Nachlasses, aber ausgerechnet die Seiten, die den Verkauf des Boucher-Gemäldes belegten, waren verschwunden. Wer hatte sie entnommen? Man darf sich fragen, was in den letzten Jahren der Besetzung mit dem Gemälde geschah und was die französische Museumsverwaltung unternahm, diesen Dingen nachzugehen.

Im *Verzeichnis des zwischen 1939 und 1945 entwendeten französischen Eigentums* fehlt das Gemälde. Obwohl die Museumsfachleute und die Boucher-Spezialisten über alle möglichen Hinweise und Informationsquellen verfügen, hat man sich nicht die Mühe gemacht, nach dem rechtmäßigen Eigentümer zu fahnden. Denn niemand hat Anspruch auf dieses Gemälde erhoben, das 1951 »vorübergehend« der Obhut des Louvre übergeben wurde, wo es seitdem zu sehen ist.

Dasselbe trifft auf das Küchenstilleben *Topf mit Schöpfkelle* von Jean-Baptiste-Siméon Chardin zu, ein Gemälde, das als Katalognummer 45 in der Chardin-Ausstellung im Pariser Grand Palais gezeigt wurde: »Ein Kochtopf mit Schöpfkelle, ein Krug, eine Scheibe Lachs auf einem umgedrehten Tonteller, ein Messer, eine kleine Steingutflasche mit Stöpsel und drei Pilze.«[3] Das Bild im Format 32,5 x 40 cm ist links unten signiert und entstand zwischen 1750 und 1760.

In seinem Chardin-Werkverzeichnis bestätigte der Museumsdirektor Pierre Rosenberg, daß dieses Gemälde mit der Werknummer 142 aus der zweiten Stilleben-Periode des Malers stammt, »die sich durch eine überraschende Vielfalt der Sujets auszeichnet« und in der Chardins Kompositionen an Strenge gewinnen. In seinem Chardin-Buch von 1982 berichtet Rosenberg, daß das Bild »nach dem Krieg an den Louvre ging«, und erweckte mit dieser Formulierung den Anschein, als würde es dem Louvre auch gehören.[4]

Anders als beim Boucher-Gemälde nennt der Katalog des Grand Palais einige, wenn auch sehr knapp gehaltene Details zum Schicksal des Bildes im Zweiten Weltkrieg. Nachdem es zur Sammlung L. Paraf gehört habe, sei es an Georges Renand gegangen und dann an das Museum in Düsseldorf »verkauft« worden – die Anführungsstriche finden sich auch im Katalog. 1951 sei es von den Deutschen zurückgegeben worden und befinde sich seitdem in der Obhut des Louvre.

Wieder stellen sich neue Fragen. Warum die Anführungsstriche? Weisen sie auf eine der zahllosen Transaktionen während der Besetzung hin, die von den Alliierten für null und nichtig erklärt wurden? Und, wenn das der Fall ist, warum haben dann die Verantwortlichen des Louvre nichts unternommen, um den Eigentümer zu ermitteln?

Georges Renand, der letzte französische Besitzer, bevor das Bild nach Düsseldorf gelangte, war ein wohlhabender Gesellschafter des Pariser Kaufhauses La Samaritaine, befreundet mit dem Kunstsammler und Bibliophilen Gabriel Cognacq, der unter der Vichy-Regierung die Nachfolge David David-Weills als Präsident des Beirats der Staatlichen Museen antrat.

Als der Chardin den Besitzer wechselte, war Renand bereits ein bedeutender Sammler. In seinen Memoiren erinnert sich der Louvre-Direktor Germain Bazin an die »wundervolle« Sammlung von Corots, mit deren Aufbau Renand nach dem Ersten Weltkrieg begonnen hatte und die aus nicht weniger als vierzig Gemälden bestand. Der Kunsthändler Henri Bénézit berichtete mir, daß Renand zu den Glücklichen zählte, die ihre Bilder in den Jahren der Krise gekauft hatten, als die Preise ins Bodenlose gefallen waren. »Jede Woche einmal ging Renand mit einem Freund auf Bilderkauf, und er suchte sich in den verschiedenen Galerien aus, was ihm gefiel.« Hatte Renand den *Kochtopf mit Schöpfkelle* freiwillig an das Düsseldorfer Museum verkauft? Das würde erklären, warum er es nach dem Krieg nicht zurückforderte. Oder hatte das Museum das Bild über einen Strohmann erworben?

Es gibt mehrere mögliche Antworten. Wahrscheinlich handelt es sich bei diesem Chardin um denselben, der, wie in Kapitel 10 erwähnt, in den Schenker-Papieren unter dem Titel *Stilleben* aufgeführt ist. Das Bild wurde 1941 für 400000 Franc von einem ungenannten Pariser Händler zusammen mit achtundsechzig anderen identifizierten Gemälden an das Düsseldorfer Museum verkauft.

Das führt zur Geschichte eines anderen MNR-Gemäldes: *Selbstbildnis*, das Cézanne zwischen 1877 und 1880 schuf und das heute im Musée d'Orsay hängt (Abb. C15). Das kleine Dreiviertelprofil, auf dem er düster und verschlossen wirkt, zählt zu den dreißig Selbstporträts, die Cézanne anfertigte.

Auch dieses Gemälde, Nummer 371 im Werkverzeichnis von Venturi, Nummer 507 im Katalog von Orienti, ist oft beschrieben worden, es darf nicht verwechselt werden mit dem Cézanne-Selbstporträt Venturi Nr. 372, das 1880 auf Holz gemalt wurde und das eine ähnliche Geschichte hat.

Die Geschichte des Porträts des Künstlers, das sich im Musée d'Orsay befindet, begann beim Kunsthändler Ambroise Vollard. Von dort wanderte es in die Sammlung Pissarros, eines der besten Freunde Cézannes, danach ging es in den Besitz des Schriftstellers Octave Mirbeau über. 1919 erwarb es der französische Geschäftsmann Charles Comiot bei der Versteigerung des Mirbeau-Nachlasses. In den zwanziger Jahren kaufte es der Händler Jean Diéterlé. Der nächste Eigentümer war ein unbekannter Privatsammler, dann tauchte das Bild erst nach dem Krieg wieder auf. 1950 wurde es dem Louvre anvertraut, später kam es in das Musée d'Orsay. Obwohl es bald ausgestellt wurde, erstmals in der Cézanne-Ausstellung in der Orangerie 1954, hat sich der rechtmäßige Eigentümer nie gemeldet.[5]

Wieder stellen sich dieselben Fragen: Wem hat Diéterlé das Bild verkauft? Haben die Deutschen es geraubt, oder wurde es während der Besetzung auf dem Pariser Kunstmarkt verkauft? Warum haben die Verantwortlichen des Musée d'Orsay nie nach dem rechtmäßigen Eigentümer dieses so bekannten Bildes geforscht?

Das Problem der herrenlosen MNR-Bilder verfolgt die Museen und die zuständigen Verwaltungen und läßt ihnen keine Ruhe. Anfang der neunziger Jahre richtete sich der Chef der französischen Museumsverwaltung in einem vertraulichen Schreiben an den Justizminister, erkundigte sich nach dem Rechtsstatus der MNR-Werke in den französischen Museen und verband dies mit der Frage, ob die Ansprüche der ehemaligen Eigentümer irgendwann verjähren würden. Die Rechtsabteilung der Museumsverwaltung händigte mir das Schreiben ohne weiteres aus.

Von der Antwort des Justizministers hing nun das weitere Schicksal der fraglichen Kunstwerke ab. Die Museen erhofften einen positiven Bescheid. Nach der Verjährung der Ansprüche würden die MNR-Werke unwiderruflich und ohne lästige öffentliche Debatten ins rechtmäßige Eigentum der Museen übergehen. Außerdem würden sich die Vorwürfe, daß die Museen in all den Jahrzehnten nichts unternommen hatten, um die wahren Eigentümer zu ermitteln, von selbst erledigen.

In einer internen Mitteilung des Verwaltungschefs Jacques Sallois aus dem Jahr 1992 wird die Antwort des Justizministers wiedergegeben. Auch dieses Papier bekam ich ohne Umstände zur Einsicht. In ihm ist festgehalten, daß Eigentumsrechte niemals verjähren und daß die Staatlichen Museen nur die Verwahrer der MNR-Werke sind. Da das Eigentum in Frankreich ein unantastbares Rechtsgut ist, könne keine Verjährungsfrist angesetzt werden. Die Mitteilung endet mit der unmißverständlichen Feststellung: »Die provisorische Verwahrung fremden Eigentums schließt für immer aus, daß die Museen infolge Verjährung zu Eigentümern der fraglichen Werke werden.«[6]

Die unglückliche Situation, aus der die Museen sich gern befreien wollten, bleibt also für immer bestehen. Und sie wird durch den hohen Rang der MNR-Kunstwerke noch verschlimmert. Jedes dieser Bilder bleibt belastet mit der Frage, warum es nicht an seinen Eigentümer zurückgegeben wurde.

Im Musée d'Orsay befindet sich das Courbet-Bild *Der Felsen von Étretat nach dem Sturm* (Abb. C14). Dieses strahlend schöne Gemälde aus dem Sommer 1869, im Pariser Salon von 1870 ausgestellt, wurde links unten von Courbet signiert und datiert. Courbet hat eine große Leinwand verwendet, um die lichtdurchflutete Küstenlandschaft einzufangen, und auf die Darstellung jeglicher Lebewesen verzichtet. Auch die Geschichte dieses Bildes weist Lücken auf. Nach den Katalogangaben der

Courbet-Jahrhundertausstellung im Grand Palais 1977/78 wurde es 1872 bei der Versteigerung des Nachlasses Carlin verkauft. 1933 ging es in die Sammlung eines André Candamo über, wo sich seine Spur verlor. Erst 1950 tauchte das Bild wieder auf. Es wurde dem Louvre übergeben, später dem Musée d'Orsay, wo es heute zu sehen ist.

In Kapitel 10 wurde erwähnt, daß das Bild in den von Douglas Cooper aufgefundenen Schenker-Papieren verzeichnet ist. Das Essener Folkwang-Museum kaufte es und holte es nach Deutschland. Verkauft wurde es den Schenker-Papieren zufolge von André Schoeller, und als Preis sind 350000 Franc angegeben, nur das Datum des Verkaufs fehlt.[7] Schoeller verkaufte dem Folkwang-Museum im Januar 1941 auch Corots *Kavalleristen auf der Dorfstraße*; vielleicht wechselte der Courbet bei derselben Gelegenheit den Besitzer. War er einem französischen Privatsammler abgenommen oder geraubt und dann an die Deutschen verkauft worden? Oder handelte es sich um ein legales, höchstens wegen des Kriegszustands anfechtbares Geschäft zwischen einem französischen Händler und einem deutschen Museum? Schoeller hatte schon andere Stücke an das Folkwang-Museum verkauft, darunter einen Daumier und eine Tuschzeichnung von Rodin. Warum haben die Staatlichen Museen nicht Schoellers Geschäftsbücher überprüft und den Eigentümer des Courbet-Gemäldes ermittelt? Es wäre ihnen ohne weiters möglich.

Und noch ein anderer Courbet erweckt Zweifel an der Bereitschaft der Museen, die wahren Eigentümer der ihnen anvertrauten Schätze ausfindig zu machen. Das Gemälde heißt *Felsige Landschaft bei Ornans* und entstand 1854. Im Katalog von 1977/78 werden nur knappe Angaben zu seiner Geschichte gemacht, die besagen, daß es zur Sammlung Ribbentrop gehörte und 1951 an den Louvre übergeben wurde. Weitere Einzelheiten fehlen.[8] Wie gelangte es nach seiner Fertigstellung aus dem Atelier des Malers und siebzig oder achtzig Jahre später in die Sammlung des Reichsaußenministers Ribbentrop? Hat Ribbentrop es gekauft oder wurde es von seinen Leuten gestohlen? Hat die deutsche Botschaft in Paris es ordnungsgemäß erworben, oder hat sie es geraubt? Wem gehörte das Bild zu Kriegsbeginn? Wo wurde es gefunden?

Zu einem letzten Courbet im Musée d'Orsay, dem Gemälde *Die Badenden*, auch bekannt als *Zwei Akte* (Bestandsnummer im Musée d'Orsay: MNR 876, bei Fernier 229). Das Bild machte eine Formatverkleinerung durch, in Band 3 des *Illustrierten Louvre-Katalogs* ist zu erfahren, daß das Gemälde ursprünglich 200 x 200 cm maß. Irgendwann zwischen 1930 und 1950 verkleinerte sich das Bild beträchtlich, es verschwanden 65 cm vom oberen und etwa 20 cm vom unteren Rand. Die geheimnisvolle Operation reduzierte das Format auf 115 x 155 cm, und in dieser Größe ist es heute zu besichtigen. Am unteren Rand ist das Gemälde signiert, aber vor seiner Amputation konnte man unter der Signatur noch die Inschrift »H. Hanoteau, 1858« lesen. Im Katalog wird erläutert, daß die Figuren von Courbet gemalt wurden, die Landschaft aber von Hector Hanoteau stammt. Die Verkleinerung sollte wahrscheinlich die Hanoteau-Signatur beseitigen, das Gemälde als ein reines Courbet-Werk erscheinen lassen und es damit wertvoller machen. Vielleicht wurde es auch beschnitten, um es leichter verkäuflich zu machen. Eine andere mögliche Erklärung ist, daß es erst nach dem Krieg verkleinert wurde, um die Identifikation durch den rechtmäßigen Eigentümer zu erschweren. Wurde es von den Nazis beschlagnahmt, oder wurde es an sie verkauft? Wahrscheinlich haben die Fachleute des Musée d'Orsay Zugang zu den einschlägigen Dokumenten und wären daher am ehesten in der Lage, diese Frage zu beantworten.

Die französische Erstausgabe dieses Buches erschien im November 1995 und wurde in Kunstkreisen mit Interesse aufgenommen. Die Enthüllungen über den Pariser Kunstmarkt, über Beutekunst und herrenlose MNR-Kunstwerke in den französischen Museen haben Erstaunen und viele Diskussionen ausgelöst. Seither äußert sich die französische Museumsverwaltung nur noch widerstrebend und sehr vorsichtig, während die Zahl der an diesem Thema Interessierten wächst. Familien, die erfahren hatten, daß ihre Gemälde in den staatlichen Museen hingen, stellen Anträge auf Rückgabe ihres Eigentums.

Im April 1996 veröffentlichte ich einen Artikel zu diesem Thema in der Zeitschrift *Beaux Arts* und gab der Tageszeitung *Le Monde* ein Interview. Dort wiederholte ich, daß in über vierzig Jahren weder die Staatliche Museumsverwaltung noch das Außenministerium ernsthafte Nachforschungen nach den rechtmäßigen Eigentümern der MNR-Kunstwerke angestellt haben. Die Direktorin der Museumsverwaltung, Françoise Cachin, nahm dazu in *Le Monde* Stellung.

Ohne auf die unterlassenen Nachforschungen einzugehen, schrieb die Direktorin, daß die Staatlichen Museen die MNR-Kunstwerke niemals als Teil ihrer öffentlichen Sammlungen betrachtet hätten. Und sie gab den Lesern den Rat, den auch ich schon von der Rechtsabteilung der Museumsverwaltung erhalten hatte: Eigentümer oder Wissenschaftler, die etwas über diese Werke erfahren wollen, mögen sich an die Bestandskataloge der französischen Museen halten. Aber Françoise Cachin versprach, auch einen illustrierten Katalog der MNR-Kunstwerke zu veröffentlichen (gab jedoch keinen Zeitpunkt an) und auch eine Website im Internet einzurichten, um möglichen Eigentümern die Suche zu erleichtern. Für den Herbst 1996 wurde ein internationales Symposium zum Thema des nationalsozialistischen Kunstraubs angekündigt.

Die Arbeit am illustrierten MNR-Katalog hat begonnen, aber die damit betrauten Museumsfachleute stellen kaum Nachforschungen nach den rechtmäßigen Eigentümern an, als würde diese dringlichste aller Aufgaben nicht in den Zuständigkeitsbereich der Staatlichen Museen fallen. Nach den Erfahrungen der Vergangenheit ist kaum anzunehmen, daß ein lückenhafter Katalog mit dürren Angaben zur Aufklärung beitragen kann.

Die Internet-Website der Museumsverwaltung hat sich bereits als große Enttäuschung erwiesen. Abgesehen davon, daß vergleichsweise wenig französische Haushalte Zugang zum Internet haben, sind die Informationen zu den gezeigten Kunstwerken hoffnungslos unvollständig und nichtssagend. Ein komplettes Verzeichnis der MNR-Kunstwerke mit den dazugehörigen Herkunftsangaben ist auch über das Internet nicht zu erhalten. Man kann zwar in den gebotenen Materialien stöbern, aber ernsthafte Nachforschungen sind auf diese Weise unmöglich.

Ein Beispiel soll genügen. Wer sich für die *Waldszene mit zwei römischen*

Soldaten von Boucher (Abb. C14) interessiert, ein Gemälde, über dessen zweihundertjährige Geschichte einiges in diesem Buch zusammengetragen ist, bekommt auf dem Bildschirm lediglich zwei Daten genannt: die erste Versteigerung des Gemäldes im Jahr 1778 und die Übergabe als MNR-Werk an den Louvre im Jahr 1951. Dazwischen gähnt ein großes Loch. All die wichtigen Daten und Umstände, die sich so leicht ermitteln ließen und die zur Auffindung des rechtmäßigen Eigentümers beitragen könnten, fehlen.

Die durchgängige, allerdings nicht offen ausgesprochene Behauptung der Museumsverwaltung geht dahin, daß die fraglichen Werke freiwillig verkauft und aus diesem Grunde nicht zurückgefordert wurden. Daher sei auch die Forschung nach den Eigentümern nicht von vordringlicher Bedeutung.

Dies stimmt nicht. Nur durch gezielte und aktive Nachforschung läßt sich klären, ob ein Gemälde geraubt oder unter Druck oder aus eigenem Entschluß verkauft wurde. Untätig darauf zu warten, daß eines Tages Rückgabeanträge gestellt werden, ist keine akzeptable Lösung.

Sicher ist wahr, was ein Beamter der Museumsverwaltung mir hinter vorgehaltener Hand erklärte: Viele der herrenlosen Kunstwerke wurden den Nazis von Händlern und Sammlern verkauft, die sich nach dem Krieg Verdienste als Sponsoren für die Museen erwarben. Diese Akten zu öffnen, könnte sehr peinlich für die ehemaligen »Kollaborateure«, aber auch für die begünstigten Museen werden. Die Aktivitäten der Kollaborateure auf dem Pariser Kunstmarkt während der deutschen Besetzung, wie es im 10. Kapitel beschrieben ist, treffen in der französischen Öffentlichkeit auf einen blanken Nerv.

Die Museumsverwaltung behauptet neuerdings zudem, daß ihr die Hände gebunden seien, da die aussagekräftigen Akten in den gesperrten Archiven des Außenministeriums aufbewahrt würden. Aber sie vergißt zu erwähnen, daß diese Akten bis 1991 in den Archiven der Museumsverwaltung lagerten. Nach dem Tod der Kuratorin Rose Valland in den frühen achtziger Jahren hatte die Museumsverwaltung die entscheidenden Dokumente achtlos in einem Speicher am Stadtrand von Paris deponiert. Das angekündigte Symposium zum Thema nationalsozialistischer Kunstraub fand am 17. November 1996 in der Bildungseinrichtung des Louvre statt. Ich nahm daran teil und trug erneut meine Erkenntnisse vor. Die Direktorin Cachin bezeichnete sie daraufhin öffentlich als »wahrheitswidrig«.

Ende Januar 1997 stand das leidige Thema plötzlich erneut auf der Tagesordnung. Diesmal blieb es aber nicht auf die europäische Kunstszene beschränkt, sondern zog Kreise bis in die internationale Politik und Öffentlichkeit.

Während die Enthüllungen über Nazigold und jüdisches Eigentum im Besitz der Schweizer Banken für weltweite Schlagzeilen sorgten, kündigte der französische Premierminister Alain Juppé die Gründung einer unabhängigen Kommission zur Ermittlung und Evaluation jüdischen Eigentums an, das infolge des Krieges in den Besitz des französischen Staates gelangt war.

Zufällig sickerte in derselben Woche eine vertrauliche Anfrage des Cour de Comptes (vergleichbar mit dem Bundesrechnungshof) durch, die fast gleichzeitig von *Le Monde* und *Le Figaro* veröffentlicht wurde.

Der Schriftsatz vom Januar 1996 kritisierte mit starken Worten die Untätigkeit der französischen Museumsverwaltung, die nichts unternommen habe, um die fraglichen Werke an ihre rechtmäßigen Eigentümer gelangen zu lassen. Es stellte sich auch heraus, daß mehrere Ministerien von der Existenz herrenloser Beutekunst in den französischen Museen wußten. Dieses amtliche Dokument war eine Bestätigung und Rechtfertigung meiner Bemühungen.

Das elfseitige Schriftstück, gerichtet an das Justizministerium, schildert, wie schwer es selbst für eine staatliche Ermittlungsbehörde wie den Cour de Comptes war, von den Museen Informationen über die fraglichen Kunstwerke zu erlangen. Ausdrücklich wird betont, daß die Museen mit Ausnahme des Musée d'Orsay sämtlich versuchten, die Bedeutung und den Wert der ihnen anvertrauten Kunstwerke ungeklärter Herkunft herunterzuspielen. Den Autoren wurde dies deutlich, nachdem ihnen der Kurator des Musée d'Orsay geschrieben hatte: »Manche von ihnen sind Meisterwerke, die wir, wären sie nicht auf diese Weise zu uns gelangt, irgendwann zu sehr hohen Preisen hätten erwerben müssen.« Die vertrauliche Anfrage endete mit dem Hinweis an den Justizminister, daß gegen die Museen Anklage erhoben werden könne, wenn sie den Besitz fremden und nicht verjährbaren Eigentums nicht ausreichend bekanntmachten, wie es ihre Pflicht sei.

Ein Beamter der französischen Museumsverwaltung reagierte umgehend auf die Vorwürfe, indem er sie als »nicht zutreffend« bezeichnete, und er fügte hinzu, die Veröffentlichung der Anfrage des Cour de Comptes basiere auf vorläufigen Feststellungen, die in den Museen noch beraten würden. Doch die Pressesprecherin des Cour des Comptes erklärte dazu, *Le Monde* sei »gut informiert« gewesen und die Veröffentlichung entspreche den Tatsachen.

Einige Wochen später räumte auch der Kulturminister ein, daß die Museen die Herkunft der MNR-Kunstgüter aufklären müßten und daß es gelte, sich den Ereignissen der Kriegsjahre zu stellen. Kurz darauf kündigten erst das Centre Pompidou, dann der Louvre, das Musée d'Orsay und die Museen in Versailles und Sèvres öffentliche Ausstellungen der von ihnen verwahrten MNR-Kunstwerke an. Diese waren zwei Aprilwochen lang zu sehen; seit den fünfziger Jahren hatte es derartige Ausstellungen nicht mehr gegeben.

Doch reichen solche Ausstellungen nicht aus. Sie haben die Öffentlichkeit partiell zufriedengestellt, aber die gezielten Ermittlungen der Museumsfachleute – oder, besser noch, einer gemischten Kommission – nach den rechtmäßigen Eigentümern können sie nicht ersetzen. Hinzuzufügen ist, daß die Archive, die im Besitz der einschlägigen Dokumente sind, diese im Interesse der Ermittlungen unbedingt zugänglich machen müssen.

Die in diesem Buch dargestellten Untersuchungen zum Kunstraub der Nazis in Frankreich zeugen auch vom mutigen Einsatz französischer Museumsmitarbeiter während der Besetzung. Die meisten von ihnen – an erster Stelle möchte ich Jacques Jaujard und Rose Valland nennen – widerstanden unbeugsam dem Druck, der von den Nazis ausgeübt wurde.

Sie waren ein Schutzwall gegen die Plünderer, indem sie private Sammlungen in entlegenen Museumsdepots versteckten, indem sie nach Beschlagnahmen durch die Nazis und Vichy-Behörden von Vorkaufsrechten Gebrauch machten, und schließlich dank ihrer Mitwirkung in der Commission de Récupération Artistique nach dem Krieg. Doch heute sieht es manchmal so aus, als wären französische Museumsfachleute darum bemüht, eins der letzten Geheimnisse dieses dunklen Kapitels der europäischen Geschichte auf ewig zu bewahren. Das muß sich sehr bald ändern.

Vier Jahre Plünderung, Verschiebung und Zerstörung von Kunst wirken noch heute in Frankreich nach. Tausende geraubte Kunstwerke gelangten Jahre nach ihrem Verschwinden in Museen und private Sammlungen, scheinbar freiverkäufliche Gemälde gingen auf dem internationalen Kunstmarkt von Hand zu Hand. Hartnäckig wird noch heute in der Schweiz die Rückgabe von Beutekunst verweigert und versucht, ihre wahre Herkunft zu vertuschen.

All diese Kunstwerke bevölkern das Museum der verschwundenen Bilder, das Museum der von den Nazis zerstörten und in alle Welt verstreuten Kulturgüter, die dem Hitlerschen Welteroberungsdrang und dem »Kunsthunger« der Naziobersten zum Opfer fielen. Indem wir die Spuren der verschollenen Werke verfolgen, indem wir uns sie und ihre Geschichte ins Gedächtnis rufen, tragen wir das Unsere dazu bei, daß die Schatten der Vergangenheit allmählich weichen.

ANHANG A

Die Schenker-Papiere

SECRET

amq 246

(15)

Tel : VIC 3858
Ext : 50

Central Control Commission for Germany,
(British Component),
Monuments, Fine Arts & Archives Branch,
Flat 101, Block No. 8,
Ashley Gardens, London. S.W.1.

Ref.: INTR/62875/1/MFA

5th April, 194 .

		Copies	
To	: SHAEF	30	(including Missions)
	U.S. Gp. CC	4	
	O.S.S.	2	
	Macmillan Commission	4	
	Roberts Commission	4	
	C.A. 20 B.	2	
	Austrian Commission	2	
	Interior Div.	2	
	J.I. Co-ord.	2	
	Legal Div.	1	
	Prop: C: (Finance)	1	

Subject :- Accessions to German Museums, and Galleries during the Occupation of France (The Schenker Papers, Part I).

Herewith The Schenker Papers, Part I, compiled by M.F.A. & A. Branch, distribution as above.

Cecil Gould F/Lt

~~Douglas Cooper,~~
~~Squadron Leader,~~
for Director, M.F.A. & A. Branch.

CG/DP.

amg 246
(27)

-6-

Identifiable Pictures (Cont'd)

Artist	Subject	Medium	Dimensions etc.	Dealer etc.	Price Paid	Date of Transaction
(Attributed to) POUSSIN	Country Road with monument					
PUGET, P.	Design for monument to Louis XIV	Pen & Wash		Maurice Gobin (ex collection Vivant-Denon)	10,000 fr:	
RENOIR	2 Girls				25,000 mks (Sic)	
RICCI	Fertility	(Canvas)		Leegenhoeck	45,000 fr:	17/7/42
(Attributed to) RIZOIS	Romantic Landscape about 1820.				40,000 fr:	13/4/43
ROBERT Hubert	Broken Pitcher	(Canvas)	63 x 79 signed & dated 1758.	Jacques Mathey	225,000 fr:	
"	"Les Gorges d'Ollioules"	Oil	Signed & dated	Cailleux	300,00 fr:	10/7/41
RÖSLIN	2 Girls				25,000 Mks. (Sic)	
SISLEY	Landscape				50,000 Mks. (Sic)	
SOLIMENA (Attributed to)	Project for Ceiling			Schmit	10,100 fr:	30/6/
SPILBERG	Girl at Toilet in a Garden		Signed & dated 166-		60,000 fr:	
TIEPOLO J.B.	Adoration of Magi	Pen & Wash drawing	Signed (Monogram)	Maurice Gobin	28,500 fr:	
"	Caprices (de Vesme Nos. 3-12)			" "	7,000 fr:	
TIEPOLO, D.	Marys at Tomb	Pen & Wash drawing.	Signed	" "	13,500 fr:	
UTRILLO	Country Road					
VAN GOYEN	Country Road					
VINCENT	Allegory					
WATTEAU (Attributed to)	Nymphs : (Original carved wood gilt frame).	Paint on Paper.	31 x 38	Schmit	500,000 fr:	9/5/41.

aug 246 (22)

-7-

Dusseldorf (Cont'd)

(b) Other Pictures

Further paintings or sketches (of which no subjects or details were specified) were purchased, bearing labels of the following artists (one of each) :-

CAMPHAUSEN, OTTMAR ELLIGER, the Younger, FYT, GUARDI, KRÜGER, LENAIN, LINGELBACH, MURILLO, PELLEGRINI, RUBENS, TOCQUE, VERVEER, WOUWERMANN.

(c) Miscellaneous Objects of Art etc.

An enormous quantity of knick-knacks was also bought for the Düsseldorf collections, consisting of tables, chairs, desks, commodes, bas-reliefs, faience vases and plates, caskets, medallions, Dresden figures, tapestries, mediaeval ivories, clocks, pieces of metal-work, miscellaneous sculptures, enamals, mantelpieces and between 300 and 400 art-historical books.

8. Essen : Folkwang Museum

(a) IdentifiablePictures

Artist	Subject	Medium	Dimensions etc	Dealer etc	Price Paid	Date of Transaction
BAUGE	Tiger rolling			Schoeller	50,000 fr:	
BOUDIN	Sailing boats in Deauville Harbour			Gerard	150,000 fr:	
COROT	Old Harbour at Rouen			Bignou	450,000 fr:	28/2/41.
"	Horseman on Village Street	(Canvas)	26 x 38	Schoeller	160,000 fr:	15/1/41.
"	Landscape			Fabiani	1,500,000 fr:	
COURBET	Etretat cliffs after the storm			Schoeller	350,000 fr:	
COUTURE (Thomas)	White cock, attached by one leg.			Heim	20,000 fr:	5/5/41.
DAUBIGNY	Storks			Gerard	125,000 fr:	
DAUMIER	"Hercules of the market-place"	Drawing		Schoeller	50,000 fr:	
DELACROIX	Cromwell by the Coffin of Charles I.	Drawing		Gerard	175,000 fr:	
"	Horseman			"	120,000 fr:	
"	Albanian Dancers			Schoeller	150,000 fr:	

-8-

aug 246
(23)

(a) Identifiable Pictures (Cont'd)

Artist	Subject	Medium	Dimensions etc.	Dealer etc.	Price Paid	Date Transaction
DELACROIX	Hamlet & Ophelia	Etching or Engraving	(1st State)	Gobin	4,500 fr:	5/6/41.
"	Wild Horse attacked by Tiger.					
"	Faust					
DUPRE (Jules)	Farm in the Woods	(Canvas)	50 x 69	Schoeller (ex coll: Gallice Epernay)	65,000 fr:	14/1/41.
GAVARNI	5 Water-colours				95,000 fr:	
GERICAULT	Horseman	Drawing		Sabatery	3,050 fr:	27/2/41.
"	"Body of Fualdes thrown into the river"	(Painting)				
"	"Horses going to a fair"	"				
"	"The Flemish Farrier"	"				
"	Entrance to Adelphic Wharf.	"				
INGRES	Portrait of Madame Gabriac			Gerard	85,000 fr:	15/1/41.
JONGKIND	Nevers, 1872			Gerard	55,000 fr:	
LANCRET	Family Group					
MAILLOL	Woman with Sash.	Terracotta		Balay	250,000 fr:	
ROBERT (Hubert)	Tivoli		Signed & dated	Schmit	350,000 fr:	16/4/41.
RODIN	Hanako	Water-colour		Schoeller	8,000 fr:	
ROUSSEAU (Th:)	Landscape			Wüster	300,000 fr:	
SISLEY	Landscape			Fabiani	2,000 fr:	

aug 246 / (24)

-9-

(a) Identifiable Pictures (Cont'd)

Artist	Subject	Medium	Dimensions etc.	Dealer etc.	Price Paid	Date of Transaction
TROYON (C.)	The Bird-nest Robbers			Schoeller	130,000 fr:	
VALLAYER-COSTER	Still Life			Manteau	100,000 fr:	
VIGEE LE BRUN	Female Portrait	Pastel		d'Atri	150,000 fr:	

(b) Other Pictures

Other Unspecified pictures by Caresmes and Lemoyne were also purchased (one of each artist).

(c) Drawings

Drawings by the following artists were bought :-

GRAFF, (Anton) (2 drawings), GREUZE, INGRES, MENZEL (3 drawings) PRUD'HON and Hubert ROBERT.

(d) Miscellaneous Objects of Art

Metal-work and porcelain was purchased but not in very large quantities.

9. Frankfurt-am-Main

On 20th November, 1942, one picture was despatched to the Städtisches Kunstinstitut (Durerstr: 2, Frankfurt a/m) and 101 Kgs of books to the Archaologisches Institut des Deutschen Reiches, (Palmengartenstr: 12, Frankfurt a/m). No other entries related to the Frankfurt public collections.

10. Hamburg : Kunsthalle

A Rubens for this gallery - "Flora and Pomona" - was bought for 2,000,000 fr.

11. Karlsruhe : Kunsthalle

The following pictures were purchased on behalf of the Karlsruhe gallery :-

(a) From Leegenhoeck

Fragonard	:	Head of an old Man.
"		Scene from the Passion
Heda	:	Still Life
v. Beyren	:	Still Life (Fish)
Schwab	:	Death of the Virgin (c.1510)

(b) From Fabiani

Sisley	:	Landscape.

Ang 246
(25)

-10-

12. Kassel : Hessishes Landesmuseum

Some eight paintings (including a male portrait by Mignard) were purchased as well as some twelve pieces of furniture, vases etc. No details of these purchases were recorded.

13. Kassel: Wall-paper Museums (Deutsches Tapetenmuseum).

A Gobelins Tapestry was bought on behalf of the above museum on the 29th July, 1942 for 38,000 fr: from Saigue. Wall-papers were purchased as follows :-

Date	Dealer	Price
19/7/42	Feuve	260,000 fr:
29/7/42	Saigne	10,000 fr:
13/7/42	Roy	18,000 fr:
15/7/42	Carlhian	325,000 fr:

14. Krefeld : Kaiser Wilhelm Museum

(a) Identifiable Pictures etc.

Artist	Subject	Medium	Dimensions etc.	Dealer etc.	Price Paid	Date of Transaction
AVED	Lady at Dressing-table.			Cailleux	150,000 fr:	
"	Lady in Blue				45,000 fr:	
BACKHUYZEN	Amsterdam Harbour			Landry	80,000 fr:	6/2/42.
BELLE (Alexis Simon)	Portrait of Madame de la Mariniere			Cailleux	250,000 fr:	28/3/41.
BERNARD	Girl with white, satin cloak over her shoulders.	Pastel (signed & dated)		Cailleux	35,000 fr:	3/3/41.
BOILLY	Still Life			Aubry	25,000 fr:	
"	Young Woman			Cailleux	300,000 fr:	
BOUDIN	Rotterdam Harbour				190,000 fr:	
"	Trouville Beach			Bignou	400,000 fr:	
CARPEAUX	Faun at the grape-vine.	Marble		Schoeller	175,000 fr:	
CLAEUW (attributed to).	Still Life	(Canvas)	94 x 86	Manteau	45,000 fr:	
COELLO (Attributed to).	Female portrait	(Canvas)	68 x 54	Manteau	30,000 fr:	

-11-

Aug 246
(26)

Identifiable Pictures etc. (Cont'd)

Artist	Subject	Medium	Dimensions etc.	Dealer	Price Paid	Date of Trans-action
COURBET	"Painting"			Fabiani	1,500,000 fr:	
COYPEL	Young Woman	Pastel		Cailleux	250,000 fr:	
DELACROIX	Flowers			Fabiani	2,200,000 fr:	
DE TROY	Portrait of M. de Vandieres, later Marquis of Marigny	(Signed)		Cailleux	200,000 fr:	3/3/41.
DULZ (Jacob)	Jovial Company				100,000 fr:	
DUPLESSIS	Male portrait			Trotti	150,000 fr:	
GAUGUIN	Vase of Flowers			Bignou	300,000 fr:	28/2/41.
GERARD (M)	Family picture and an engraving after it.			Cailleux	120,000 fr:	
"	The Letter			Fabiani	150,000 fr:	
Gobelins Tapestries	4 pieces "Children Gardening".				850,000 fr:	
GROS Baron	Portrait of General Joubert.			Gerard	93,000 fr:	
HEINSIUS	Female Portrait			Wüster	90,000 fr:	
"	Male Portrait			Cailleux	60,000 fr:	
JONGKIND	Evening Landscape			Schoeller	150,000 fr:	
"	Antwerp Harbour			"	700,000 fr:	
MAES	Portrait of young man.			Müller	150,000 fr:	
MAILLOL	Female nude	Clay		Fabiani	25,000 fr:	
"	" "	Terracotta		"	30,000 fr:	
MONET	Hunting trophies			Gerard	250,000 fr:	
MOREAU Le jeune	Landscape			Fabiani	100,000 fr:	
MOSNIER (J-L)	Woman suckling a child		(Signed & dated)	Cailleux	60,000 fr:	3/3/41.
NATTIER	Madame Adelaide de France as Diana			Schmit		20/1/42.
OMMEGANK, B.	A flock			Trotti	100,000 fr:	

Aug 24.6
(29)

-14-

Würzburg: Martin von Wagner Museum (Cont'd)

isherman by Vernet (which of that tribe unspecified). Also a few drawings nd books. No prices were quoted for any of these articles.

Index of Paris Art Dealers and Individuals who sold Works of Art to German Museums

Name	Address
d'ATRI	23, Rue la Boetie
AUBRY	2, Rue des Beaux-Arts
BALAY, R.	58, Rue de Vauzirard
BENATOV	31, Rue Campagne - Premiere
BIGNOU	8, Rue la Boetie
BRUMMER, E.	126, Rue du Fahbourg St.Honore
CAILLEUX	136, Fanbourg St. Honore
CAMOIN, A.	9, Quai Voltaire
CARLHIAN	22, Place Vendome
DONATH, Etienne	14, Rue Milton
ENGEL, Hugo	22, Boulevard Malesherbes
FABIANI, M.	26, Avenue Matignan
FEUVE, R.	20, Rue de la Chaise
GERARD, Raphäel	4, Avenue de Messne
GOBIN, Ro Maurice	1, Rue Laffite
GROSVALLET (GROVALET)	126, Boulevard Haussmann
HEIM, Madame Georges	3, Rue Dugnay - Trouin (also spelt Dugay-Trouin)
HOLZAPFEL, R.	45, Avenue des Peupliers
INDJOUDJIAN, M.A.M.	26, Rue Lafayette
JORET	30, Rue des Samts-Peres
KALEBDJIAN, Freres	52 bis Avenue d'Iena
KELLERMANN	13, Square de Port-Royal
KNOEDLER	22, Rue des Capucines
LANDRY, Pierre	1, Rue Chardin (12, Place Vendome)
LEEGENHOECK, J.O.	230, Boulevard Raspail
MANTEAU, Alice	14, Rue de l'Abbaye
MATHEY, Jacques	50, Avenue Duquesue
MATIS	5, Avenue Montaigne
MELLER, Dr.	3, Rue du General-Appert
MÜLLER, R.	11, Rue Jean-Ferandi
POPOFF, Alexandre	86, Fanbourg St. Honore
POUMAY	27, Boulevard de Clichy
RATTON, Charles	14, Rue de Mariguan
RECHER, Madame A.	7, Quai Voltaire & 1, Rue Bourdaloue
RENAND	30, Quai de Bethune
ROCHLITZ, Gustav	222, Rue de Rivoli
ROY L & C Soeurs	69, Rue des Mathurius
SABATERY, Mlle. S.	35, Rue Boissy d'Anglas
SAIGNE, Marcel	44, Rue des Mathurius
SAMBON, A.	7, Rue du Docteur- Lancereaux
SCHMIT & Cie	18 - 24 Rue de Charonne
SCHOELLER, A.	13, Rue de Mchávan
STORA, M. & R.	32 bis Boulevard Haussmann
TROTTI, Avogli	88, Rue de Grenelle
TOUZAIN, E. Aine	27, Quai Voltaire
VANDERMEERSCH	23, Quai Voltaire
WANNIECK	29, Rue de Monceau

ANHANG B

Interview mit Alain Vernay

Der Journalist Alain Vernay ist der Enkel des französischen Kunstsammlers Adolphe Schloss. Geboren 1918, diente Vernay bei Ausbruch des Zweiten Weltkriegs in der Französischen Armee. 1940 brachte er den mit der Familie befreundeten Nabis-Maler Édouard Vuillard quer durch Frankreich ins Landhaus des Kunsthändlers Alfred Daber, wo Vuillard einige Wochen später starb. Während der Besetzung schloß sich Vernay der Résistance an und kämpfte in Zentralfrankreich gegen die Deutschen. Nach dem Krieg wurde er Auslandskorrespondent und leitender Redakteur des Pariser *Figaro*.

Warum haben Sie sich nie öffentlich zum Schicksal der Sammlung Schloss geäußert?

Französische Familien adliger Abkunft können die Erhaltung ihres Schlosses zu ihrem Lebensinhalt machen, sich ausschließlich mit der Frage befassen, in welchem Zustand sie das Schloß der nachfolgenden Generation übergeben wollen, sie können dafür ihre Karriere aufgeben oder bremsen oder ihre Heiratspläne danach richten. Es ist eine Frage der Ehre, eine Belastung und ein Vollzeitjob – so sehr, daß manche Mitglieder der Familie die Flucht ergreifen und daraufhin enterbt werden. In ähnlicher Weise muß auch der Erbe einer großen Sammlung radikale Entscheidungen treffen. Entweder widmet er sein Leben der Aufgabe, die Sammlung zurückzubekommen und die Geier, die sich an ihr bereichert haben, der Justiz auszuliefern, oder er verzichtet darauf und vertraut auf die Gerechtigkeit. Ich habe mich für letzteres entschieden, denn ich bin sicher, daß die Gerechtigkeit sich durchsetzt. Alles ist möglich oder wenigstens denkbar. Die Dokumente aus jener Zeit enthalten genauso viele Überraschungen wie die Stasi-Akten, die in der deutschen Politik eine solche Rolle spielen.

Können Sie konkreter werden?

Nun, ich besitze zum Beispiel eine Reihe von Dokumenten wie den Schriftwechsel zwischen einem Fachmann des Louvre und dem deutschen Konfiskator der Sammlung Schloss, in dem der Fachmann anbietet, mit seinen Expertisen zu bescheinigen, daß die Gemälde nur selten von den berühmten Malern stammen, denen sie zugeschrieben wurden, sondern von deren Schülern, oder daß es sich um Fälschungen handelt, oder daß er ihren Wert lächerlich gering ansetzen könnte, denn das Interesse an den niederländischen Malern würde irgendwann nachlassen. Er bekam 10620 Franc.

Warum haben Sie nicht früher darüber gesprochen?

Weil dieser Mann eng mit einem wichtigen Führer der Résistance verwandt war, und meine Eltern und mein Onkel Lucien hielten es für besser, die Sache auf sich beruhen zu lassen. Es gibt noch schlimmere Beispiele.

Können Sie die nennen?

Ich möchte mich dazu nicht äußern. Allgemein gesagt, wenn man sich zu sehr in diese Kriegsjahre voller Doppelagenten und Feiglinge vertieft, die aber auch Jahre des Mutes und der Helden waren, kann man häßliche Überraschungen erleben. Die Zeiten der Besetzung waren so verworren, daß manche sogar am mutigen Verhalten von Rose Valland gezweifelt haben, das für mich außer Frage steht.

Aber auf dem Gebiet der bedeutenden Kunstsammlungen ist alles möglich. So wurde lange nach dem Tod des Kunstkritikers und -historikers Bernard Berenson aufgedeckt, daß er sich vom britischen Kunsthändler Duveen dafür bezahlen ließ, Gemälde je nach Wunsch als Fälschungen oder als Originale zu klassifizieren.

Glauben Sie, daß irgendwelche bedeutenderen jüdischen Kunsthändler mit den Deutschen zusammengearbeitet haben? Ich denke an Georges Wildenstein, der bekanntlich alle seine Geschäfte von Amerika aus abwickelte. Ich besitze die Briefe, die er dem Schwiegervater von Roger Dequoy im Süden Frankreichs schrieb und in denen einige Passagen darauf hindeuten.

Ich habe keine Ahnung. Ich weiß, daß Georges Wildenstein direkt nach dem Zusammenbruch und kurz vor seiner Abreise nach New York meinen Vater im Hotel Royal in Nizza aufgesucht hat. Meinem Vater zufolge – ich war nicht dabei – hat er angeboten, die ganze Schloss-Sammlung für eine sehr ansehnliche Dollarsumme zu kaufen, die in der Schweiz deponiert werden sollte. Außerdem bot er ihm einen arischen Ehrenstatus an, der für ihn, meine Mutter und ihre Brüder gelten sollte. Mein Vater sagte aus Vorsicht, er wolle darüber nachdenken, dann schwor er sich, daß er nie wieder etwas mit Georges Wildenstein zu tun haben wollte.

Haben Sie davon gehört, daß Offiziere der US-Army sich hin und wieder aus der Beutekunst der Deutschen bedient haben?

Schwarze Schafe gibt es überall. Ein paar Jahre nach der Befreiung kamen zwei Amerikaner zu meinem Vater in Paris, stellten sich als Offiziere vor und erklärten, sie hätten ein paar bedeutende Gemälde aus der Sammlung Schloss in ihrem Besitz. Sie wollten ihm vier davon zurückgeben und etwa vierzigtausend Dollar haben, was billig war. Mein Vater hat mir erzählt, daß er sie rauswarf und ihnen sagte, sie sollten sich schämen, daß sie die US-Uniform trugen. Das kam mir immer seltsam vor. Damals fand ich es unglaublich. Heute nicht mehr.

Glauben Sie, daß irgendwo im Louvre noch Gemälde aus der Sammlung Schloss verborgen sind?

Ich habe wirklich keine Ahnung. Ich verstehe Ihre Frage, weil es bis heute keinem Vertreter des Staates erlaubt worden ist, eine offizielle Überprüfung der Bestände des Louvre vorzunehmen. Das ist die Aufgabe des Justizministeriums oder des Außenministeriums.

Vertrauen Sie in dieser Hinsicht jemandem?

Ich habe volles Vertrauen zur Abteilung Forschung und Rückübertragung des Musée d'Orsay, wo einige Mitarbeiter unermüdlich mit dieser Aufgabe beschäftigt sind, trotz der vielen Barrieren, die ihnen in den Weg gestellt werden.

Hoffen Sie, daß es noch mehr Erkenntnisse zu diesem Thema geben wird?

Ja natürlich. Und bald werden die Leute, die Bilder aus der Sammlung Schloss in amerikanischen oder europäischen Museen entdeckt haben, in der Lage sein, ihren Weg dorthin nachzuzeichnen. Hat es nicht auch bei den Händlern, die Bilder mit dem Vermerk »Nazibeute« versteigerten, gewisse moralische Verantwortlichkeit gegeben? Sind nicht viele Bilder bei Erbschaftsstreitigkeiten in Deutschland aufgetaucht? Wurden diese nicht durch Intervention des deutschen Justizministers in allen Fällen an die rechtmäßigen Eigentümer zurückgegeben, egal ob die Eigentümer Ansprüche stellten – einfach im Rahmen der deutschen Wiedergutmachung?

Können Sie mir etwas über Adolphe Schloss erzählen?

Er war ein großer Geist, seine Leidenschaft war die Kunst. Geboren wurde er in Österreich, er kam 1873 nach Frankreich und erwarb die französische Staatsbürgerschaft. Er war der größte Produktenmakler von Paris, er arbeitete für den russischen Zar und den österreichischen Kaiser, für Woolworth und für Nieman Marcus. Er war ihr Ankäufer. Seine Ambitionen … nun, ich hab' ihn nie kennengelernt. Ich kannte nur meine Großmutter, und sie verehrte ihn. Mein Großvater kannte alle bedeutenden Gemälde in den Städten Europas und Amerikas. Viele seiner Bilder kaufte er beim Sohn der Gräfin Hanska, der Geliebten Balzacs. Wäre er ein paar Jahre später gestorben, hätte er vielleicht nicht alle dreihundertdreiunddreißig Gemälde behalten, denn obwohl es außer seinem ältesten Sohn Lucien, meiner Mutter und seiner Frau keiner wußte, wollte er etwa fünfzig von ihnen verkaufen, um einen einzigen Vermeer zu bekommen. Sein Tod hat dieses Geschäft verhindert. Das wäre die Krönung seines Sammlerlebens gewesen.

Anmerkungen

Einführung

1 Vgl. Albert Speer: *Erinnerungen*, Berlin 1969, S. 194.

2 Vgl. Raoul Hilberg: *Die Vernichtung der europäischen Juden*, Berlin 1982.

3 In den USA war Janet Flanner, Europa-Korrespondentin des Magazins *The New Yorker*, meines Wissens die erste, die in ihren »Annals of Paris: The Beautiful Spoils« ausführlicher über den nationalsozialistischen Kunstraub berichtete. Ihre vergessene Artikelserie erschien kurz nach dem Krieg in *The New Yorker*, in den Ausgaben vom 22. Februar, vom 1. und vom 8. März 1947, vgl. Janet Flanner: *Paris–Germany. Europäische Reportagen 1931–1950*, München 1992.

Weitere Beiträge: James J. Rorimer in Zusammenarbeit mit Gilbert Rabin: *Survival. The Salvage and Protection of Art in War*, New York 1950, und Craig Hugh Smyth: *Repatriation of Art from the Collecting Point in Munich After World War II*, Den Haag 1988.

In Frankreich existiert eine Sammlung amtlicher Dokumente zum Kunstraub: *Le Pillage par les Allemands des œuvres d'art et des bibliothèques appartenant à des Juifs en France*, Paris 1947. Das von Jean Cassou herausgegebene Buch ist ein Schlüsselwerk, weil es den internen Schriftverkehr zwischen deutschen Nazigrößen und Dienststellen (in französischer Übersetzung) sowie interne Schriftstücke der Vichy-Regierung und Dokumente über Konfiszierungen ausführlich wiedergibt.

Zu den wichtigen Werken zählen auch die Erinnerungen der Kuratorin Rose Valland: *Le Front de l'Art*, Paris 1961. Die Autorin berichtet faktenreich über ihre Erlebnisse im Museum Jeu de Paume.

Lynn Nicholas: *Der Raub der Europa*, München 1995, behandelt die nationalsozialistische Plünderungspolitik und die Suche nach den geraubten Kunstwerken in Europa. Das Buch enthält eine Vielzahl von Dokumenten.

Als Quellen zur französischen Geschichte des Zweiten Weltkriegs haben mir gedient: Robert O. Paxton: *Vichy France. Old Guard and New Order, 1940–1944*, New York 1972, und Michael R. Marrus und Robert O. Paxton: *Vichy France and the Jews*, New York 1981.

Erster Teil
Eine gewisse Liebe zur Kunst

1. Vemeers *Der Astronom* oder Hitlers blinder Fleck

1 J. Cassou, a. a. O., S. 85, [R]. Aufgrund der schwierigen Quellenlage in den Archiven war es uns in einigen Fällen nicht mehr möglich, den Wortlaut mancher Dokumente wiederzugeben. In diesen Fällen mußten wir uns mit Rückübersetzungen behelfen, die nun in den entsprechenden Fußnoten mit einem [R] gekennzeichnet sind.

2 Inventarverzeichnis des ERR, in: *Plünderungen Einsatzstab Rosenberg*, National Archives (NA), Washington, D. C., RG 331, Box 325.

3 Die folgenden Zitate: Albert Speer, a. a. O., S. 186f.

4 Adolf Hitler: *Mein Kampf*, München 1943, S. 18.

5 Ernst Hanfstaengl: Zwischen *Weißem und Braunem Haus. Memoiren eines politischen Außenseiters*, München 1970, S. 72f.

6 Ebenda; und ders.: *Hitler. The Missing Years*, New York 1994.

7 Mehr über die engen Bindungen zwischen dem Judentum und den niederländischen Malern des 17. Jahrhunderts in: *Rembrandt's Holland*, Ausstellungskatalog von Martin Weyl für das Israel-Museum, Jerusalem 1993. Siehe auch: Simon Schama: *Überfluß und schöner Schein. Zur Kultur der Niederlande im Goldenen Zeitalter*, München 1991.

8 Adolf Hitler, a. a. O., S. 283.

9 Albert Speer, a. a. O., S. 194.

10 *Consolidated Interrogation Report, Linz Museum*, National Archives (NA), Washington, D.C., Roberts Commisssion. Das Dokument (nachfolgend CIR genannt) entstammt den Ermittlungsakten der US-Army in Deutschland nach dem Krieg.

11 National Archives (NA), Washington, D.C., RG 260, Box 387, 388, 438.

12 Hitlers Letzter Wille, zit. nach Joachim C. Fest: *Hitler. Eine Biographie*, Frankfurt am Main–Berlin 1973, S. 1018.

2. Der Kümmel-Bericht oder Die Antwort der Nazis auf Napoleon

1 Eine Fotokopie des Kümmel-Berichts befindet sich in der Watson Library des Metropolitan Museum of Art in New York. Vgl. auch Rose Valland, a.a.O., S. 19–26.

2 Kümmel-Bericht, 2. Bericht, Teil I–III, abgeschlossen 31. Dezember 1940, S. XII, Watson Library, Metropolitan Museum of Modern Art, New York.

3 Ebenda, S. I.

4 Ebenda, S. XIV.

5 Peter Watson: *Wisdom and Strength*, New York 1989, S. 254–266.

6 Marie-Louise Blumer: *The Commission for the Research of Science and Art Objects in Italy (1796–1797)*, in: *The French Revolution, Januar bis Juni 1934*, und *Catalog of Paintings Transported to France from Italy Between 1789 to 1814*, in: *Bulletin de la Société Française d'Histoire de l'Art*, 1936.

7 Kümmel-Bericht, a.a.O., S. XIII.

8 Pierre Assouline: *L'homme de l'art, Daniel-Henry Kahnweiler*, Paris 1992.

3. Hermann Göring, der »Freund der Künste«

1 James S. Plaut: *Activity of the Einsatzstab Rosenberg in France*, in: CIR, 1, a. a. O.

2 Cassou, a. a. O., S. 40 [R]; CIR, 1, a. a. O., insbesondere *Accusations in the Otto Abetz Case, Tribunal Militaire de Paris*, 1948, sowie mündliche Auskünfte von Colonel Paillole.

3 Vgl. Cassou a. a. O., S. 84, sowie CIR, 1, a. a. O.

4 Siehe Jacques Beltrands Begutachtungen der von Göring geraubten Kunstwerke, 1941 und 1942, National Archives (NA), Washington, D. C., RG 239, Box 74.

5 Cassou, a. a. O., S. 105 ff., [R].

6 Ebenda, S. 189–229.

7 Cassou, a. a. O., S. 92 ff., [R].

8 Cassou, a. a. O., S. 92–98, auch CIR, 1, a. a. O.

Zweiter Teil
Anatomie eines Kunstraubs

4. Die Plünderung der Rothschild-Sammlungen

1 Die Informationen zu diesem Kapitel verdanke ich Auskünften und Dokumenten von Baronesse Liliane, Baron Élie und Baron Guy de Rothschild, von Madame Kolesnikoff und dem Buch von Herbert Lottman: *The French Rothschilds. The Great Ganking Dynasties Through Two Turbulent Centuries*, New York 1995. Als Quellen dienten außerdem Dokumente der National Archives (NA), Washington, D. C., (RG 331, Box 327), in denen sich Peyrastres Protokolle über den Besitz von Maurice de Rothschild finden, die Transportlisten des ERR und auch die Inventarverzeichnisse der Rothschild-Familie selbst, die nach

Kriegsende als Grundlage für die Rückführung des Besitzes dienten.

2 Aus einem Gespräch mit Liliane de Rothschild.

3 Aus dem Protokoll von M. Peyrastre, National Archives (NA), Washington, D.C., RG 331, Box 327, Mappe 246.

4 Inventarverzeichnis des ERR, National Archives (NA), Washington, D.C., RG 331, Box 325, »Plünderungen Einsatzstab Rosenberg«, [R].

5. Die Galerie Paul Rosenberg

1 Die nachfolgenden Kommentare André Salmons wurden mir von John Richardson berichtet.

2 André Salmon, *Revue de France*, Nr. 11, 1921.

3 E. Tériade: *Interview mit Raul Rosenberg*, Anhang des *Cahier d'Art*, Nr. 9, 1927, S. 23–30.

4 Gespräch mit Alfred Daber, Februar 1995.

5 John Richardson: *Picasso. Leben und Werk*. Bd. 1: 1881–1906, München 1991, S. 278.

6 Mündliche Auskunft von Georges Halphen.

7 Gespräch mit Alfred Daber, Februar 1995.

8 Maurice Sachs: *The Decade of Illusion. Paris 1918–1928*, New York 1933, S. 37.

9 So berichtet in *L'Art vivant*, Nr. 3, Februar 1925.

10 Gespräch mit Alfred Daber, Februar 1995.

11 Ambroise Vollard: *Erinnerungen eines Kunsthändlers*, Zürich 1996, S. 71.

12 Aus einem Gespräch mit Alfred Daber.

13 Vollard, a.a.O., S. 97.

14 René Gimpel: *Journal d'un collectionneur*, Paris 1963, S. 199f.

15 Gespräche mit der Familie Rosenberg, vgl. auch Michael Fitzgerald: *Making Modernism*, New York 1995, S. 85.

16 Gespräch mit Lydia Delektorskaja, Oktober 1995.

17 Jacques Helft: *Vive la chine!*, Monaco 1955, S. 201.

18 Raul Hilberg, a.a.O., 1982, S. 410f. und Anmerkungen; auch Cassou a.a.O., S. 132–138.
19 Alle folgenden Zitate aus dem Paul Rosenberg Archiv, New York.
20 Paul Rosenberg Archiv, New York, [R].

6. Die Sammlung Bernheim-Jeune oder Der Brand im Schloß Rastignac

1 Vollard, a.a.O., S. 81/82.
2 Die Betitelung der genannten Bilder aus dem Besitz der Bernheims basiert auf den Angaben der Bernheims. Die Titel der anderen Bilder folgen den jeweiligen Werkverzeichnissen oder dem Katalog der Toulouse-Lautrec-Ausstellung in London 1991 und in Paris 1992.
3 Gespräch mit Alfred Daber, Februar 1995.
4 Vgl. die Illustrationen in Jean Dauberville: *En encadrent le siècle*, Paris 1967.
5 Ernst Jünger: *Das Erste Pariser Tagebuch*, in: *Werke*, Bd. 2, *Tagebücher II, Strahlungen, Erster Teil*, Stuttgart 1960, S. 203f.
6 Brief von Jacques Lauwick in der Akte Bernheim-Jeune des CRA und DGER, National Archives (NA), Washington, D.C., RG 239, Box 74.

7. David David-Weill oder Der geplünderte Mäzen

1 Das Material zu diesem Kapitel stammt aus dem Archiv David-Weill. Reklamationsakte der Sammlung David David-Weill: Bestandslisten von 1946, 1957. Als Quelle dienten auch das Inventarverzeichnis des ERR, a.a.O. und von Marcelle Minet bereitgestellte Dokumente.

8. Die Sammlung Schloss oder Niederländische Maler für Hitler

1 Die Geschichte der Beschlagnahme der Sammlung Schloss wurde aus Gesprächen mit den Schloss-Erben rekonstruiert – Alain Vernay, der Enkel von Adolphe Schloss, und Jean de Martini, der Adoptivsohn von Henri Schloss. Benutzt wurden auch die Protokolle des Prozesses gegen Jean-François Lefranc vom 3. August 1945 und die Akten des DGER, a. a. O. Ebenfalls von Nutzen war der Erinnerungsbericht von Rose Valland zum Fall Schloss, in: National Archives (NA), Washington, D.C., RG 331, Box 326.

2 Vgl. Germain Bazin: *Souvenirs de l'Exode du Louvre*, Paris 1992, S. 89 bis 98.

3 Ebenda.

Dritter Teil
Kunst zu verkaufen

9. Die Besucher des Jeu de Paume

1 Rose Valland, a. a. O.

2 Cassou, a. a. O., S. 108 f., [R] und CIR, 1, a. a. O.

3 Rose Valland, a. a. O., S. 58.

4 Vernehmung Bruno Lohse, Ermittlungen gegen Lefranc, in: CIR, Bruno Lohse, National Archives (NA), Washington, D.C.

5 Ebenda, [R].

6 Ebenda.

7 Brief von Walter Andreas Hofer an Hermann Göring vom 26. September 1941 im Archiv Paul Rosenberg, New York.

8 CIR, a. a. O., und Douglas Cooper: »Report on Mission to Switzerland«, 10. Dezember 1945, National Archives (NA), Washington, D.C., RG 239, Box 82, Akte »Swiss Report«.

9 DGER-Bericht in National Archives (NA), Washington, D.C.
10 Ebenda.

10. Das Geschäft geht weiter: Der Pariser Kunstmarkt während der Besetzung

1 Raymonde Moulin: *Le Marché de la peinture en France*, Paris 1967, S. 42. Siehe auch *L'Annuaire général des ventes publiques en France*, Bd. 1 und 2, 1940–1943, auch Lynn Nicholas, a. a. O.
2 Vgl. Moulin, a. a. O., S. 40–50, auch *The New Pallas*, Genf.
3 Vgl. Moulin, a. a. O. S. 41, auch *L'Annuaire général*, a. a. O.
4 Siehe Kap. 4 und vergleiche den OSS-Bericht über das ERR-Verzeichnis und ERR-Bericht für 1944, National Archives (NA), Washington, D.C., RG 331, Box 325, Akte 246; siehe auch die Liste der Rückforderungen der Familie Rothschild.
5 Zu diesem Thema ein ausführlicher amtlicher Schriftwechsel in Cassou, a. a. O., S. 187–229.
6 Siehe Schenker-Papiere, National Archives, Washington, D.C., RG 331, Box 325, Akte 246, »Looting: France«, auch Vernehmungsprotokolle Mohnen und Grote-Hasenbalg, RG 239, Box 238, sowie Gespräch D. Cooper mit Bührle, a. a. O. und die Verzeichnisse des DGER zu Cailleux und Jansen, RG 331.
7 Siehe Vernehmungsprotokoll Mohnen und Paris-Bericht des OSS, National Archives (NA), Washington, D.C., a. a. O.
8 Die Schenker-Papiere wurden von dem britischen Offizier Douglas Cooper auf englisch verfaßt. Er benutzte dazu die Unterlagen der Buchhaltung, die die Alliierten in Schenkers Pariser Büro beschlagnahmt hatten. Meines Wissens sind die Schenker-Papiere und andere Dokumente, die im Anhang A dieses Buches wiedergegeben und in diesem Kapitel zitiert werden, nie in Frankreich oder Deutschland veröffentlicht oder kommentiert worden. Original und Kopien habe ich in den National Archives in Washington gefunden.

9 Die Namen der drei wichtigsten Kuratoren siehe Kapitel 2.
10 National Archives (NA), Washington, D.C., RG 331.
11 Ebenda.
12 Archiv Paul Rosenberg.
13 Vernehmungsprotokoll Mohnen, a.a.O.
14 Vgl. Gustave M. Gilbert: *Nürnberger Tagebuch*, Frankfurt am Main 1962, S. 268.

11. Die Schweiz oder Die Vorzüge der Neutralität

1 Die Ermittlungen der Alliierten in der Schweiz wurden unter anderen auch von Douglas Cooper geleitet, wie aus seinem *Report of Mission to Switzerland*, RG 239, Box 82, hervorgeht.

Vierter Teil
Heimatlose Bilder

12. Die Verlorenen und die Wiedergefundenen

1 Siehe *The Einsatzstab Reichsleiter Rosenberg* in: CIR 1, a.a.O.
2 Siehe *Act of Accusation Against Otto Abetz*, Tribunal Militaire de Paris 1948, S. 88, sowie einen Brief in Sachen Gesetz zur Entschädigung für Opfer der nationalsozialistischen Verfolgung an Alexandre Rosenberg vom 13. Juni 1960 und das Paul-Rosenberg-Archiv New York.
3 *Act of Accusation Against Otto Abetz*, a.a.O., S. 92
4 James J. Rorimer/Gilbert Rabin, a.a.O., S. 159f.
5 DGER Reports, National Archives (NA), Washington, D.C., RG 239.
6 Auktionskatalog *Floralies* 1974.
7 Archiv Paul Rosenberg und mündliche Auskünfte von Elaine Rosenberg und Jorge Helft.
8 Korrespondenz zwischen Edmond Rosenberg und Paul Rosenberg, September–Dezember 1944, Archiv Paul Rosenberg.

9 Ebenda.
10 Nach einem Gespräch mit Craig H. Smyth.
11 Archiv David David-Weill.
12 Versteigerungskatalog Sotheby's 1979.
13 Versteigerungskatalog Christie's 1989.
14 Nach den Unterlagen von Jean de Martini und Alain Vernay.
15 Ebenda.
16 Aus einem Gespräch mit Liliane de Rothschild.
17 Akte Bernheim-Jeune des DGER und mündliche Auskunft von Michel Dauberville.
18 Archiv David-Weill und die 1943 und 1944 erstellten ERR-Verzeichnisse.
19 Nach einer Auskunft von Laure Murat.
20 Archiv David-Weill sowie Auskünfte der Masson-Erben und der erwähnten Galerien, des Auktionshauses Sotheby's und des Centro Reina Sofia in Madrid.

13. Ein unumgänglicher Nachtrag: Hehlerware in Schweizer Tresoren

1 Vgl. Coopers Bericht, National Archives (NA), Washington, D.C., RG 239, Box 82, Akte »Swiss Reports«.

14. Neuigkeiten aus dem Osten

1 Nach einem Gespräch mit Katiana Ossorguine.
2 Brief aus dem Archiv Paul Rosenberg.
3 Aus dem Russischen übersetztes Inventarverzeichnis im Archiv Paul Rosenberg.

15. Die Säuberung

1 Irus Hansma, Autor des Werkverzeichnisses Fernand Léger, und Quentin Laurens von der Galerie Louise Leiris, Paris.

2 Mein Dank gilt Jeanne Bouniort, die mir bei den Recherchen für dieses Kapitel half. Das Zitat entstammt dem Katalog der Ausstellung *François Boucher 1703–1770* im Metropolitan Museum of Art, Januar bis Mai 1986, im Detroit Institute of Arts, Mai bis August 1986, und in den Pariser Galéries Nationales du Grand Palais, September 1986 bis Januar 1987.

3 Ausstellungskatalog *Chardin*, Galéries Nationales du Grand Palais, Januar bis April 1979.

4 Pierre Rosenberg: *Chardin's Painted Work*, Paris 1982.

5 Dieses Gemälde wurde in der Cézanne-Ausstellung von 1995 nicht gezeigt.

6 Hausmitteilung von Jacques Sallois vom 26. Oktober 1992.

7 Schenker-Papiere, a. a. O.

8 Katalog der *Courbet*-Ausstellung in den Galéries Nationales du Grand Palais, September 1977 bis Januar 1978.

Abbildungsnachweis

A1 Jan Vermeer van Delft, *Der Astronom*, 1668, Louvre, ehemals Sammlung Guy de Rothschild (Abb. mit Genehmigung G. de Rothschild)

A2 Ausstellungsraum in der Galerie Paul Rosenberg, Rue de la Boétie 21, etwa 1930 (Abb. mit Genehmigung Paul Rosenberg & Co.)
Paul Rosenberg in seiner Pariser Wohnung, zwanziger Jahre (Abb. mit Genehmigung Paul Rosenberg & Co.)

A3 Edgar Degas, *Porträt der Gabrielle Diot*, Pastellkreide 61 x 44 cm, 1890, ehemals Sammlung Paul Rosenberg. Verbleib unbekannt (Abb. mit Genehmigung Paul Rosenberg & Co.)

A4 Pablo Picasso, *Stehender weiblicher Akt*, Pastellkreide und Kohle, 110 x 73 cm, 1923, © Spadem 1995, ehemals Sammlung Paul Rosenberg, Verbleib unbekannt (Abb. mit Genehmigung Paul Rosenberg & Co.)

A5 Henri Matisse, *Frau in roter Jacke mit Anemonen und Mandelblüten*, Öl, 1940, © H. Matisse Erben, ehemals Sammlung Paul Rosenberg, Verbleib unbekannt (Abb. mit Genehmigung Paul Rosenberg & Co.)

A6 Henri Matisse, *Orientalin, auf dem Boden sitzend*, Öl, 36 x 55 cm, 1927, © H. Matisse Erben, ehemals Sammlung Paul Rosenberg. Nach Publikation der amerikanischen Ausgabe dieses Buches wurde das Bild im Seattle Art Museum gefunden. (Abb. mit Genehmigung Paul Rosenberg & Co.)
Galerie Paul Rosenberg, Rue de la Boétie 21, etwa 1930 (Abb. mit Genehmigung Paul Rosenberg & Co.)

A7 Henri Matisse, *Frau im Sessel*, Öl, 55 x 46 cm, 1920, © H. Matisse Erben, ehemals Sammlung Paul Rosenberg, Verbleib unbekannt (Abb. mit Genehmigung Paul Rosenberg & Co.)

A8 Robert de Rothschild in seinem Salon Avenue de Marigny 23, Ende der dreißiger Jahre. An der Wand Teile seiner Emaillen-Sammlung (Abb. mit Genehmigung E. und L. de Rothschild)

A8 Frans Hals, *Bildnis Isabella Coymans*, 1650–52. Darunter eine Kommode mit Einlegearbeiten aus Sèvres-Porzellan, geschaffen von Bernard van Riesen Burgh, 18. Jahrhundert (signiert bvrb), Sammlung Édouard de Rothschild (Abb. mit Genehmigung von G. de Rothschild)

A9 Oben, von links nach rechts: Gabriel Metsu (1630–67), *Überraschungsbesuch*; Flämische Schule (1540), *Frau mit Katze*; Pieter de Hooch (1629–83), *Interieur*.
Unten, von links nach rechts: Gerard Terborch (1617–81), *Junge Frau beim Trinken*; Gérard Dou (1635–75), *Der Geigenspieler*; Jan Vermeer van Delft (1632–75), *Der Astronom*; Frans van Mieris d.Ä. (1635–81), *Frau mit Pfirsich*; Hans Memling (1433–1494), *Maria mit dem Kinde*. Sammlung Édouard de Rothschild (Abb. mit Genehmigung von G. de Rothschild)

A10 Francisco de Goya, *Kinderbildnis der Familie Soria*, 112 x 80 cm, 1804–06, Sammlung Édouard de Rothschild (Abb. mit Genehmigung von G. de Rothschild)

A11 Francisco de Goya, *Clara de Soria*, 112 x 80 cm, 1804–06, Sammlung Édouard de Rothschild (Abb. mit Genehmigung von G. de Rothschild)

A12 Henri de Toulouse-Lautrec, *La Goulue mit ihrem Partner*, 80 x 65 cm, 1891–92, ehemals Sammlung Josse Bernheim-Jeune, Verbleib unbekannt (Abb. mit Genehmigung Bernheim-Jeune)

A13 Henri de Toulouse-Lautrec, *La Goulue: Bereit zur Quadrille*, 80 x 65 cm, 1891–92, ehemals Sammlung Josse Bernheim-Jeune, Verbleib unbekannt (Abb. mit Genehmigung Bernheim-Jeune)

A14 Henri de Toulouse-Lautrec, *Der Brief*, 48 x 54 cm, 1890, ehemals Sammlung Josse Bernheim-Jeune, Verbleib unbekannt (Abb. mit Genehmigung Bernheim-Jeune)

A15 Édouard Manet, *Mandeln*, Öl auf Leinwand, 21 x 26 cm, 1869–71, ehemals Sammlung Josse Bernheim-Jeune, Verbleib unbekannt (Abb. mit Genehmigung Bernheim-Jeune)

A15 Édouard Manet, Rosen und Blütenblätter, Öl auf Leinwand, 15 x 22 cm, 1882, ehemals Sammlung Josse Bernheim-Jeune, Verbleib unbekannt (Abb. mit Genehmigung Bernheim-Jeune)

A16 Édouard Manet, *Glas mit eingelegten Früchten*, Öl auf Leinwand, 33 x 25 cm, 1880, ehemals Sammlung Josse Bernheim-Jeune, Verbleib unbekannt (Abb. mit Genehmigung Bernheim-Jeune)

B1 Édouard Manet, *Frauentorso*, 73,5 x 60 cm, 1875, ehemals Sammlung Josse Bernheim-Jeune, Verbleibt unbekannt (Abb. mit Genehmigung Bernheim-Jeune)

B2 Berthe Morisot, *Dame in Weiß*, ehemals Sammlung Josse Bernheim-Jeune, Verbleib unbekannt (Abb. mit Genehmigung Bernheim-Jeune)

B3 Alfred Sisley, *Verschneite Anlegestelle in Marly*, 1876, ehemals Sammlung Josse Bernheim-Jeune, Verbleib unbekannt (Abb. mit Genehmigung Bernheim-Jeune)

Alfred Sisley, *Seine-Ufer im Schnee*, 27 x 46 cm, ehemals Sammlung Josse Bernheim-Jeune, Verbleib unbekannt (Abb. mit Genehmigung Bernheim-Jeune)

B4 Édouard Vuillard, *Ruhender Akt*, 1904, © by Spadem, 1995, ehemals Sammlung Josse Bernheim-Jeune, Verbleib unbekannt (Abb. mit Genehmigung Bernheim-Jeune)

Pierre Bonnard, *Frühstück*, 1910, 63 x 91 cm, © AdAGP, Paris 1910 bis 1995, © by Spadem, 1995, ehemals Sammlung Josse Bernheim-Jeune, Verbleib unbekannt (Abb. mit Genehmigung Bernheim-Jeune)

B5 Pierre Bonnard, *Arcachon, zwei Frauen im Gespräch*, © AdAGP, Paris bis 1995, © by Spadem, 1995, ehemals Sammlung Josse Bernheim-Jeune, Verbleib unbekannt (Abb. mit Genehmigung Bernheim-Jeune)

B6 Pierre-Auguste Renoir, *Coco*, 1910, ehemals Sammlung Josse Bernheim-Jeune, Verbleib unbekannt (Abb. mit Genehmigung Bernheim-Jeune)

B7 Pierre-Auguste Renoir, *Algerierin, auf den Ellbogen gestützt*, 1881–82, ehemals Sammlung Josse Bernheim-Jeune, Verbleib unbekannt (Abb. mit Genehmigung Bernheim-Jeune)

B8 Pierre-Auguste Renoir, *Vase mit Anemonen*, 1869, ehemals Sammlung Josse Bernheim-Jeune, Verbleib unbekannt
Paul Cézanne, *Stilleben mit Heringen*, 1864–66, 32 x 40 cm, ehemals Sammlung Josse Bernheim-Jeune, Verbleib unbekannt (beide Abb. mit Genehmigung Bernheim-Jeune)

B9 Paul Cézanne, *Winter in Auvers-sur-Oise*, 1872–73, 38 x 46 cm, ehemals Sammlung Josse Bernheim-Jeune, Verbleib unbekannt (Abb. mit Genehmigung Bernheim-Jeune)

B10 Paul Cézanne, *Rote Blumen in weißer Vase*, 1873–77, 49 x 36 cm, ehemals Sammlung Josse Bernheim-Jeune, Verbleib unbekannt (Abb. mit Genehmigung Bernheim-Jeune)

B11 Paul Cézanne, *Jas de Bouffan*, 1875–76, 58 x 71 cm, ehemals Sammlung Josse Bernheim-Jeune, Verbleib unbekannt (Abb. mit Genehmigung Bernheim-Jeune)

B12 Paul Cézanne, *Bildnis des Malers mit langem Haar*, 1865–68, 41 x 32 cm, ehemals Sammlung Josse Bernheim-Jeune, Verbleib unbekannt (Abb. mit Genehmigung Bernheim-Jeune)

B13 Paul Cézanne, *Die Mauern von La Glacière*, 1879–82, 54 x 65 cm, ehemals Sammlung Josse Bernheim-Jeune, Verbleib unbekannt (Abb. mit Genehmigung Bernheim-Jeune)

B14 Paul Cézanne, *Urteil des Paris*, 1883–85, 52 x 62 cm, ehemals Sammlung Josse Bernheim-Jeune, Verbleib unbekannt (Abb. mit Genehmigung Bernheim-Jeune)

B15 Vincent van Gogh, *Vase auf gelbem Grund*, ehemals Sammlung Josse Bernheim-Jeune, Verbleib unbekannt (Abb. mit Genehmigung Bernheim-Jeune)

B16 Henri Matisse, *Odaliske in roten Hosen*, etwa 1920, © Henri Matisse Erben, ehemals Sammlung Josse Bernheim-Jeune, Verbleib unbekannt (Abb. mit Genehmigung Bernheim-Jeune)

C1 Jean-Honoré Fragonard, *Krieger, einen Mann im Bett erdolchend*, sechs lavierte Federzeichnungen, ehemals Sammlung David David-Weill, Verbleib unbekannt (Abb. mit Genehmigung David-Weill)

C2 Salon im Haus von Pierre David-Weill, Avenue Émile-Accolas, Ende der zwanziger Jahre; Wandteppiche von André Lurçat, Kamin von Jacques Lipchitz

C3 Rauchzimmer im Haus von Pierre David-Weill; an der Wand: André Masson, *Metamorphose*, 1929, 1,4 x 4,5 m, © Spadem 1995

C4 Die Sammlung Schloss vor dem Krieg: Lange Galerie im Haus von Adolphe Schloss, Avenue Henri-Martin 28 (Abb. mit Genehmigung von A. Vernay)

C5 Unbekannter niederländischer Maler des 17. Jahrhunderts, *Älterer Jude mit Pelzmütze*, vormals Rembrandt zugeschrieben, 21 x 17 cm, Sammlung Schloss (Abb. mit Genehmigung von A. Vernay)

C6 Die Sammlung Schloss vor dem Krieg: Salon am Ende der Galerie (Abb. mit Genehmigung von A. Vernay)

Die Sammlung Schloss vor dem Krieg: Salon (Abb. mit Genehmigung von A. Vernay)

C7 Frans Hals, *Bildnis des Pastors Adrianus Tegularius*, 1655–60, 28,5 x 23,5 cm, Sammlung Schloss, (Abb. mit Genehmigung von A. Vernay)

C8 Edgar Degas, *Landschaft mit Schornsteinen*, Pastellzeichnung auf Monotypie, 1890, 28 x 40 cm (Abb. privat)

Friedrich (Fritz) Gutmann und sein Sohn Bernard in den Niederlanden, Anfang der zwanziger Jahre (Abb. privat)

C9 Hubert de Brie, Marcelle Minet und H. von Wilfinger nach der Entdeckung des *Porträt der Marquise de Pompadour* von Boucher in der Münchener Sammelstelle, 1945

Marcelle Minet, US-Lieutenant Craig H. Smyth (Leiter der Münchener Sammelstelle), M. de Risom und Alfons Vorenkamp nach der Entdeckung von Bruegels *Heuernte* aus der Prager Sammlung Lobkowitz und einer Landschaft von van Gogh aus der Sammlung Alexandrine de Rothschild in der Münchener Sammelstelle, 1945

C10 Edgar Degas, *Madame Camus am Klavier*, 1869, Öl auf Leinwand, 139 x 94 cm (Abb. privat)

Hermann Göring bei einem Besuch im Jeu de Paume während der deutschen Besetzung. (Musée d' Orsay, Galeries Jeu de Paume)

C11 Pablo Picasso, *Frauenkopf* (R 16 P), 1921, 65 x 54 cm. Das nicht zurückverlangte Gemälde hängt heute im Kunstmuseum von Rennes. Musée National d'Art Moderne, Centre Georges Pompidou, und © Pablo Picasso Erben/Artists Rights Society (ARS), New York

C12 Der »Saal der Märtyrer« im Jeu de Paume, etwa 1942. Hier wurde die »entartete Kunst« gelagert. An der Schmalwand ist ein Picasso zu erkennen, rechts zwei Gemälde von Léger: *Odaliske* (1920), geraubt aus der Sammlung Alphonse Kann, und *Frau in Grün und Rot* (1914) aus dem Besitz von Léonce Rosenberg (siehe nächste Abb.) © Musée d'Orsay, Galeries Jeu de Paume

C13 Fernand Léger, *Frau in Grün und Rot* (R 2 P), 1914, 100 x 81 cm. Dieses nicht zurückverlangte Gemälde hängt heute im Musée National d'Art Moderne Centre Georges Pompidou. Geraubt vom ERR aus der Sammlung des Kunsthändlers Léonce Rosenberg. Musée National d'Art Moderne, Centre Georges Pompidou, und © 1997 Artists Rights Society (ARS), New York/ADAGP, Paris

C14 François Boucher, *Der Wald* oder *Waldszene mit zwei römischen Soldaten*, 1740, 131 x 163 cam, MNR 894, Louvre (Abb. mit Genehmigung des Louvre)

Gustave Courbet, *Der Felsen von Étretat nach dem Sturm*, 1869, 133 x 162 cm, MNR 561, Musée d'Orsay (Abb. mit Genehmigung des Musée d'Orsay)

C15 Paul Cézanne, *Selbstbildnis*, 1877–80, 25,5, x 14,5 cm, MNR 228, Musée d'Orsay, Paris (Abb. mit Genehmigung des Musée d'Orsay)

C16 Albert Gleizes, *Landschaft* (R 1 P), 1911, 146 x 115 cm, R 1 P. Dieses nicht zurückverlangte Gemälde wurde im Centre Pompidou, Paris, gefunden. Geraubt vom ERR aus der Sammlung Alphonse Kann. Im Juli 1997, nach der Veröffentlichung dieses Buches in den USA, wurde das Bild den rechtmäßigen Erben augehändigt. Musée National d'Art Moderne, Centre Georges Pompidou, und © 1997 Artists Rights Society (ARS), New York/ADAGP, Paris

Personenregister